丛书编辑委员会

广东社会科学丛书

丛书主编
郭跃文　江中孝

变革中的社会学

理论与实证

主　编　陈泽涛

暨南大学出版社
JINAN UNIVERSITY PRESS
中国·广州

图书在版编目（CIP）数据

变革中的社会学：理论与实证/陈泽涛主编. —广州：暨南大学出版社，2024.12
（广东社会科学丛书/郭跃文，江中孝主编）
ISBN 978 - 7 - 5668 - 3767 - 7

Ⅰ. ①变… Ⅱ. ①陈… Ⅲ. ①社会学—研究 Ⅳ. ①C91

中国国家版本馆 CIP 数据核字（2023）第 170971 号

变革中的社会学：理论与实证
BIANGE ZHONG DE SHEHUIXUE：LILUN YU SHIZHENG
主　编：陈泽涛
....

出 版 人：阳　翼
策划编辑：冯　琳　梁月秋
责任编辑：林　琼
责任校对：苏　洁　陈慧妍
责任印制：周一丹　郑玉婷

出版发行：暨南大学出版社（511434）
电　　话：总编室（8620）31105261
　　　　　营销部（8620）37331682　37331689
传　　真：（8620）31105289（办公室）　37331684（营销部）
网　　址：http：//www. jnupress. com
排　　版：广州尚文数码科技有限公司
印　　刷：广州市友盛彩印有限公司
开　　本：787mm×1092mm　1/16
印　　张：12.5
字　　数：274 千
版　　次：2024 年 12 月第 1 版
印　　次：2024 年 12 月第 1 次
定　　价：59.80 元

（暨大版图书如有印装质量问题，请与出版社总编室联系调换）

前　言

　　当前的中国社会学正处于关键转折期中。一方面，中国社会学人持续投入大量精力引介西方社会学理论与方法，推动中国社会学研究的专业化、学术化与规范化，为中国社会学的恢复与重建培养了大批的专业人才，打下了坚实的知识基础。另一方面，社会学在西方的先行，使得大量社会学的概念、命题与理论往往建基于西方经验，而对中国的经验研究经常能够发现相对于社会学理论的异常现象，这使得许多中国社会学人努力运用中国的经验研究对建基于西方经验的社会学概念、命题与理论进行检验、修正与发展，构建出许多建基于中国研究但不限于此的社会学理论与方法，为全球社会学的知识进步做出越发重要的贡献。

　　《广东社会科学》自创刊以来即注重刊发中国社会学界的前沿著作，并有幸成为变革中的社会学的一个见证者、传播者与引领者。早在1984年创刊伊始，《广东社会科学》就开设了《人口学》栏目，在1987年开设了《人口学·社会学·法学》栏目，在1988年开设了《社会学·人口学》栏目，在1989年开设了《社会学·民族学》栏目，在1997年开设了《社会学》栏目。创刊近四十年来，《广东社会科学》刊发的文章广泛涉及人口学、社会学理论、农村社会学、城市社会学、经济社会学、政治社会学、历史社会学等诸多社会学分支或思潮。《广东社会科学》既是推动中国社会学恢复与重建的重要力量，也反映着恢复与重建中国社会学的艰难与曲折。

　　创刊近四十年来，经过几代编辑的努力，《广东社会科学》已成为中国社会学人发表学术成果、交流研究心得、切磋学术技艺的重要平台。由于篇幅限制，我们无法在本书中展示所有学人的作品，只能按照社会学理论、农村社会学与城市社会学、经济社会学与政治社会学、历史社会学、人口学这一学界较为通行的分类标准，展示出较具代表性的论文。每篇论文所标注的作者简介均为论文发表时的作者信息。我们相信，这本论文集不仅见证了恢复与重建中国社会学的艰难与曲折，也将推动中国社会学进一步迈向未来、迈向世界！

编　者

2022年8月

目 录

CONTENTS

001 前 言

001 社会学理论

002 《儒教与道教》里的世界与中国/ 何 蓉

013 日常知识与生活世界

　　——知识社会学的现象学传统评析/ 赵万里 李路彬

024 韦伯理解范式中的价值关联：社会范畴 、"众神的战争"与"客观性"/ 王 赟

035 农村社会学与城市社会学

036 中国"三农"政策的60年经验与教训/ 蔡 昉

049 就近城镇化模式研究/ 李 强 陈振华 张 莹

053 工业化进程中的生态文明

　　——以广东农村为例/ 麻国庆

062 治理单元调整与社区治理体系重塑

　　——兼论中国城市社区建设的方向和重点/ 黄晓星 蔡 禾

071 公私观念与农民行动的逻辑/ 贺雪峰

079　**经济社会学与政治社会学**

080　分享经济是一种改良运动

　　　——一个"市场与社会"的分析框架／王　宁

100　经济快速增长时期的社会发展战略：日本的经验与教训／谢立中

109　进入贫困生涯的转折点与反贫困干预／朱晓阳

117　**历史社会学**

118　历史社会学的第四波思潮：议题与趋势／严　飞

128　古典根源与现代路径：作为总体视域的历史社会学／孟庆延

145　托克维尔的历史社会学／李钧鹏

159　"正名"和"做事"：以码头工人为例看民国前期工会与旧式工人团体的关系

　　　——一个历史社会学的视角／杨　可

167　**人口学**

168　户籍制度改革对深圳市人口管理的影响与对策／李若建

174　中产阶级的消费水平和消费方式／李春玲

184　家庭政策支持：全面二孩放开后人口均衡发展的实现路径／吴　帆

社会学理论

《儒教与道教》里的世界与中国 *

何　蓉

引　言

　　《儒教与道教》是德国社会学家马克斯·韦伯的中国研究专著，初版于 1916 年。1919 年，韦伯规划将有关新教、儒教与道教、印度教与佛教、古犹太教等研究汇集起来，陆续出版，也就是其比较历史研究集大成之《宗教社会学论文集》。韦伯在 1920 年逝世，《儒教与道教》遂成为他在世时出版的最后一部书，在其著作史上具有特殊的意义。1951 年，汉斯·格斯的英译本在美国出版，使这本书具有了广泛的国际影响。在中国大陆与台湾，分别有 1989 年（康乐、简惠美）、1993 年（洪天富）、1995 年（王容芬）等多个中译本，构成了中文学界初次"韦伯热"的重要组成部分。

　　韦伯文本一贯复杂，这本书尤甚，其复杂性主要体现在内容构成、理论框架和资料来源三个方面。首先是其丰富的内容和主题。汉斯·格斯英译本和康乐、简惠美中译本均以"中国的宗教：儒教与道教"为标题，[1]但实际上，这本书就立论基础而言，是作者新教伦理命题在东方的回应；从篇幅上看，一半内容都在讨论中国的城市、货币、财政、政治制度与社会运行等主题，因而，从前者来看不够"中国"，从后者来看不够"宗教"，潜在地具有多方面的解释力。例如，只强调宗教理念对近代资本主义影响的一面，就会忽视韦伯对技术发展、生产组织、企业家、法律制度等其他因素的讨论。

　　其次，这本书还有基于研究方法、理论命题的"陷阱"而导致的复杂性。韦伯《宗教社会学论文集》的基本思路是在基督新教研究的基础上，以"经济伦理"等核心

---

　　* 本文系 2017 年度国家社会科学基金重大项目"汉传佛教僧众社会生活史"（项目号 17ZDA233）阶段性成果。原载于《广东社会科学》2020 年第 6 期。

　　① Max Weber, Hans Gerth, trans. , *The Religion of China：Confucianism and Taoism*, New York：Free Press, 1951；［德］韦伯著，康乐、简惠美译：《中国的宗教：儒教与道教》，桂林：广西师范大学出版社，2004 年。

概念为基准，考察诸"世界宗教"及其社会环境、制度前提，并回应其基督新教研究，回答"为什么资本主义未在世界的其他地方产生"的问题。① 因而，其中国研究建立在否定性的命题基础之上，既提供了论证的基础，又有需要摆脱的先在的约束。20 世纪 80 年代以来，不少研究者反对韦伯对儒家的批判，但又不自觉地在儒家思想之中寻找新教伦理的"功能替代物"，在解释机制上又回到了韦伯的命题，未跳出基于西方历史的叙事框架。如何摆脱否定性命题的约束、建设性地进行文化的比较、找出中国社会发展的自身动力机制，② 仍然是对中外学者的考验。

最后，与韦伯的其他文本相比，造成《儒教与道教》的复杂性还有一个独特原因，在于其主要源于外国人对中国的观察与研究成果，因而保留了在欧美人的透视之下的、19 世纪下半期至 20 世纪初中国的样貌。韦伯阅读广泛、旁征博引，其立论的重要资料基础是当时蓬勃发展、进入专业化阶段的欧美汉学。《儒教与道教》的文本中汇聚了西方汉学的欧洲大陆学派、俄罗斯学派与英美学派的著作，韦伯在其注解 1（即中文版"附录二"）中列出了约 26 位著者的近 40 本（篇）论著，表明了其资料来源与思想参照的基本框架。不过，这些著者及其作品并不一定在正文中有明确的引用标记，③ 对正文所做的进一步梳理表明，其间标明出处的文献，共计约 47 位德、法、英、俄语译/作者的超过 67 种文献。④ 可见，这本书不啻为其时代思潮的一个"标本"或"化石"，保留了 19 世纪后半期以来欧美的各种中国观：一方面，来华西人的中国著述及其中国观，构造了近代世界与中国之间最初的桥梁；另一方面，此类中国观既决定了世界对待中国的态度、策略，又对中国看待自身的方式产生了自觉或不自觉的影响。

可以说，韦伯文本的复杂性使得这本书成为蕴含着多种思想路线的宝山：针对内容的复杂性，需要回到中国社会自身的脉络当中，广泛深入地挖掘中国文化自身的发展机制；针对理论与方法的复杂性，需要回到整体的韦伯文本当中，将其中国研究置于整体理论发展，尤其是世界诸文明的比较历史研究之中，以便理解其论证逻辑，寻找可能的

---

① 何蓉：《马克斯·韦伯：以西方为基准的比较宗教社会学》，载苏国勋主编，梁敬东、张旅平副主编：《社会理论（第四辑）》，北京：社会科学文献出版社，2008 年。

② ［美］莱因哈特·本迪克斯著，刘北成、刘援、刘新成译：《马克斯·韦伯：思想肖像》，上海：上海人民出版社，2002 年，第 135 – 142 页；Christopher Adair-Toteff, Max Weber on Confucianism versus Protestantism, *Max Weber Studies*, Vol. 14, No. 1, 2014, pp. 79 – 96.

③ 囿于韦伯时代的写作习惯，文献标注较为随意，有些在"附录二"出现的作者及文献在正文中并未出现，或者有提及但未明确标注。例如，韦伯在正文中涉及顾路柏（Wilhelm Grube）有关中国语言与文字（第 185 页、第 186 页）、道教（第 245 页、第 269 页）、伊斯兰教（第 299 页）、民俗礼仪（第 317 页），但除一处标出了一部概论性著作（*Religion und Kultus der Chinesen*）之外，均未标明具体文献信息，顾路柏有关中国文学史的重要著作（*Geschichte der Chinesischen Literatur*）对韦伯的论述有明确的影响，但正文与注解均未提及。

④ 韦伯引用的资料还包括报刊时评、中国留学生的博士论文等其他资料。《儒教与道教》整体的资料基础参见何蓉《〈儒教与道教〉所引资料评介：汉学史视域下的考察》（未刊稿）。

突破之处；针对其间不同中国观带来的复杂性，则需要回到韦伯的阅读史及其时代的观念史，勾勒内在的思想线索。

本文采取第三种路线，在一百年后的今天，揭开《儒教与道教》文本中蕴含着的世界的中国观及折射出来的中国人对世界的认知，进一步反思其对韦伯，进而对当时新生的社会学的影响，或可有助于我们较为客观、综合地了解世界与中国的关系，建立中华文明更具自觉性的自我叙事。

一、近代欧美的中国观

不同的时代与历史背景因素，以及基于个人经历、情感、判断的立场，都对西方人的中国观产生了某种程度的滤镜效应，甚至造成戏剧性的转折。例如，17、18世纪，在莱布尼茨、伏尔泰等思想家的影响之下，中国一度被视为美好富裕的东方胜境而备受推崇；以18、19世纪之交的马戛尔尼使团来华为标志，欧洲人对中国的看法全面扭转；进入19世纪，随着欧美诸国在世界范围内的全面殖民扩张，非西方世界纷纷被征服，再加上社会达尔文主义优胜劣汰等思想氛围的助力，在世界的话语系统中，中国等古老文明丧失了自主的叙事，处于"被言说"的失语和"被定义"的地位。此外，西方人对中国的专业学术研究在19世纪逐渐起步。例如，西方人开始命名东方诸宗教，佛教、儒教、道教分别在1828年、1877年、1879年首次成为西方学术的论述主题。[①]

《儒教与道教》写作于20世纪10年代，其研究立足于19世纪后半期以来勃兴的有关中国的文献翻译、专题撰述和旅行观察等文献，所引资料的撰述者之间，除了国籍、年代的差异之外，个人的研究取向、立场与方法不尽一致：有些具有纯粹而浓厚的学术取向，有些作者作为外交官、商人等来华，首要目标是服务于对外殖民的现实利益；有的治学较为传统，注重传统的汉语文字、古典文本的翻译与解读，有的则已具有现代自然科学或新生的社会科学的素养，注重实地考察和文物、碑铭等考古资料搜集。不过，面对这样一个历史悠久但又如此不同的国度，无论自觉与否，他们面临的一个共同的、核心的问题是：应如何看待中华文化？简言之，中国是文明的，还是野蛮的？由《儒教与道教》所引文献的作者来看，分别有"文明化"范式、"华夏文明西来说"、高度发达的中华文明、以国民性改造来提升文明水平等几种立场。试一一概述之。

《儒教与道教》所依托的作者大多活跃于19世纪后半期至20世纪初，此期间，欧美思想界有一个占据主导地位的"文明化"范式。持这一看法的人认为，欧洲文明是人类发展的进步和先进的阶段，优越于中国等国家、种族和社会，这些落后的国家、种族和社会应当通过欧洲人的干预和影响，以西方为引领者，以西方的模式为效仿的对

---

① ［加］威尔弗雷德·坎特韦尔·史密斯著，董江阳译：《宗教的意义与终结》，北京：中国人民大学出版社，2005年，第132－133页。

象，从而实现其经济、政治、道德、伦理和宗教的"文明化"。①

在韦伯所引的作者中，著名的地理和地貌学家李希霍芬男爵（1833—1905）便持类似看法。李希霍芬曾受德国海军部的委托来华调查中国的地形和资源，在中国内地进行了多次考察，出版了《中国》等重要著作。正如韦伯敏锐地看到的那样，李希霍芬的地理学著作之中，包含着政治—社会方面的考虑。② 实际上，基于李希霍芬本身的德意志扩张主义者的立场，他在中国的考察在很大程度上服务于殖民扩张，对于中国人往往持较负面的看法，③ 认为中国自然资源丰富，有能干且廉价的劳动力、人民容易满足，一旦学习到先进的科学技术知识，经济势力就会节节上升，将会破坏欧美的工业系统，造成大量失业，因而，所有的"文明国家"要联合起来，谋求在华利益。可以看到，这是在文明—野蛮的二分法基础上的对华防范的策略。

在此背景下方可理解所谓华夏文明源于巴比伦等说法会在 19 世纪末受到中国人的欢迎。1894 年拉克伯里（T. de Lacouperie）发表了《中国上古文明西源论》，④ 推断中华民族源自公元前 2300 年左右从巴比伦迁移过来的民族，他从语言、文学、艺术、历法、宗教、伦理、神话等各个方面，试图论证中国文明源于巴比伦文明。韦伯并不赞同拉克伯里基于简单的、表面化的比较所得出来的结论，而且认为中国的宇宙论等思想的发展要比巴比伦更精微成熟。⑤ 但是，对于当时的中国人而言，巴比伦说至少给予了中华一个文明古国的地位，因此，连带着日本学界有意无意的推动，在 20 世纪初的中国学术界与思想界产生了很大影响，丁谦之、蒋智由、刘师培、黄节等皆赞成巴比伦说，甚至将这写进了当时的中小学教材，并激发了一系列的西来之说，影响非同一般。⑥

当然，严谨的研究者对于中国文化与中国历史有着较为公允和专业的看法，他们倾向于认为，中华文明保持着开放，但很早就自主发展，是足以与欧洲文明相提并论的世界历史的一个组成部分。例如，韦伯所引的几位德国汉学家中，帕拉特（H. Plath）在 19 世纪 60 年代末期就反对当时认为中国文化停滞不前等的看法，他分析了中国文字、

---

① ［德］罗斯维他·莱因波特著，刘梅译：《德国对华文化政策的开端与德国汉学家的作用》，载［德］马汉茂等主编：《德国汉学：历史、发展、人物与视角》，郑州：大象出版社，2005 年，第 164－175 页。

② ［德］韦伯著，康乐、简惠美译：《中国的宗教：儒教与道教》，桂林：广西师范大学出版社，2004 年，第 374 页。在正文中，韦伯在有关云南银矿的论述中提及了李希霍芬。

③ 李岩、王彦会：《译者前言》，载［德］费迪南德·冯·李希霍芬著，［德］E. 蒂森选编，李岩、王彦会译：《李希霍芬中国旅行日记》，北京：商务印书馆，2016 年。

④ T. de Lacouperie, *Western Origin of the Ancient Chinese Civilization*, London, 1894, 载韦伯《中国的宗教：儒教与道教》第 222 页。

⑤ ［德］韦伯著，康乐、简惠美译：《中国的宗教：儒教与道教》，桂林：广西师范大学出版社，2004 年，第 63、277 页。

⑥ 邹诗鹏：《文明的自识与自信——"中国文明西来说"及其评论》，《中国社会科学评价》2018 年第 1 期，第 71－82 页。

语言资料，主张世界史并非单一的发展方向，应当将中国的历史纳入世界历史叙述中去。① 孔好古（A. Conrady）同样反对欧洲的优越性，认为中国是高度发达的、独立发展起来的文明，因而，他反对西方对中国动用武力，而应是一方面在中西差异的前提之下达成相互谅解，另一方面西方可以向中国施加文化影响。② 福兰阁（O. Franke）曾受清廷委派任职于清朝驻柏林公使馆，他认为中国有其历史的演变、文化的发展与交流，中国人也非特异于西方人，彼此的差异毋宁说是自然环境、习俗等不同导致的。③ 这几位汉学家的思想路线影响了韦伯有关中国的历史观及其比较世界文明的研究框架。

尽管从人文历史的角度可以找到中华文明高度发达的证据，足以使其构成世界历史的整体叙事的独立部分，但是，毋庸讳言，中国在 19 世纪中期被迫打开国门以后，普通中国人的生存状态、社会生活普遍存在着的贫穷、蒙昧、落后等现象，这些通过来华传教士在中国各地的见闻揭示了另一个中国，即社会底层的、大众的中国：与文明古国的地位相反，这是一个不识字的、没有历史意识也没有国家概念的中国。正是在贴近中国人现实生活的意义上，韦伯注重传教士文献，认为虽然传教士的著述有诸多局限，但作为研究的材料，有其独特价值。④

在描写中国社会生活细节方面，韦伯主要引用了卢公明（J. Doolittle）基于 19 世纪中后期福州地区所写的《中国人的社会生活》、明恩溥以鲁西北地区为主写作的《中国乡村生活：社会学研究》。⑤ 卢公明从福州的社会生活、经济生活、民间信仰、习俗、教育与科举等方面，提供了晚清中国南方城市的面貌；明恩溥在鲁西北的乡村生活了20 余年，可以说，是从农村基层的、民间的角度观察古老文明的生机与缺陷。

这两份文献中，体现着传教士的某种中国观，即一方面肯定中华文明的光辉过去，另一方面指出中国社会的基本面貌。例如，民众的受教育状况、生活水平等处于非常不乐观的地步，普通中国人不仅不知道世界，甚至没有对中国的认知，在民间有吸鸦片、溺婴、女性受压制等种种陋习，因而，亟待提升社会的道德、重塑家庭的伦理、普及教

① ［德］裴古安著，韦凌译：《德语地区中国学历史取向的起源》，载［德］马汉茂等主编：《德国汉学：历史、发展、人物与视角》，郑州：大象出版社，2005 年，第 95 – 130 页。

② ［德］罗梅君著，周克骏译：《世界观·科学·社会：对批判性汉学的思考》，载［德］马汉茂等主编：《德国汉学：历史、发展、人物与视角》，郑州：大象出版社，2005 年，第 13 – 29 页。

③ 黄怡容：《德国汉学家福兰阁论中国历史》，《史学史研究》2012 年第 1 期，第 58 – 66 页。

④ 韦伯《中国的宗教：儒教与道教》第 300 页。该书所引传教士作者往往长期在华工作、游历，对中国有深厚的情感，有些还对中国社会、经济、教育等有深度参与。例如，英国在华传教士艾约瑟（J. Edkins）曾被聘为中国海关的翻译，美国传教士丁韪良（W. A. P. Martin）担任同文馆和京师大学堂总教习，美国传教士明恩溥（A. H. Smith）积极促成庚款留学等事。

⑤ Justus Doolittle, *Social Life of the Chinese*, London, 1866, 中译本为《中国人的社会生活：一个美国传教士的晚清福州见闻录》（陈泽平译，福州：福建人民出版社，2009 年）；Arthur Henderson Smith, *Village life in China*, Edinburgh：Fleming H. Rewell Company, 1899, 中译本为《中国乡村生活》（午晴、唐军译，北京：时事出版社，1998 年）。

育、培育爱国主义。在此基础上形成的中国观，是针对所谓民族性格的反思，将中国社会进步、发展的期望放在国民性的改造之上。当然，站在传教士的立场上，还有以基督教来改造中国的愿景。

19 世纪末的义和团运动期间，中国北方多处发生传教士和基督徒被杀的惨案，《儒教与道教》所引用到的作者，如明恩溥、丁韪良、德贞（John Dudgeon）都曾被困在北京的使馆区，① 经历了生死考验，使其推动中国向世界开放、改造国民性等诉求，变得更为迫切。

从韦伯研究的角度来看，以上对《儒教与道教》文献资料中所体现的中国观的梳理，使得韦伯的世界诸宗教研究超出了社会学史的范围，在德国学术史中具有承上启下的枢纽位置，上承汉学家帕拉特、孔好古、福兰阁等有关多轴心的世界历史、不同地区发展出来高度发达的不同文明等思想，下启雅斯贝尔斯（Karl Theodor Jaspers）有关轴心时代的世界文明史观。韦伯的成就还在于，对所引资料的不同立场，韦伯有评判，有取舍，明确地反对将西方与中国对立为文明与野蛮，赋予了中华文明以世界历史重要组成部分的地位。下文将基于《儒教与道教》的文本，进一步挖掘其中蕴含着的对中国历史与发展的见解与解释机制。

二、韦伯的中国观：文明的成就与局限

在韦伯世界诸文明的比较历史研究框架中，基督教、印度教、佛教、儒教与道教等作为价值与伦理体系享有平等、并列的地位，以及对话、共生的可能性。在这一研究框架之下，韦伯确立了中国作为古老文明国度的历史地位，针对华夏文明西来之说，韦伯明确指出，中国较早时期就具有其本土的成就：

> 以五为神圣数字的宇宙论的思辨里，五星、五行、五脏等，连接起大宇宙与小宇宙的对应关系（表现上看来似乎完全是巴比伦式的，不过一一详较下，则绝对是中国本土的）。②

进而，他还指出，尽管中国与欧美的现状已极为不同，但是，这种不同未必就是根本性的。实际上，以历史时期的中西比较来看，中国文化在源头上与古代西方呈现出相似性：

> 在与我们主题有关的几个特质上，我们愈往上溯，愈能发现中国人及中国

① Arthur Henderson Smith, *China in Convulsion*, New York：F. H. Revell Co., 1901；W. A. P. Martin, *The Siege in Peking：China Against the World*, Edinburg & London：Anderson & Ferrier, 1900；高希：《德贞传：一个英国传教士与晚清医学近代化》，上海：复旦大学出版社，2009 年。

② [德] 韦伯著，康乐、简惠美译：《中国的宗教：儒教与道教》，桂林：广西师范大学出版社，2004 年，第 277 页。

文化与西方的种种相似之处。古代的民间信仰、古代的隐逸者、最古老的诗歌《诗经》、古代的战斗君主、哲学派别的对立、封建制度、战国时期资本主义的萌芽，所有这些被认为具有特色的，都比儒教中国的各种特质，要来得贴近西方的现象。①

以此来看，中国历史可以从文化上粗略地划分为古代中国和儒教中国两个阶段，前者表现出更多样的、更接近西方的文化现象。而如果在源头上表现出相似性，那么，我们可以尝试提出的一个问题自然就是：既然有源头上的相似之处，中国与西方何以走向截然不同的发展方向？与韦伯有关资本主义的发生学命题思路相比，这一问题具有更宏大的视野，潜藏着更多样的解释机制，我们或可称之为中国文化历史转向的作用机制问题。

对于中西差异，《儒教与道教》并没有进行生物学角度的讨论，后者在当时的西方学界本来是颇为流行的思潮，但韦伯表示，对于所谓的民族性而言，生物性的"遗传素质"（Erbgut）的影响尚未可知。② 接下来，韦伯主要致力于近代资本主义之（未）发生的命题，并未涉及中西异途的进一步考察；但是，由本文对《儒教与道教》文本的挖掘与阐释可见，其间包含着事件、观念、制度等方面的解释路径，即关键性的重要事件改变历史发展的方向、思想观念决定行动的选择集、制度环境培育人的品格三种影响方式。试述之。

第一，所谓"重要事件"作用，指的是某些历史事件的长期影响，足以改变具体领域的发展方向。例如，韦伯认为，秦始皇焚书事件是一个重要标志，表明中国政治中的"纯粹的专制政治"上场，即"一种以私人宠幸为基础，而无视于出身或教养的统治"。对于中华文明更重要的是，焚书或导致中国早期文明遭到破坏、成就被遗忘或丢弃。韦伯注意到，早在公元前6世纪的战国时代，中国即有进位的观念，据说还有比例法、三角法等，在商业往来上具有"计算态度"，"小学"中的"六艺"亦包括了算学。但算术在后世不仅没有得到发展，而且缺少基本的技能普及，除了商人在营业场所学习算术以外，后世的教育里不再有任何算术的训练，士大夫等精英阶层缺少对计算能力的培养和关注，这在一定程度上造成了国家治理层面缺少理性特征，而且使中国人的思维

---

① ［德］韦伯著，康乐、简惠美译：《中国的宗教：儒教与道教》，桂林：广西师范大学出版社，2004年，第314页。

② ［德］韦伯著，康乐、简惠美译：《中国的宗教：儒教与道教》，桂林：广西师范大学出版社，2004年，第314页。实际上，韦伯在1895年弗莱堡大学就职演讲中涉及了社会生物学的观点，韦伯有关德国东部的斯拉夫人移民的论述表明，他认为生物学框架无法充分解释不同民族之间的差异，相关论述参见何蓉：《韦伯1895年就职演讲：语境、文本与文本间关联》，《社会学研究》2016年第6期，第214－236页。

停留在相当具象且描述性的特征，尚未感受到"逻辑、定义与推理的力量"。① 这实际上是一种具有一定合理性的推测，即早期中国的一些文化成就有可能在诸如焚书等事件中被毁灭、流失以及遗忘了，长期来看影响了中国历史与文化发展的走向。

第二，影响发展的还有观念因素。尽管有诸多波折，中国人仍然表现出在艺术与科学等方面的才能，艾约瑟（J. Edkins）提出了中国科技史上的"四大发明"，丁韪良进一步指出，罗盘针、书本印刷、火药、纸、瓷器、丝绸、炼金术、天文学（服务于国家占星目的）等都是中国古代重要的科技发明。② 不过，韦伯认为，这种科技发明的能力受制于观念因素，即所谓巫术性的世界图像，使得经验知识或技术未能走向科学的发展道路：

> 的确是有一种巫术性的"理性"科学（magisch "rationaler" Wissenschaft）的上层结构，涵盖了早期简单的经验知识（其踪迹到处可见），并且在技术上有着不小的才华，正如各种"发明"所可证实的。这个上层结构是由时测法、时占术、堪舆术、占候术、史书编年、伦理学、医药学，以及在占卜术制约下的古典治国术所共同构成。其中，民众的态度和巫师的营利关切，亦即异端的一方，往往在实际层面作了领导，然而，士人阶级本身在此一理性化过程中，却扮演着决定性的角色。③

由此可以看到，一方面，韦伯认为，中国自古就有优秀的科技成就，另一方面，这一"理性"发展的方向并非现代意义上的"科学"。相反，直至20世纪初，仍然由占卜师决定着建筑物兴建的时辰、形状、位置等，普通民众在巫术性的世界图像影响之下，担心任何一点改变都可能触怒神灵，遑论铁路、工厂、采矿等技术的推进。

因此，决定中国科技发展水平的，不是缺乏技术能力，也不是中国人缺少发明上的天分，而是基于特定观念而缺少技术应用的场景和创新的激励。具体来看，风水、占卜、巫术等观念因素与国家形态所造成的俸禄利益等实际经济因素，对中国的科技发展水准起到了决定性的作用。这便是《儒教与道教》中包含着的、非常符合韦伯论述特色的第二种影响方式，即特定思想观念对历史发展的影响。

第三，来华欧美人士的偏见在于，仅凭着简单的、肤浅的外在观察就断定中国人的"性格"，并从个体观察直接推导出群体的"民族性"的结论。例如，认为中国人神经较为迟钝、墨守成规、缺乏鲜明的情感等。与之相对，在韦伯的论述中，可以看到一个

---

① ［德］韦伯著，康乐、简惠美译：《中国的宗教：儒教与道教》，桂林：广西师范大学出版社，2004年，第88、187-188页。

② W. A. P. Martin, Chinese Discoveries in Art and Science, *Journal of the Peking Oriental Society*, Vol. IV，转引自韦伯《中国的宗教：儒教与道教》第219页注解16。

③ ［德］韦伯著，康乐、简惠美译：《中国的宗教：儒教与道教》，桂林：广西师范大学出版社，2004年，第276-277页。

潜在的、社会制度影响国民性格特征的命题，其中包括内在的教化机制和外在的策略应对机制。

第一种是宗教对品格的培育机制。例如，儒教徒与清教徒表现出来不同的性格特征，其背后是不同的宗教教化的方向与取向。清教徒与儒教徒在信任与诚实方面有不同的表现：

> 清教徒在经济上信任教内弟兄（Glaubensbruder），无条件的、不可动摇的，因其乃受宗教所规范的合法性。……这只会使他严格地估量合伙人的客观的（外在的与内在的）能力，根据"诚实为最上策"的原则来仔细评量为商业所不可少的种种动机的一贯性。①

清教徒内心完全被超世俗且全知全能的上帝洞悉，儒教徒则缺乏这样的人格神的无处不在的监督：

> 儒教徒所适应的现世却只看重优雅的身段。儒教的君子只致力于外表的"端正"，而不信任他人，就像他也相信别人不会信任他一样。这种不信任妨碍了所有的信用与商业的运作。②

因而，不同的宗教理念所导致的伦理约束力不同，潜移默化地影响人的行为方式与经济活动。

第二种机制源自国家的治理技术。例如，中国的财政与税收制度之下，为应对税吏的掠夺式征收，不诚实成为一种理所应当的应对之策：

> 无疑地，就像在埃及一样，相当值得悲悯的不诚实，部分是家产制国库主义（der patrimoniale Fiskalismus）的直接产物：此种主义在各处都证明是不诚实的训练基地。不管在埃及或在中国，赋税征收的过程都要涉及侵扰、鞭笞、亲族的救助、被迫者的哀号、压迫者的畏怖与种种妥协。此外，当然还必须再加上儒教对于礼仪与因袭的礼节的极力崇拜。其次，是缺乏封建的本能——能以"我们现在让谁上钩？"（Qui trompe-t-on?）这样一句台词来概括所有的交易。受到独占保证的公行基尔特里，那些出身于教养身份团体的海外贸易股商，却在他们利害状态的间隙里发展出一种非常为人所称赞的商业诚信。此种诚信，如果存在的话，似乎是一种受外界同化的因素，而不是像清教伦理那样

---

① ［德］韦伯著，康乐、简惠美译：《中国的宗教：儒教与道教》，桂林：广西师范大学出版社，2004 年，第 329 页。

② ［德］韦伯著，康乐、简惠美译：《中国的宗教：儒教与道教》，桂林：广西师范大学出版社，2004 年，第 329 页。

的一种内在的发展。①

由此来看，在表面的注重礼仪、保守因循的特征之下，中央—地方财政关系实际上形成了一种包税制的体制，鼓励欺上瞒下的应对策略，看上去诚实比真正诚实更能通行无阻，欺骗才有可能获得收益，欺骗与被欺骗成了商业活动的代名词。而同样是中国商人，在从事对外贸易时，十三行的商人们却表现出非常值得称赞的诚信品质。两相对照之下，"不诚实"是被造就出来的，是恶劣的制度环境之下"令人悲悯"的策略后果。由此说明，中国人并非天生就易欺瞒，也说明制度发挥着引导人的特定类型的行动、培育人的品格的作用，好的制度设计方可导引出良善的品格。

综上所述，在《儒教与道教》之中潜藏着对中国历史与文明的多方面评价，对于近代以来中西异途的现象，提供了文化、制度方面的潜在解释。依据对其文本的挖掘，可以认为韦伯的基本看法是：早期中国有其鲜明的思想与文化成就，但受制于某些观念和制度的因素，中国人的创造力受到约制，失去了早期中国的某些宝贵的文化要素和精神气质；中国历史上的特定观念与制度既影响了经济发展，也影响了国家与民族的整体发展方向。

讨论与结论

通过以上对韦伯作品的资料基础、观念框架与评判的梳理可见，《儒教与道教》所引资料中包含着不同立场、不同侧重点的中国观。实际上，这些观念流布所及，对中国当时的有识之士造成深刻的冲击，形成了一批反思与研究中国自身传统的学者，在地理、考古、边疆史地等方面取得开创性的成果。例如，李希霍芬对中国的考察成果，奠定了民国地理和地质研究的学术基础，促使翁文灏等推动民国政府成立了地质研究所，开展全国范围的地质调查。沙畹所编英国考古学家奥莱尔·斯坦因（Aurel Stein）所获中国西北出土汉文简牍的作品，② 成为罗振玉、王国维的研究基础，他们分类考释，编成《流沙坠简》，是近代中国考古学的奠基性工作。明恩溥、卢公明关注社会生活、反思民族性的著述，影响到了鲁迅等思想者，也影响了潘光旦和中国社会学。③

本文同时也表明，一方面，《儒教与道教》作为《宗教社会学论文集》的组成部分，论证的主旨在于理性资本主义的发生机制问题，但另一方面，《儒教与道教》的文本中还有更丰富的理论命题与多层次的解释潜力，是韦伯对其时人观念的回应，也是其

---

① ［德］韦伯著，康乐、简惠美译：《中国的宗教：儒教与道教》，桂林：广西师范大学出版社，2004 年，第 317 – 318 页。

② ［法］沙畹（Edouard Chavannes）所编 *Les Documents Chinois découverts par Aurel Stein dans les sables du Turkestan Oriental*（Oxford University Press, 1913），韦伯在正文中三处（第 98 、99 、190 页）引用了其中的斯坦因文献。

③ 潘光旦：《民族特性与民族卫生》，北京：北京大学出版社，2010 年。

社会学理论的应用与发展，尚待进一步发掘。

当然，作为一个从未到过中国也不通中文的学者，韦伯的主要论断都是基于他对欧美著作的阅读，尽管他也尽力应用多方面的资料来开阔视野、加深理解，[①] 但其立论的局限性是不言而喻的。因此，在时代巨变、知识剧增的当下，回到这本书的文本脉络与思想资源，重建他的阅读史，了解其时代的思想状况，体会他对文献的取舍、裁剪、应用、阐释，将有助于理解他的世界及他的局限与成就。

知识史的进步是在增量的意义上来衡量的。每一部作品都是对既有成果的继承、阐释、批判或超越，其局限或成就也都基于先行者披荆斩棘所开拓出来的路径；如果在前人的基础上有所推进，哪怕是很小的一步，也弥足珍贵。这便是这项阅读史工作的意图所在：在我们阅读、理解这本书的时候，不仅要看表面的论点、具体的论证，还要挖掘、摸索、分析其内在的脉络，确定它在学术史上的恰当位置，通过廓清韦伯所依傍的资料基础与思想框架，更好地把握到他的理论创新何在、对中国的理解究竟有哪些实质的推进。这不仅仅是对韦伯研究有意义的工作，也关涉对中国文化自身的认知与反思，关涉中国以何立场与心态面向世界、展望未来。

【作者简介】

何蓉，中国社会科学院社会学研究所研究员、博士生导师。

---

① 韦伯重视中国传统史料、碑铭等考古材料，重视中国人尤其是具有中西学养的青年学者的视角，此外，他还关注现实的国家运行与社会现象。例如，他阅读和引用了李鸿章传记、陈继同有关中国文化的介绍等时人记述，倚重《京报》（Peking Gazette）所汇集的资料来理解中国的政治运行与社会治理，全书共引用了《京报》1873—1899 年约 32 处、50 条记录，涉及官员任免、褒奖等谕旨、大臣的奏折及皇帝批示、水旱灾害信息或异闻、法律判例与社会伦理等记载。另外，19 世纪后半期中国开始出现官私留学的现象，韦伯注重搜集彼时留学欧美的中国学生的著作，从正文的引述来看，对他的写作发挥了实质影响的包括：陈焕章（Huan-chang Chen）1911 年在哥伦比亚大学出版的博士学位论文《孔门理财学》；魏文斌（Wenpin Wei）1914 年在哥伦比亚大学出版的中国货币制度研究论文；张伍（Wu Chang）1917 年在柏林出版的中国民间借贷组织研究论文；1909 年获莱比锡大学博士学位的周毅卿（Nyok-ching Tsur）撰写的《宁波工商业经营方式研究》；当时仍在求学的梁宇皋与陶孟和撰写的《中国乡村与城市生活》。

日常知识与生活世界

——知识社会学的现象学传统评析*

赵万里　李路彬

　　知识社会学产生于反实证主义的思想背景，其发展源流也一直与社会学理论的现象学、符号互动论和社会批判理论传统相互交织。① 特别是现象学的知识—社会观，一开始就是韦伯（Max Weber）、舍勒（Max Scheler）等早期知识社会学家共享的思想基石。② 现象学社会学后来的发展，不仅将知识社会学的研究对象从曼海姆（Karl Mannheim）的系统知识拓展到日常知识，而且为知识社会学提供了一个建构主义的说明框架。现象学社会学阐释了社会世界的非自然性质，坚持日常知识和生活世界的首要性，并将库存知识和互主体性看成社会现实的建构机制。当代建构主义科学知识社会学关于科学的平常性（ordinariness）、科学家的实践推理（practical reasoning）和科学知识的社会建构（social construction）的理论主张，正是基于现象学社会学留下的思想遗产而提出的。③ 如果我们把现代社会学理论中包含的知识社会学思想看成知识社会学发展的隐传统，④ 现象学社会学无疑蕴含着其重要的演化脉络。

---

　　* 本文系国家社会科学基金课题"科学社会研究中的社会学与人类学视角比较研究"（项目号 04BSH004）、2007 年教育部新世纪人才支持计划阶段性成果。原载于《广东社会科学》2011 年第 3 期。

① 赵万里、李路彬：《情境知识与社会互动：符号互动论的知识社会学思想评析》，《科学技术哲学研究》2009 年第 5 期，第 87 – 93 页。赵万里、高涵：《知识社会学与法兰克福学派的社会批判理论》，《山西大学学报（哲学社会科学版）》2010 年第 6 期，第 106 – 113 页。

② Meja, Volker & Nico Stehr, eds., *The Sociology of Knowledge*. Northampton：Edward Elgar Reference Collection, 1999.

③ Knorr-Cetina, Karin & Michael Mulkay, *Science Observed：Perspectives on the Social Study of Science*, London and Beverly Hills：Sage, 1983.

④ 李路彬、赵万里：《解释社会学与知识社会学的隐传统》，《山西大学学报（哲学社会科学版）》2009 年第 6 期，第 15 – 23 页。

一、"现实"的构成：生活世界及其意义

生活世界和先验自我是胡塞尔先验现象学的核心范畴，也是存在现象学、社会现象学的出发点。借助于这两个范畴，现象学把独立于人类意识而存在的外在世界，转化为必须透过意识而展开和发生的与人类的主观建构有关的世界——世界因我而有，因我而存在。作为现象学社会学的主要创始人，舒茨（Alfred Schutz）借用"生活世界"这一范畴，指谓作为人们日常行为基础的文化世界，但放弃了其超验的性质。"生活世界"是一个空间世界，包括我的身体和他人的身体，以及他们的动作。但身体不仅具有物理客体或生理客体的意思，还是能表达主观经验的领域，是身心整合的客体。[①] 它呈现出多种形式的结构，其中的"每个领域或范围，既是一种认知方式，也是一种了解他人主观经验的方式"[②]。

在《社会世界的现象学》一书中，舒茨经常将"生活世界"与"社会世界"混用。这个世界最重要的特点是，生活于其中的人们对现实采取理所当然的自然态度（natural attitude），认为生活世界是不言自明的现实，是毋庸置疑和不可质疑的。它是一个多重实在，包括日常生活世界、科学世界、幻想世界、梦的世界、宗教世界等等。"每一个世界被人们根据它自己的式样注意的时候，都是真实的。"[③] 其中，日常生活世界是人与人直接交往的经验世界，包括了和实体同伴、同时代人、前人或后人的关系，人们根据这些关系执行社会行为。[④] 日常生活世界既是认识的来源，也是认识的对象；既是知识产生的空间结构，也以主观形态呈现于意识之中，表现为一种意义结构。这样，胡塞尔现象学赋予日常生活世界的先验性质便被社会学的经验性取代。相对于其他世界，日常生活世界具有至上的地位。其他世界的现实由这种生活的现实规划意义与经验的方式。[⑤]

与其他社会学传统不同，现象学社会学将"社会"界定为日常生活世界的现实。伯格（Peter Berger）和卢克曼（Thomas Luckmann）在吸收涂尔干（Emile Durkheim）所说的"将社会视为客观事物"和韦伯所说的"社会学和历史学的认识对象应是行动的主观意义群"基础上，明确提出"社会"具有"客观的事实性以及主观意义的双元

---

① ［美］舒兹著，卢岚兰译：《社会世界的现象学》，台北：久大文化股份有限公司，1990 年，第164 页。

② ［美］舒兹著，卢岚兰译：《社会世界的现象学》，台北：久大文化股份有限公司，1990 年，第163 页。

③ ［德］许茨著，霍桂桓、索昕译：《社会实在问题》，北京：华夏出版社，2001 年，第284 页。

④ ［美］舒兹著，卢岚兰译：《社会世界的现象学》，台北：久大文化股份有限公司，1990 年，第168 页。

⑤ ［美］伯格、乐格曼著，邹理民译：《知识社会学：社会实体的建构》，台北：巨流图书公司，1991 年，第39 页。

性质"。① 因为日常生活现实是一种社会建构物，以经过人们解释的事实呈现自身，是生活中的人们在主观上认为有意义和一致性的世界。因此，社会首先是客观现实，其次也是主观建构。社会现实的主观因素本身也带有客观的性质，是客观地"存在于那里"（out there）的一个事实。生活世界具有的主观面向成为现象学社会学对知识社会学关于"社会"内涵的拓展，从而，"知识"与"社会"在主观领域实现了同一，这种同一被称为"现实感"（sense of reality）。

我们要在生活世界中找到自己的位置，并与其达成协议，就必须解释它。人们对日常生活世界的认识包括互动对方、自我、同时代人、前人、后人以及物理客体等。其中，对他人的理解是认识的核心，通过理解形成日常生活中的意义知识。

"意义"在意识过程中产生。现实生活中，我们处于绵延的持续过渡的时间流内；意识作为绵延之流，形成连续性的经验。当我们驻足反思时，回忆把经验从绵延之流内挑选出来，使这些经验成为有意义的。② 意识通常具有意向性（intentionality），即总是指向某些事物，是关于各种对象的意识。它并不存在于行动者的头脑中，而是存在于行动者与各种对象的关系中。在日常生活的过程里，"我"的意识可以穿梭于现实的不同层面，与各种现实产生关联；而且，"我"可以知道世界是各种现实所组成的。③ 通过这种意向性，各种关于现实的知识得以呈现在我们的意识中。

在现象学社会学中，"意义"指对经验进行反思时对过去经验的一种说明。这不同于韦伯所说的行动者关于行动的目的动机，也不同于符号互动论所说的互动对方对行动做出的反应。以意义为主要内容的日常知识作为生活世界的主观面向在现象学社会学中占据着核心地位，它是界定情境、产生新知、实施行动以至形成制度的基础。而且，"我们的各种经验的意义而不是客体的本体论结构构成了实在"④。

意义包括主观意义和客观意义。主观意义指涉行动者行动时主观构造的意义脉络，产生于持续的意识过程中，是他人无法达到的，涉及行动者如何确立意义的问题；客观意义形成于诠释者心中的主观意义脉络内，涉及何以对意义做出解释的问题。在了解主观意义和了解纯粹客观意义之间有一系列中间阶段。⑤ 理解他人的主观意义时，和对方处在一个直接经验的世界中；理解客观意义时，则可能处在匿名世界中。伯格和卢克曼从整个社会的角度所说的为整个社会普遍接受和使用的知识，就是客观意义。这种知识

① ［美］伯格、乐格曼著，邹理民译：《知识社会学：社会实体的建构》，台北：巨流图书公司，1991年，第28页。

② ［美］舒兹著，卢岚兰译：《社会世界的现象学》，台北：久大文化股份有限公司，1990年，第55－56页。

③ ［美］伯格、乐格曼著，邹理民译：《知识社会学：社会实体的建构》，台北：巨流图书公司，1991年，第35页。

④ ［德］许茨著，霍桂桓、索昕译：《社会实在问题》，北京：华夏出版社，2001年，第309页。

⑤ ［美］舒兹著，卢岚兰译：《社会世界的现象学》，台北：久大文化股份有限公司，1990年，第152－153页。

脱离主观个体而以客观形态存在于社会中，可以进行传播和传递。不论主观意义还是客观意义，我们都以之为"真实"地接受下来。

二、"现实感"的形成机制：日常知识的社会建构

社会如何塑造了"日常知识"，即关于生活世界的"现实感"？在现象学社会学中，"知识"即指将现象确定为真，且可判断为具有特质的确定性。知识社会学的任务就是要解释人们的主观认识和各种知识体系如何由社会建构成一种"现实"的过程，即成为"真实"的过程，以及经由社会建构的知识又如何转化成客观的事实性，成为现实的一部分。① 从社会现实的角度看，依据常人方法论，日常生活实践具有可说明的性质（accountability），即实践或行动的某些部分可以被参与者或旁观者描述，从而被理解和认识。② 行动者获得的关于自己和互动方的客观和主观意义的认识就是对其行动的说明。

现象学社会学说明了理解他人、获得关于他人行动意义的知识的结构性条件，即理解是在各种视角的互易性（reciprocity of perspectives）或互主体性（intersubjectivity）的预设下实现的。社会成员共享生活世界意义的主观预设，以及可以交互转化的互为主体的社会结构，是实现人与人相互理解、获得关于他人行动和意图的知识的必要条件。通过这种性质，舒茨说明了韦伯没有阐明的"理解如何可能"的问题。首先，在特定的生活世界中，每一个自我都认识到，他我具有意识，也在反思自己的行动，并且赋予其意义。在认识他我所赋予的意义时，"我"假设他人具有时间性的意识流和"我"的意识流形式相同，指涉着超越个人主观性的相同客体。他人的身体动作和意识相关联，"我"可以经由身体动作了解他的意识。每个人都主观地认为我和他人分享现实的共同意义，也知道对于共有的世界，我和他人有不同观点。一方面，我和同伴同客体之间存在不同的距离，我们经验着客体的不同方面；而且，我和同伴的生平情境、现有意图以及来源于这些意图的各自的关联系统都不相同，对客体的认识由此产生差异。但另一方面，通过立场可互相交换性的理想化和对各种关联系统一致性的理想化，常识思维去除掉存在于个别视角之间的区别。加之思维对象表现为类型构想而不是各异的个人经验的思维客体，我们从而可以看到共同的客体及其特征，"我"对对方的理解成为可能。这两种理想化使得我们具有共同的可以相互交换的视角。这种视角互易性可以扩展到与你我的关联系统一致的每一个人。③

---

① ［美］伯格、乐格曼著，邹理民译：《知识社会学：社会实体的建构》，台北：巨流图书公司，1991 年，第 7 - 9 页。

② Garfinkel, Harold, *Studies in Ethnomethodology*, Englewood Cliffs：Prentice-Hall, 1967.

③ ［德］许茨著，霍桂桓、索昕译：《社会实在问题》，北京：华夏出版社，2001 年，第 37 - 40 页。

其次，在互主体的预设下进行的认识活动是在头脑中既存知识的基础上形成的。这些知识被现象学称为"手边知识库"（stock of knowledge at hand），来自对前人的继承和生活经验的不断积累。日常生活的世界是在我们出生以前就存在的，对于我们的经验和解释来说是给定的。我们对它的解释以前人对它的经验储备为基础，这些经验以"现有的知识"的形式发挥参照图式的作用。① 知识库中除了关于他人和自我的行动及其意义，还有对"物理事物、生物、社会集合物、人为产物、文化客体"等的内在经验和这些内在经验的综合，还拥有理论与应用科学的程序经验、支配规则以及实用的与道德的经验规则。② 库存知识是模糊而不连贯的，还可能存在矛盾。它是一种不能清晰表述的习惯性知识，包括各种生活方式、与环境达成协议的各种方法以及为了在类型情境中达到类型结果所需要使用的各种有效的诀窍。但知识库存会成为一个整体而拥有自身的结构。③ 库存知识以类型化的形式存在，为"我"生活中的例常之事提供类型格局，包括他人的类型、社会与自然中所有事件和经验的类型。我们基于知识库存的类型格局了解他人。所认识的生活现实可以理解为各种类型的续谱，匿名性质由弱到强。④ 这些类型主要用于对非面对面的情境的诠释。⑤ 面对面关系中也使用这种基模，但随我群关系发展而被修改，从类型回到真实。

知识库中用于使他人和自己类型化从而获得理解的常识构想，在很大程度上来源于社会并且得到社会承认。人们要通过文化移入的过程学习任何一个社会群体经验自身所依据的整个类型系统。"我"生活在具备特殊知识体系的常识世界中，理解始于个人"承受"前人已有的世界，并往往伴随着创新的修正和再创造。"我"关于这个世界的知识只有极小一部分是从"我"个人的经验中产生，更大部分来源于社会，由"我"的朋友、父母、老师传授给"我"。他们教导"我"如何界定环境，如何根据"我"从内群体接受的关联系统构造类型构想。意义他人依其社会结构的位属和个人经验将生活世界选择性地传递给个人；儿童用各种情绪方式接受了意义他人的角色和态度，将意义他人的实体内化为唯一可信的实体，成为自己的标准。之后特定他人的角色和态度逐步扩展到一般人的角色和态度。在复杂的内化形式中，"我"不仅了解他人当下的主观过程，也可以了解他人所生存的世界，那也是"我"所生存的世界，"我"也知道了

① ［德］许茨著，霍桂桓、索昕译：《社会实在问题》，北京：华夏出版社，2001 年，第 284 页。
② ［美］舒兹著，卢岚兰译：《社会世界的现象学》，台北：久大文化股份有限公司，1990 年，第 90 - 91 页。
③ ［美］伯格、乐格曼著，邹理民译：《知识社会学：社会实体的建构》，台北：巨流图书公司，1991 年，第 58 页。
④ ［美］伯格、乐格曼著，邹理民译：《知识社会学：社会实体的建构》，台北：巨流图书公司，1991 年，第 47 页。
⑤ ［美］舒兹著，卢岚兰译：《社会世界的现象学》，台北：久大文化股份有限公司，1990 年，第 211 页。

"我"所属情境的知识与限制以及自己在社会中的位属与应对。①

这些库存知识是在一定的社会条件下被分配的。虽然我们生活在共同的常识世界中，而且认知者认为可以认识他人的主观意义并同他人分享共同的关于世界的意义，但是不同的人和不同类型的人会有不同的知识。这源于知识是从社会角度进行分配的。个体现有知识储备的结构来源于其被从生平角度决定的关联系统。②

我们对行动意义的认识，与认识的时间、空间和社会群体相关联。从时间看，知觉世界的经验、记忆世界的经验、纯粹幻想与计划世界的经验都会承受由此时此刻的观点产生的程度和种类都不同的注意的修改。从空间看，关于客体的知识有赖于从什么角度看、看到客体的多少方面以及我们对当下看不见的方面有多少记忆。从社会群体看，社会关系对知识分配的作用与时间和空间不可分离，因为我们的时空位置将我们置于产生决定作用的群体中。我们依靠见证人、知情人、分析者和评论者等提供知识。③ 此外，认识也与认知者的状况有关。舒茨认为，意义是自我看待经验的方式，原则上只限于个体的主观诠释。"意义建立与意义诠释，都是在互为主体的领域内，由实用的观点决定。"④ 舒茨在《关联问题的反思》中，将兴趣结构分为主体关联、解释关联和动机关联。通过主体关联性建构某种问题，解释关联性指既有的经验被用来解释新的感知，动机关联性指未来的目标或既有的决定性对行动者产生影响。⑤ 在生活世界中，库存知识的组织及在此基础上获取和运用知识都受到关联性的限制。

对内化过程的上述方面做微观考察，要置于社会的宏观背景中。社会化在特殊社会结构脉络中展开，知识的传承和分配都受到社会结构的限制和影响。在全然制度化的社会，几乎没有分工和知识分配，社会化接近完美。各种制度的操作和意义，可在人们的主观经验中有一种调和与连贯，整个知识的社会库存可以实现在每一个个体的经验中。而在分化的社会中，知识分配较复杂，制度间隔化导致社会中各自分隔的意义次级共同体的出现，他们的知识不进入共同的知识库存。当意义他人对客观实体有界定的冲突，个人则面临认同上的选择。在多元差异的社会，个人会逐渐对世界产生相对性的了解；

① ［美］伯格、乐格曼著，邹理民译：《知识社会学：社会实体的建构》，台北：巨流图书公司，1991 年，第 148 页。

② ［德］许茨著，霍桂桓、索昕译：《社会实在问题》，北京：华夏出版社，2001 年，第 41 - 42 页。

③ Barber, Michael D., *Social Typifications and the Elusive Other: the Place of Sociology of Knowledge in Alfred Schutz's Phenomenology*, Lewisburg: Bucknell University Press, 1988, pp. 55 - 59.

④ Barber, Michael D., *Social Typifications and the Elusive Other: the Place of Sociology of Knowledge in Alfred Schutz's Phenomenology*, Lewisburg: Bucknell University Press, 1988, p. 83.

⑤ Barber, Michael D., *Social Typifications and the Elusive Other: the Place of Sociology of Knowledge in Alfred Schutz's Phenomenology*, Lewisburg: Bucknell University Press, 1988, p. 38.

个人可在意识中超越既存秩序中的自我，并自如地扮演各种角色。①

对一项行动意义的诠释要诉诸其他相关的行动意义，这体现了知识库存中知识的层层关联。常人方法论提出日常表达的索引性特征，与此相应，理解他人行动的意义也要通过索引的过程。生活世界中，人们的行动和场景之外的社会结构之间存在复杂的关联，日常沟通中的语言表达不是完整的，谈话内容要被理解需基于实际说出的内容和大量没有被提到的假设和共享知识。而对这些因素的理解，又有赖于谈话参与者最近的互动发展过程和前景预期，以及谈话的具体内容。这种日常实践的索引性特征表明对他人的理解并非基于固定的规范，而是与行动者特殊的库存知识相关联。

依凭库存知识获得的对现实的认识被人们以自然态度对待，即日常生活的现实被视为当然，产生问题时才被置疑。作为常识性意识的态度，它构成对生活现实的存在与理解的清晰状态。② 持自然态度的人凭借自己的经验了解世界，包括无生命事物、动物和对他人的经验，超出自己经验的领域被视为属于他人的意识经验，但认为和"我"的经验具有相同的结构。库存知识是自然态度的基础，如果库存知识不能发挥作用，自然态度就会被破坏，生活世界的现实感也随之丧失。基于自然态度，我们对现实的认识才成为以之为真的"知识"，"我"的世界变成我的"世界"。通过这一过程，客观世界被迁移到主观世界中，并且这个主观性的生活世界被赋予了"客观"的性质。

综上，以库存知识和互主体性为基础，行动者通过解释获得关于生活世界的新的认识。社会的宏观结构、社会共享知识和社会化过程中的互动共同作用，促成个人知识库的形成；他们在社会化过程中内化的关于生活世界的知识，成为"社会"的主观面向。这些关于社会的知识塑造了他们对生活世界新的认知，并在此基础上不断产生"社会"的新的主观面向，产生了关于社会的"现实感"。

三、"现实感"的外在化：知识对社会的反身建构

现象学社会学揭示了日常知识作为"现实感"的形成机制，为知识的主观性质提供证明；更重要的是，在主观领域实现了知识与社会的关联，揭示出个体获得的知识和社会共享知识的关联以及知识形成不可缺少的社会条件，阐释了日常知识形成中所涉及的社会因素和过程，为知识的社会学提供了理论支持和研究进路。行动者在社会化过程中习得的库存知识的基础上，在互主体的预设下，依据实践动机，去解释新的现实，获得对现实的认识，形成"现实感"。社会共享知识是库存知识的来源和以"自然态度"接

---

① ［美］伯格、乐格曼著，邹理民译：《知识社会学：社会实体的建构》，台北：巨流图书公司，1991 年，第 177－184 页。

② ［美］伯格、乐格曼著，邹理民译：《知识社会学：社会实体的建构》，台北：巨流图书公司，1991 年，第 36 页。

受关于现实的知识的基础。而且，社会共享知识将对现实的认识予以确证，现实感从而得到强化。

不仅如此，现象学社会学还进一步表明，一套基于互主体性的主观知识是如何被客观化为外在现实的。或者说，人们关于日常世界的"现实感"是如何转变成"社会现实"的。伯格和卢克曼认为，社会学理论的中心问题就是"主观意义是如何转成客观的事实性"。因为人们倾向于将日常生活理解为一个秩序井然的世界。对于行动者而言，社会现实似乎是独立于行动者的理解之外，显得早已客观化，且似乎强加于行动者。然而按照现象学的基本主张，社会乃是一个人造物或建构物。社会秩序不是源于"事物自身"，也非源自"自然法则"，而是人类活动的产品。在现象学社会学中，生活世界是我们产生现实感的来源和对象，而生活世界的制度和秩序是社会学研究的主旨。通过阐释关于生活世界的现实感，现象学社会学揭示了生活世界的主客双重面向，说明了行动者与他们所存在于其中的生活世界在主观领域的关联。社会共享的关于日常生活世界的知识是获得现实感的条件，而现实感使社会行动成为可能，并进一步产生社会共享知识，社会制度和秩序在此基础上形成。

社会现实的建构实际上包含着主观过程（与意义）的客观化，以及透过客观化过程而建构的互为主观性的常识世界。所谓客观化就是个体将主观知识理解为客观现实，并形成关于社会制度规范、其他社会库存知识以及行动和各种事物的客观性的过程。只有通过客观化事物，生活现实才能显现出来，而这些事物又显示着人们的主观意图。早期知识社会学就是以这种外在化的客观知识为主要的研究对象。"日常生活的现实似乎已经被客观化了。即在我们出现在场景中之前就已被通过设计课题秩序建构起来了。"① 按照伯格和卢克曼所言，正是现实感的外在化，经过习惯化、制度化和合法化的过程，显现了知识建构社会的功能。

人类活动不断重复形成模式而习惯化。习惯化的活动被视为当然，为人类活动赋予意义。习惯化活动的类型化（typification）生成制度。具体说，制度在持续的情境中产生。当来自不同文化的人相遇，他们都依其先前的社会经验在假设对方活动的意义。他们各自的活动不断重复，也将彼此的行为定型于某种意义模式上予以了解。各自的行动逐渐有了可预测性。这种相互期待和意义定型，形成初步制度化。他们生活在彼此视为当然的世界中，形成共同生活的基础，使扮演各方角色进行分工合作和创新成为可能。分工和创新又引导新的习惯化，扩展彼此共享的基础。制度性秩序由此建立起来。

制度秩序中的客观化事物要向下传递时，接受所传递制度的人因为未参与制度形塑的过程，制度的自明性质不能由个人的回忆和习惯化所维持，这就需要对制度进行合法化。制度的合法化有认知和规范成分，且知识先于价值规范：借客观意义在认知上的妥

---

① ［美］伯格、乐格曼著，邹理民译：《知识社会学：社会实体的建构》，台北：巨流图书公司，1991年，第22页。

当性解释制度秩序，借规范显示制度的强制性。合法化是通过反省意识将逻辑性质强制在制度秩序之中，由程度不同的几种知识类型实现，包括语言系统、各种相关客观意义的解释格局、具有明显的理论意涵的知识体系和象征性共同体。合法化为制度过程提供新的意义整合，在不扰及制度秩序的前提下进行再诠释，将新的意义赋予制度。意义整合一方面提供制度秩序的整体特质，使其对制度过程的不同参与者均有意义，另一方面满足个人的一生所需要的一种整体性。

上述分析表明，在生活世界中，人们通过行动和互动不断创造出一种共同现实，这种现实不仅被人们在经验层面认知为主观上有意义的，而且客观上也是真的。日常生活现实是一种社会地建构起来的系统，人们在其中赋予日常生活现象以某种秩序。正如伯格和卢克曼所说，世界是被社会地建构和被社会地维持的。它们的持续现实性，无论客观的（与通常一样，被视为当然的事实性）还是主观的（作为把其自身输入个体的意识的事实性），都要依赖于具体的社会过程，即重建与维持我们所研究的具体世界的那些过程。社会是人在历史中所创造和居住的世界，反之这个世界也在持续的历史中创造了人。①

四、现象学对知识社会学的贡献

现象学社会学将知识视为社会成员，通过认识生活世界而获得的"现实感"，揭示了"一种知识逐渐被社会地接受为现实的过程"。社会世界是通过日常生活中的思想过程社会地建构的，是一种主观现实；但由此产生的世界看起来好像是一个客观现实，其中存在着由角色组成并由一组宗教的或准宗教的关于基础现实的信念加以合法化的体制。这对于建构主义知识社会学的形成具有重要意义。

在传统哲学中，构成知识的三个条件是信念、真和证实，知识即证实了的真的信念。② 客观真实性是知识的关键属性。但关于什么知识是客观的和如何获得客观知识的问题并没有在哲学认识论和知识社会学领域获得共识。③ 依据理性主义的认识论，我们关于现实的知识是对"现实"的反映，因而是真实的客观知识。而知识社会学以"对人类理性的社会学批判"为首要任务，将知识置于具体的经验世界中，提出知识是集体和社会的产物，即用客观的社会结构性因素解释客观的知识，认识是作为客体的社会条件对认知主体的影响，主体成为衔接两种客体因素的中间要素。所以，知识的客观真实性以一定的社会条件为前提。

---

① ［美］伯格、乐格曼著，邹理民译：《知识社会学：社会实体的建构》，台北：巨流图书公司，1991 年，第 200 页。

② 胡军：《知识论》，北京：北京大学出版社，2006 年，第 52 页。

③ Hamilton, Peter, *Knowledge and Social Structure: An Introduction to the Classical Argument in the Sociology of Knowledge*, London & Boston: Routledge & K. Paul, 1974, pp. 2 – 8.

知识社会学的不同传统以其各自的理论出发点、视角和进路，在对"知识"的理解和对"社会"的界定方面互有差异，在知识与社会之间建立了不同的关系，体现了关于知识与社会的关联方式和程度以及知识客观真实性的不同主张。[①] 在实证主义的知识社会学中，以"存在的社会决定"作为其核心命题来考察社会—历史因素对宗教、政治、人文社会科学等意识形态知识的单向形塑或影响，早期研究强调这些类型的知识可能因受到社会结构和阶级属性的影响而成为谬误，后来则提出解释方式与其形成的社会结构相关联的关系主义，这些知识具有一定社会条件下的真实性。社会学的批判理论也关注意识形态知识，与之不同的是，既探究知识的社会—历史根源，又强调知识对社会现实的能动改造作用。知识相对于一定的社会理想而生，具有实践动机和价值取向。[②] 这两种知识社会学取向的共同之处在于都采用宏观对应的进路解释知识与社会的共变关系。

与上述两种传统不同，解释学社会学更关注非系统化的情境知识（符号互动论）和日常知识（现象学社会学）。其知识社会学也有两个面向，不仅要说明知识的社会发生过程和机制，而且同时考察知识对社会的反身建构功能。在知识的微观形成过程中，呈现知识的"客观性"所在。在解释学的总体取向下，解释社会学的各流派在解释知识的客观性问题上的主张不尽相同。符号互动论探讨赋予事物的意义与对事物采取的行动的关系，即行动者获得的情境知识与社会互动之间的交互建构关系。知识的客观真实性在于互动中对知识形成的共识。不过，符号互动论并没有将行动者个体获得的情境知识与社会共享的普遍知识之间的关系纳入讨论的范围，知识社会学思想在其整个理论体系中的地位经常与心理学还原论纠结在一起。现象学社会学也采取微观发生学进路，但比符号互动论更进一步，将日常生活世界作为第一社会现实，将日常知识的社会建构与社会"现实感"的形成视为同时发生的秩序机制，从而使知识社会学与其社会学理论具有了同一性。换言之，所谓现象学社会学就是关于日常知识的社会学，知识的产生、保存、传递和共享的过程就是社会的形成过程。而且在现象学社会学中，所谓日常知识、系统知识、科学知识之间并没有严格和不可逾越的界限，这一思想对当代知识社会学的复兴产生巨大的影响。

现象学社会学直接进入主观世界考察认知者的主观因素对认识的影响，这是既往宏观和微观的知识社会学未曾涉足的。它一方面吸收解释学的思想，突出社会历史条件对认识形成的条件性作用，另一方面继承现象学思想，强调认知者的主观条件对认识的基础性作用，并且将二者衔接和融合起来。现象学研究科学家与普通人所假定的"社会世界的事实性"这种"素朴"态度，探究这些假定如何由普通人和科学家创造并维持。

---

① Haru, Terry T., Basic Sociologies of Knowledge: on the Nature of Possible Relationships Between Ideas and Social Contexts, *Sociological Focus*, Vol. 20, No. 1, 1987, pp. 1 – 12.

② Remmling, Gunter W., eds., *Towards the Sociology of Knowledge: Origin and Development of a Sociological Thought Style*, New York: Humanities Press, 1973.

由此，被实证主义视为独立于人类意识而存在的外在世界，转化为透过意识而展开的与人类的主观建构有关的世界，研究重心从"存在问题"转化为"意义问题"。我们所视之为现实的认识成为以认知者的主观世界为基础的"现实感"。"现实感"可以被视为现象学社会学赋予知识的本质属性，同时蕴含了知识的对象、知识与认知主体和客体的关系。它不是对知识性质的静态描述，而是从知识形成的动态视角揭示对现实的认识的性质。

【作者简介】

　　赵万里，南开大学社会学系教授、博士生导师；李路彬，北京大学科学与社会研究中心博士后。

韦伯理解范式中的价值关联：
社会范畴 、"众神的战争" 与 "客观性"*

王 赟

引 言

区别于注重组织化与功能课题的法国传统，德国传统更加重视社会现象中心理、意图和价值等问题，并将这些因素看作社会学研究的核心。从狄尔泰、马克斯·韦伯、齐美尔到当代的哈贝马斯等人，围绕行动、互动和价值并最终联系到风俗和教化这两个维度的文化，德国传统向现代社会学提供了完整而独特的理论范式。

这当中，作为社会学开创者之一的韦伯具有不可忽视的重要地位。他对现象间因果性及社会学 "客观性" 的研究构成当代社会学理解范式的重要组成部分。一方面，韦伯在现象世界中观察到多元和多样的行动及价值，并将其称为 "众神的战争"；① 另一方面，他又致力于在社会学中开展针对现象的 "客观" 研究，这无疑是对现象层面价值多样性的调和尝试。

通过剖析价值在现象和科学两个层面分别呈现出的 "众神的战争" 与 "客观" 状态，韦伯将行动、社会化、理解等因素系统地融合为一个科学体系，并将其置于 "社会" 这一独特范畴之下。行动由行动者的感受或意图触发，在社会范畴的互动中得以实现。社会化也并非仅仅是外在的组织化或机构化，而是个体和外部世界的互动产物。韦伯认为，必须在社会学研究中高度重视各种因素、领域与关系之间的关联，并以此提出基于但同时高于现象的社会学。这一独特科学具有独特的 "客观性"。此 "客观性" 既非自然科学客观性的简单复制和模仿，又使社会学区别于诸艺术门类。

---

* 本文原载于《广东社会科学》2019 年第 4 期。

① 韦伯强调："只要生命自含某种意义，只要它自我诠释，生命就无法避免众神间永恒的争斗。如要避免比喻修辞的话，［我们应该说］生命无法避免可能出现之观点间永恒的不相适应，无法避免解决这些冲突之不可能性，以及作为结果，无法避免对究竟该支持哪一方做出决定。"见 M. Weber, *Le Savant et le Po litique* (*1919*), Paris：Plon, 1959, p. 114.

韦伯的理解范式十分注意现象世界与社会学之间，或说行动者角色与观察者角色之间，围绕"价值"这一核心因素的区别和联系。本文认为，通过对社会范畴和价值关联等问题的分析，韦伯本人的社会学认识论①既兼顾了生活世界中现象和价值的多元性，又提出了统一而"客观"的社会学。那么，韦伯实际上同时承认现象层面的价值多样性和科学层面的价值同一性，而社会学本身也正是从"众神的战争"过渡到价值"客观性"的过程。

一、社会范畴：社会联系与理解范式

在《经济与社会》开篇部分和《论理解社会学诸范畴》（1913）② 中，韦伯均具体给出了其对社会、社会学、活动等的定义，并详细分析了这些因素或概念间的联系③。他提出将"社会"理解为现象而非实体，并将其作为社会学分析的必要范畴。社会范畴并不同于简单的社会场所或情境，而是韦伯理解范式的理论内涵。通过社会范畴，对人和文化现象的研究不再受因于 19 世纪以来的唯物/唯心二元对立，而应在各种精神现象和物质实在的相互联系上加以实现。社会范畴在社会学上导致了社群/社会、社会化/社会性活动等概念④的差异，并提出社会联系的重要意义。在相互交往和互动中，个体之间结成多样的社会联系，"作为含意图实体的个体的行为，其中一人的行为限定另一人，并作为结果自我指导"⑤。因此，社会联系并不是简单而外在的线性网络或组织，

---

① 韦伯受新康德主义西南学派，特别是其挚友李凯尔特的影响，已经有明显的非实在论色彩。这里的认识论应被理解为作为知识社会学研究对象的"社会知识"在学者本身的反映。基于这个意义，"认识论"一词恰好回到其词源学本意：epistem-ology，关于知识的认识。当然，我们也完全可以按照当今社会学的习惯提法将其称为"知识理论"，用来区别在今天因过度思考知识的外部设置而多少忽视知识本身构建的"知识社会学"。

② 《论理解社会学诸范畴》作为第三章收录在法文译本的 *Essais sur la Théorie de la Science*（*1904 – 1917*）中，本文稍后提到的《社会学和经济学诸科学中的"价值关联"意义》则作为第四章收录于此书。法文世界通行的 *Essais sur la Théorie de la Science* 和中文世界通行的《社会科学方法论》都是德文版 *Gesammelte Aufsätze zur Wissenschaftslehre* 的节译本。中文若干译本大都没有收录韦伯写作于 1913 年的《论理解社会学诸范畴》（*Ueber Einige Kategorien der Verstehenden Soziologie*）。此书是韦伯社会学认识论的重要著作，并非仅仅是方法论著作。对此的解释可参考王赟：《被误读的韦伯社会学认识论：理解范式诸因素及其内部联系》，《社会学评论》2016 年第 1 期，第 12 – 21 页。

③ M. Weber, *Economie et Société I, les Catégories de la Sociologie*（*1921*），Paris：Plon, 1971, p. 28. 韦伯所称"独断"科学，指诸如法学、哲学等预设价值判断并在此基础上研究如何实现这些价值判断的科学。而社会学对韦伯来说应该是一门不被价值判断设置的"求真"的科学。但是，韦伯的"社会学"只是其文化科学中的一个环节，如果说求真是社会学的任务，则求真之后，还有更广泛意义上的，属于文化科学范畴的文化考察。

④ M. Weber, *Essais sur la Théorie de la Science*（*1904 – 1917*），Paris：Plon, 1965, pp. 320 – 321, 330.

⑤ M. Weber, *Economie et Société I, les Catégories de la Sociologie*（*1921*），Paris：Plon, 1971, p. 58.

而是首先表达了行动者之间的相互意图及其运作机制。每个人既影响他人又受他人影响，这个持续的过程在时间性上构成了社会。

笔者认为，社会联系同时是群体性生活的结果和社会这一观念的成因，它体现了个体在历史和文化构建过程中的一种本能。在生活中，诸如爱、恨、忠诚、商业兴趣等心理因素从主观动机和客观理由两方面设置了行动，进而产生人际的社会联系。同时，社会联系将人与人的关系结合得更为紧密，并反过来为新的心理因素的生成设置了条件。行动者的相互吸引于是成为解释社会联系和个体文化发展的基本先决条件。群体心理因素通过社会联系所进行的不断往复对形成个体和社会都是必不可少的条件。人际和互动层面的社会也因此成为分析一切关于人的现象所必不可少的范畴。同时，由于社会联系总是处于过程中，因此"社会"这个范畴也相应处于动态之中。

韦伯的社会学思想因此指向但非局限于互动模式。一方面，它拒绝将社会理解为外在于人的实体。针对社会现象的研究首先要研究个体及其行动。社会得以形成，正是通过个体及其行动所结成的社会联系网络。另一方面，他又并非纯粹意义上的行动论者。社会学的科学性不在于排斥或隔断个体与群体、个体与他人等关系之后建立的刺激—应激模式或机制假说，后者恰恰是实证主义自笛卡尔主义以来所建立的认识论基础。

二、价值关联与价值"客观性"

这种独特的社会范畴直接联系到韦伯理解范式对行动、价值和"客观性"的解读。社会必须在"人与其活动之现象总和"这个意义上被加以理解。针对社会的研究因此就是针对社会中的人及其活动的研究。意图和价值从理性和感性两方面向行动赋予动机或理由，并在互动中构成了社会借以形成的各种联系。社会学因此需要强调的是一种独特的"客观性"：它不是在研究中通过排斥心理、意图等因素而实现；相反，其"客观性"和可信性体现在对这些因素的重视和合理把握上。社会学研究的重心因此应该放在意图、价值等精神现象与机构化、组织化等外部现象之间的联系上。

笔者认为，韦伯与其好友李凯尔特在这一点上持类似看法。他们均强调，认识开展的唯一途径是人类的经验。社会学在且只在这个意义上是经验科学。价值与行动同步出现，它既不是纯粹偶然的，也不是超验的，而是历史的和认知的。[①] 李凯尔特和韦伯因此将康德的自然—个体—先验理性的设置转换为自然—个体—社会；并在社会范畴思考人的"超验"可能，当然，这时的先验实际上仅仅意味着时间上的"在先"。在这个意义上，康德所述知性 [Verstand（德）] 到理性 [Vernunft（德）] 的超越，实际上正是在前述社会范畴或历史范畴完成的。

这当中，价值的历史性指人通过互动在时间维度上创造和传承知识与判断。价值的

---

① 参见 H. Rickert, *Science de la Culture et Science de la Nature* (*1899*)，Paris：Gallimard, 1997.

认知性则指价值的运行机制中同时包括理性的上升和情感的参与。历史的独创性和认知的多元性恰好赋予经验多元与多样的特征，而多样和创造性的行动又产生了多样的价值。多样的价值或因情感激发，或因功利需求引起，来源多元，表现同样多样，这些价值又导致了现实社会中的永恒冲突。那么，或许就只有用神话中众神之间的永恒战争做类比才能完美地体现冲突中的价值差异。社会学实际上要回答的，则是人类如何在此种价值多样性之下"共同生活"。现实中的个体因此并不仅仅是为了满足功能需要或结构整合而凝聚成社会。多个个体在多样性的价值和行动中相互需要、相互吸引、相互联系，现实的社会才得以形成。个体因此既是每个情境中价值和行动的创造者，又不得不囿于他自己的创造物之中。

在行动中，人习惯于将判断带入行动的意图。每个价值判断由其具体所处的情境所支持。社会学家的地位则更为独特。他本人处于他自身的文化之内，并且作为行动者出现在其所处的情境中。显而易见，他受其自身独特价值判断的影响。但同时，他在研究中必须将其所处的情境（甚或包括他自己）当作研究对象。此时，他的观察者角色要求他必须与行动者角色相分离，从而将其从事的社会学研究区别或抽离于纯粹的现象事实。而由于作为研究对象的现象或行为中必然地包含了价值因素，他的研究又必须包括对价值层面的考量。因此，只有保证现象层面的价值评价和科学层面的价值评价相分离，才可以建立"可信"（plausible）的社会学解释。社会学家在其研究中必须意识到，由于研究对象是具有文化意义的，他的研究不可避免地与价值问题相关。但是，他必须避免将自己的价值作为个人判断带入研究中。为了解决这个难题，韦伯强制带入了"价值判断与价值关联"这一区别：前者满足日常行动，代表了个体的主观性；而后者对科学研究是必须的，并通向一个可能的"客观性"。社会学上的"理解"正是一个去除日常生活中价值多元和多样性的过程；返回来，价值关联同时要求社会学必须对日常生活中个体的价值判断，即行动者的价值，加以考虑。

基于这种设置，韦伯认为，"理解"在社会学中仅具方法意义，而行动者本身先于（因此并不参与构建）作为现象的理解本身。所有的现象因素对观察者来说都是等效的，其中既包括可见的行为，也包括隐性的心理因素、情感、理性化过程、价值判断等。而"理解"就是达到具体情境的科学方法。这要求将行动者与观察者所具有的不同心理效应区别对待。韦伯的理解范式因此首先建立在现实世界—社会学，以及行动者—观察者之间的区别之上。值得注意的是，这种区别又非机械割裂意义上的。

笔者认为，与同时代很多学者一样，韦伯同时受到康德和尼采的影响。韦伯既看到了康德哲学所强调的超验精神现象之普遍性[①]，又看到了尼采哲学所坚持的生活世界之

---

① 参见 E. Kant, *Logique*（1755 – 1797），Paris：Vrin，1966；E. Kant, *Critique de la Raison Pratique*（1788），Paris：PUF，1993（1è édition 1943）.

多元化和永恒演变①。他也一直试图寻找如下可能：社会学如何从人类社会多元和多样的经验生活世界出发，最终在科学意义上达到文化的普遍化。布东（Raymond Boudon）曾指出，"无论如何，过分夸张尼采对韦伯的'影响'，并从中得出结论认为'众神的战争'牵涉他思维中关于道德的，或总体上来说价值方面的相对主义认识都是多余的"②。韦伯确实注意到现象中价值的多样性。但是，韦伯并未因此接受"在科学研究中存在同样的价值多样性"这一相对主义观点。相较于尼采对现象世界的注目，韦伯将重心放在如何超越现象世界中的价值多样性，从而得到社会学中科学而"客观"的价值。而这又无疑是在康德所主张的超验因而是普遍而同一的道德观念之外，对经验多样性和文化普遍性的调和。这也为我们正确理解韦伯强制性地分离出价值判断与价值关联性提供了线索。在现实世界，价值判断解释了价值的多样性；而在社会学研究中，价值关联性要求观察者通过去除价值多样性而达到"客观性"。这实际上指向了生活现象与科学研究的分离。

但是，在现实世界与社会学学科之间、行动者与观察者之间的区别，并不能表明这些因素或维度之间是相互割裂的；相反，韦伯也同时指出了它们之间的联系。一方面，价值关联揭示了社会学的研究对象是独特的。行动者以一种包含文化和内部价值观念的"自成"方式行动。另一方面，针对对象的价值关联仅仅表达了认识中包含价值旨趣这个事实，而旨趣并不对对象做价值上的正面或负面判断。价值关联"表达了设置，却并不被预先设置"③。这种联系是韦伯理解范式的除了范畴这第一个特征之外的第二个重要特征。如对此不加注意的话，社会学就有两种极端化的风险，要么沦为对多样价值不具评价力量的不可知论，要么沦为独断教条。韦伯宣称的价值关联因此并非仅仅停留在事实与价值间谁决定谁的意义上。社会学既非"独断"（dogmatic）科学④，也非如自然科学那样价值无涉。社会学应"理解地"阐释。或者说，社会学家必须"理解"现象中的价值设置，同时又要不带自我价值设置地去理解。

运用价值关联原则理解社会学因此十分独特。首先，价值关联反对道德至上主义或先验哲学。对于韦伯来说，如冯·施穆勒（G. Von Schmoller）那样混淆强制伦理观念和文化价值观念是错误的。我们完全可以设想，在现实中发展一种否认所有价值的道德，也完全可以设想，孕育出一种违反所有道德观念的文化价值。那么，就必须拒绝康德关于道德形式的先验论断，并否认康德赋予抽象精神的绝对普遍意义。所谓道德因此关乎伦理而与德性（Virtue）无关：它不意味着从知性超验到理性的绝对标准，而意味着个

① 参见 F. Nietzsche, *Généalogie de la Morale* (1887), Paris: Gallimard, 1985; F. Nietzsche, *Ainsi Parla it Zarathoustra* (1885), Paris: Rivages Poche, 2002.

② R. Boudon, *Etudes sur les Socio logues Classiques* II, Paris: PUF, 2000, p. 232.

③ P. Watier, *Une Introduction àla Sociologie Compréhensive*, Belval: Circé, 2002, p 95.

④ M. Weber, *Economie et Société I, les Catégories de la Sociologie* (1921), Paris: Plon, 1971, pp. 28 – 29.

体在与其他社会成员的互动中确定的行为准则，及作为这种行为准则实施保证的结构化过程。

其次，它还拒绝自然主义的方法论一元论。自然科学的客观性排除所有对价值问题的考量，以价值无涉达到同一和普遍的认识，而社会学的价值关联（Axiology）则是一种相对的客观性。它不是"'价值之问题'［Wertproblemen（德）］。……'价值关联'的概念仅仅表明对独特的科学'兴趣'的哲学阐释，这个兴趣控制一项经验研究中对对象的选取和组织"①。

法国社会学家瓦蒂尔（Patrick Watier）曾在对比德法两国韦伯著作各版本后指出，在德文版原著中，"韦伯所阐述的社会学'客观性'总是出现在引号中，而法语译本则漏掉了这个关键的细节。引号表明，社会学中的'客观性'带有独特性"②。这恰好说明，社会学的"客观性"是现象世界与社会学学科，以及行动者与观察者之间的桥梁。这一细节因细微和语言差异不易被察觉，却又因其对韦伯体系的重要意义而显得弥足珍贵。类似问题也存在于各种中文译本中。其结果是，不加区别地将韦伯所说的社会学"客观性"等同于自然科学客观性，要么会在社会学领域混同和套用各种自然科学认识论和方法论，要么会因对如此套用所造成之问题的合理质疑而一并否认社会学的科学性。

我们认为，首先，"客观性"联系了研究对象（行动者）：对象的价值或文化特征必须进入研究中。其次，"客观性"指出了韦伯理解范式的独特性：在社会学中套用各种决定论、整体论和唯理性主义，并不能真正理解社会学中的"客观"。价值"客观性"因此也是社会学独特性的内在表达。根据这一点，韦伯同时反对"社会学不需要客观性"和"在社会学中套用自然科学的客观性"这两种观点。

作为经验科学的社会学于是与"应然"意义拉开差距，而仅限于"什么（不管具体是什么）可以——或必要时——愿意干什么"③。这种实际上在经验意义上建构，却反过来因其刚性往往被错误当成绝对观念的秩序的超越，使社会学避免成为某种具体文化的产物；因而也不再受促成了"众神的战争"的那些现象层面的伦理的经验性限制，从而在基于且高于具体经验事实的角度上，且在社会范畴中，完成了对"客观性"中最为关键的适当性问题的建构。而对韦伯应然—实然关系所做分析的忽视，则也会造成两种不当认识。其一，认为社会学因不预设"应然"而缺乏对现象事实的批判力量。其二，认为"实然"的社会学中不能带有关于构建的任何指令性规定。显然，韦伯本人既反对前者，也反对后者。由于每个行动都包括由行动者发起的判断，研究者的任务之一就是理解进而阐释这种价值判断。由于韦伯将"理解"设置在现象世界与社会学

① M. Weber, *Essais sur la Théorie de la Science* (*1904–1917*), Paris: Plon, 1965, p. 395.
② P. Watier, *Une Introduction à la Sociologie Compréhensive*, Belval: Circé, 2002, p. 91.
③ M. Weber, *Essais sur la Théorie de la Science* (*1904–1917*), Paris: Plon, 1965, p. 125.

的分离这一基础上，研究者不应在研究中做应然判断。但同时，社会学又不能仅限于以实证方式对现象进行纯粹描述。处理价值问题的科学方法"并不只是理解和重现被期望的目的和作为其基础的思想状况，它同样也使我们对其怀有'批判'态度。批判以价值关联为依据，……它必须是一个'对具体的历史地给定了的观点和价值判断等质料的形式逻辑'的判断"①。

三、"客观性"的行动逻辑：自由与责任的统一

由于设置了现象世界—社会学、行动者—观察者之间的区别，并将理解方法指向纯粹的科学方法，韦伯事实上一直面临如下难题：价值关联似乎只能在最理想化的意义上才能达到同一的价值，而学者本人因同时也是社会行动者，对此并无把握。这一点也造成后世社会学家对其"伪"客观性的质疑。②韦伯本人对此并未直接给出回应。对他来说，由于社会科学诸学科属于经验科学的范畴，而对是否存在普遍价值所进行的思考多少是形而上的，因此这些并不是社会学的任务。但同时，这并不意味着韦伯对此缺乏思考。事实上，借用他对"永恒的标准"和"意识与意愿的推动力"进行的探讨，我们完全可以窥见韦伯对调和"众神的战争"与普遍价值的努力。

在《社会学和经济学诸科学中的"价值关联"意义》文末，韦伯尝试给出了对永恒价值的思考。③如果说，试图将永恒价值拉回到经验世界直接否定了上帝的地位，那么是否可以找到另一个经验世界中足以超越个体这个不稳固的载体的"绝对"？我们必须注意到，从19世纪以来直至"二战"结束，德国思想传统对永恒价值的思考就不可避免地与国家这个概念纠缠在一起。作为绝对精神的投射，国家实际上承载的就是当时德国学者对绝对精神的世俗寄托。④回到韦伯，他一方面将国家设置为现代法理型科层制下的机构，另一方面又试图通过国家来寻求对经验性和普遍性的调和。他承认，国家作为一个超级存在可以超越所有个体价值（生死、自由等）而显示出高效和绝对意志。然而，他也认为，作为超级存在的国家必须从属于组成它的公民，这无疑给出了关于国

① M. Weber, *Essais sur la Théorie de la Science* (1904–1917), Paris：Plon, 1965, pp. 124–125.

② D. Groddard, Max Weber and the Objectivity of Social Science, *History and Theory*, Vol. 12, No. 1, 1973, pp. 1–22；B. E. Portis, Political Action & Social Science：Max Weber's Two Arguments for Objectivity, *Polity*, Vol. 12, No. 3, 1980, pp. 409–427；M. Barker, Kant as a Problem for Weber, *The British Journal of Sociology*, Vol. 31, No. 2, 1980, pp. 224–245；H. Homman, The Limits of Logic in Sociology, *International Journal of Politics*, *Culture*, *and Society*, Vol. 3, No. 4, 1990, pp. 555–558.

③ M. Weber, *Essais sur la Théorie de la Science* (1904–1917), Paris：Plon, 1965, pp. 124–125.

④ 关于这一点，伊格尔斯的卓越著作《德国的历史观》可以提供大量相关参考。参考［美］伊格尔斯著，彭刚、顾杭译：《德国的历史观——从赫尔德到当代历史思想的民族传统》，南京：译林出版社，2014年。在更深层的知识社会学和发生意义上，还可以参考［德］诺贝特·埃利亚斯著，王佩莉、袁志英译：《文明的进程》，上海：上海译文出版社，2013年。

家的非英美版本的自由主义定义。韦伯所理解的国家也与其所理解的社会类似：国家或社会并不是一个实体，其存在必然要回溯到构成它的人的活动和相互联系中去。因此，我们面对的，仍然是国家或社会的超级权力和个体的自由意志之间的永恒往复。而其结果则是，国家或社会看起来是永恒的。"……当我们谈到演化这个范畴时，我们可以非常理智地为以下观点提供辩护，一方面，希望尽可能地强化国家强制的权力以加强生存，另一方面，否认［国家的］任何内在价值，并将其做技术工具性的运用以实现完全不同的价值，对这些价值，国家保证其尊严，并在不否认其神圣性时由［国家］自身承担。"①

韦伯对于"国家"这个概念一直保有某种程度的热情；如上所述，这一热情也可以通过那时德国的知识传统而得到解释。理想状态下，作为自由和责任综合体的国家本身也是人对永恒价值所做追寻而建立的理想型。

同时，其他因素诸如社会阶级、宗教等，在不同的情境（Conjuncture）之下也完全可以对应如此展开的理想型阐释。对于韦伯来说，为了解释资本主义发生，社会学家必须探讨社会行动者的内在心理层面需求，同时不能无视自由资产阶级在社会现象中体现的高效性。② 那么，也正是自由和责任借用宗教激发出来的理想化统一过程，才造成了欧洲的经济发展。一方面是信仰的需求，另一方面是理性化的增长，一个理想化了的统一过程对这两方面同时起作用。而理性化的增长又反过来瓦解了对信仰的需求，作为结果，出现了"世界的解魅［Entzauberung（德）］"。那么，有理由认为，韦伯对于永恒价值的回答最终落到探讨自由和责任之统一性的可能性上来。

此外，社会科学面向经验对象展开这一事实，并不能直接表明这些领域就是方法论意义上的"经验的"。对社会学是处于何种意义上的"经验科学"做再次强调，因而也是必要的。韦伯指出，"我们永远不能简化地假设，对于经验性对象的研究不含有我们眼中的某种意义。相反，对此类意义的观察是某物成为我们研究对象的先决条件"③。因此，虽然社会学并不直接面向对于永恒（普遍）价值的思考，但是永恒（普遍）价值问题与文化的社会化过程也并非毫无关联。同样，人作为自由和责任的统一，因此并不如康德认为的那样是在超验精神层面完成的，而是在社会化过程及与之相伴的理性化过程中完成的。韦伯对先验哲学和超验精神观念的反对明显与社会范畴这个设置有关。而这一点又从另一个角度揭示了社会范畴对社会学的重要意义。

雷蒙·阿隆（Raymond Aron）曾如此评价韦伯的价值关联："韦伯所致力的实证和理性科学属于理性化的历史过程的一部分。它包含两个角色，这两个角色限定科学事实的意义和范畴。这两个独特的设置就是无止境和客观性，后者由两个因素所定义；一个

① M. Weber, *Essais sur la Théorie de la Science*（1904 –1917），Paris：Plon, 1965, p. 432.
② 参见 M. Weber, *L'Ethique Protestante et l'Esprit du Capitalisme*（1905），Paris：Pocket, 1985.
③ M. Weber, *Essais sur la Théorie de la Science*（1904 –1917），Paris：Plon, 1965, p. 154.

是科学对所有尝试找寻此类事实的人来说的普遍适用性，另一个是对价值判断的拒绝。"[1] 笔者认为，阿隆的这个结论即便不是完全错误的，也是值得重新探讨的。事实上，韦伯所确立的价值判断和价值关联性之间的对立，从来没有机械地导向去除价值之后的价值无涉意义上的无关紧要。而因韦伯强调了社会学的"客观性"就将其学说当作自然科学式的客观主义的，只是对社会科学领域"客观性"的误读。

结　语

要弄清韦伯所提出的"客观性"，就必须真正把握其理解范式的认识论体系。社会范畴、现象世界—社会学、行动者—观察者的区别和联系等问题，则是必须面对的几个核心议题：

第一，韦伯理解范式从其独特认识论出发，将"社会"设置为开展社会学乃至所有文化科学的独特范畴而非实体或场景，行动者作为同时处于自然之中又与自然存在距离的独特存在，在其实践中相互关联并相互影响，结成了我们称为"社会"的现象集合。社会的构成同步于社会的联系化过程（sociation）；同时，这个过程又反过来设置了行动者。社会学研究因此必须注意到社会作为范畴的独特意义。

第二，联系到价值，行动者的社会活动自然包含意图、心理活动、价值判断等内在因素的运行。社会学因此必须将这些因素纳入考察的范围。然而，作为科学的社会学与社会现象保持距离，行动中的价值与观察中的价值于是分别对应价值判断与价值关联这两个相互区别的概念。

第三，价值关联在社会学研究中扮演桥梁的角色。通过这座桥梁，价值指向"客观化"过程，并被纳入社会学考察。一方面，作为科学的社会学得以成为可能；另一方面，社会学因这种独特性而完成自我的学科化。

采取价值关联态度的社会学又必然回归社会范畴。对其的接受既反对自然科学式的价值无涉，又反对先验和形而上的道德观念。通过价值关联，社会学得以统一多元和多样价值的"众神的战争"与价值的"客观性"；这就意味着，在自由和责任的行动选择和适当性评价两个方面求得统一。

最后但并非无关紧要的是，社会学中的价值"客观性"与现象世界的社会化过程是同步的。从"众神的战争"到价值"客观性"的过程本身就是精神现象的理性化过程；而其与社会化过程相互依赖，共同组成我们所处的现实世界。那么，无论是社会化还是理性化，都处于永恒的动态与演变之中。

假如我们认同如下观点：没有任何一个具体的经验路径可以代表人类社会演进的终极形态；则我们必须同时认同：理性化与价值"客观性"在韦伯那里遵循类似的过程，

---

① R. Aron, *Les Etapes de la Pensée Sociologique*, Paris：Gallimard，1967，p. 503.

它们更多地指向一个趋势而非某个状态。价值 "客观性" 并非一些社会学家所批判的 "伪" 客观性；相反，它在更广的时空范围和更开放的理论视野下给出了社会学研究的一种蓝图：一种客观也即广义理性化过程发展要求的趋势。

【作者简介】

王赟，苏州大学社会学院讲师、斯特拉斯堡大学欧洲动态实验室（UMR 7367）客座研究员，博士。

农村社会学与城市社会学

中国"三农"政策的60年经验与教训[*]

蔡 昉

一、中国特色的城乡关系政治经济学

大多数发展中国家面临的基本任务，是通过恰当地处理城乡关系实现发展，完成二元经济结构的转换。转轨国家也面临着如何通过培育产品和调整生产要素市场，把城乡经济加以整合，在市场配置资源的基础上实现均衡发展的任务。中国作为发展中的转轨国家，特定的城乡关系是其体制格局的制度基础。首先，统购统销制度、人民公社制度和户籍制度这三套马车，是重工业优先发展战略所产生的必然制度安排。其次，对旧体制的改革归根结底是对既有城乡关系格局的突破。因此，调整城乡关系是其不可回避的改革内容。在以下的篇幅中，本文将以城乡关系的调整作为主要线索，运用政治经济学理论框架，对三农政策的演变进行一个概述性的总结。

中国传统农业发展政策是适应重工业优先发展战略的需要，于20世纪50年代后期形成的。1949年中华人民共和国成立之后，中国共产党着手推动工业化，并于第一个五年计划时期（1953—1957年）确立了重工业优先发展战略。在当时，选择重工业优先发展战略产生了两个内在的执行矛盾，一是重工业的资本密集型特征与当时资本稀缺状况的矛盾，一是重工业发展要求很强的资源动员能力与当时要素市场十分不发达状况的矛盾。为了解决这两对矛盾，实际推行重工业优先发展战略，除了形成一套以扭曲产品和要素价格为主要内容的宏观政策外，还要建立一种能够不依赖市场机制的资源分配体制和直接的积累渠道。人为压低利率、汇率、能源原材料价格和工资的宏观政策，是为了降低重工业发展的成本。其中低工资政策又需要以农产品等基本生活资料的低价供

---

* 本文原载于《广东社会科学》2009年第6期。

给为条件。① 传统农业发展政策便以此为逻辑起点而逐渐形成。

20 世纪 50 年代初，国家为了以低价掌握必要的农副产品，以保证工业发展和城市需要，实行了对主要农副产品的统购统销政策。在这种强制性制度安排下，大部分农副产品的购销和定价都是由国家垄断的。然而，此时还不能确保农民能够完全按照政府所要求的品种和数量生产农产品，也不能保证农民将其生产要素完全有效地投入农业生产中去，因此就要求有更进一步的制度安排，以切断生产要素的流出渠道，并可以直接贯彻国家的计划。为了适应这种制度需求，50 年代末在农业合作化的基础上迅速实现了农村人民公社化，农业中劳动、资本和土地被集中起来统一使用，根据国家下达的种植计划生产出的产品及其价值则按照国家征购—集体积累—社员劳动报酬这样的顺序进行分配。更进一步地，为防止劳动力从农业中转移出去，并且为了把城市中享受低价农产品的人数限制在有限的范围内，隔断城乡人口迁移的户籍管理制度应运而生，从此形成完整配套的城乡关系制度安排的三套马车。1958 年，全国人民代表大会通过了《中华人民共和国户口登记条例》，确定在全国实行户籍管理体制。在这个制度下，农村人口不能随意改变身份、职业和居住地。由户籍制度的形成历史和逻辑可以看到，其实质内容不仅仅是户口登记地的限制，核心是对人口迁移和对农业劳动力转移部门就业的限制、城市福利体系对农村人口的排斥、非农产业就业机会对农村劳动力的排斥。在该制度下，由于农业生产要素受到制度约束不能自由转移，其机会成本几乎为零，报酬虽然被压到了均衡水平之下，但只要仍然为正数或大于机会成本，要素的供给量就不发生变化，一定的农产品生产及供给就可以得到保障。由此我们看到统购统销制度、人民公社体制以及户籍制度在适应重工业优先发展战略及其相应政策环境条件下的内在统一性。

这种二元结构下的农业经济体制严重缺乏效率。人民公社这种组织形式把全部农村生产要素归并到一起，画地为牢，不再有流动的自由。对农村劳动力来说，既没有退出人民公社的选择权，也没有流动的自由，因而劳动激励机制受到了极大的损害。生产队集体劳动的特点是大呼隆、大锅饭：每个劳动力的工分标准是固定的，生产队通过记录出工天数决定年终分配（口粮和现金）。一个劳动力付出更多努力所产生的生产结果，将被生产队全体成员平均分享，而偷懒所造成的损失也将由全体成员分摊。因此，出工不出力是人民公社固有的弊端，导致农业生产效率低下。但是，食品政策又是绝对保证城市和工业需要的。结果是农村收入水平和生活水平长期得不到改善，这种状况积累到一定时期和一定程度，就会产生对现行低效率制度安排的强烈抵制。既然人民公社是没有退出权的，劳动者便以变本加厉的出工不出力形式退出。此外，农产品的种植是严格按照计划安排的，为了保证粮食供给，生产结构按照"以粮为纲"原则布局，农村劳动力绝大部分集中在种植业，不允许务工经商，农民收入非常低。1978 年，全国有 2.5

① 林毅夫、蔡昉、李周：《中国的奇迹：发展战略与经济改革》（增订版），上海：上海三联书店、上海人民出版社，1999 年。

亿农村居民处于绝对贫困状态，城乡收入差距（以农民人均收入为1）达到1∶2.57。这时，如果具备了必要政治条件，一场根本性的制度变革就发生了。

1978年冬，中共十一届三中全会在北京召开的同时，安徽凤阳县小岗村的18户农民面临着如何应对灾荒和饥饿的选择：是像往年一样外出逃荒要饭，还是冲破体制牢笼，把土地承包给家庭经营。最终他们选择冒天下之大不韪，写下血书（承担政治责任），率先搞了包产到户，结果立竿见影，一下子解决了温饱问题，其效果不胫而走。随后，在政策逐步放宽的鼓励下，家庭联产承包责任制迅速在全国推广。1980年初还只有1.1%的生产队实行家庭联产承包责任制，年底就达到20%，1984年底则达到100%，并且实行家庭联产承包责任制的农户也达到了97.9%。家庭联产承包责任制的具体做法是把原来由生产队集体统一经营的土地，按照人口和劳动力分给农户，农户在完成农业税和交售任务以及给集体的提留之后，享有剩余产品，即享有自己投入和努力的剩余索取权。这种经营形式虽然没有从法律上改变土地的集体所有制性质，但对于劳动激励有了一个极大的促进，产量一下子得到大幅度的提高。相关研究表明，1978—1984年的农业产出中，大约46.9%可以归因于这项改革在全国的展开。[①]

虽然大多数观察者都给予家庭联产承包责任制对于改进劳动激励的效果以高度评价，但是，在生产效率提高之后，这项制度对于农户劳动力的重新配置具有更加重要的效果，即它通过调动积极性，以及给予农户自主安排劳动时间、劳动方式和劳动内容的自主权，解放了劳动力。因此，我们可以把这项改革看作劳动力流动政策改革的出发点和基点。一旦劳动者的努力成倍提高，农业中所需要占用的劳动时间大幅度下降，劳动力剩余现象就显现出来。为了消化改革产生的这些剩余劳动力，拥有经营自主权的农户，首先把他们的劳动时间从单一的粮食生产转向种植业的其他部门，继而又从种植业转向农业、林业、畜牧业、渔业和家庭副业的全面发展，极大地改变了农业生产结构，提高了劳动力的利用程度和收入水平。然而，随着农业劳动生产率的提高，无论是种植业，还是包括农林牧副渔在内的大农业，容纳劳动力的规模终究是有限的。在20世纪80年代初期，政府并不鼓励劳动力离开农村地区。在看到了农业劳动力转移的必然性以及农村小型工业发展潜力的情况下，政府提倡一种农业劳动力转移的"离土不离乡"模式，即鼓励农民从农业生产中转移出来，就地到乡镇企业就业。但是，1985年整个农村有3.7亿人就业，转移到乡镇企业的毕竟只占18.8%，仍然有3亿劳动力务农。随着城市改革于20世纪80年代中期以后速度加快，乡镇企业的发展也开始徘徊。因此，农民开始向包括大中小各种规模城市转移，寻找非农就业岗位。各种制度障碍的逐渐排除是劳动力得以跨地区流动的关键。

20世纪80年代以来，政府逐步解除限制农村劳动力流动的政策约束。随着农村劳

---

① Lin, Justin Yifu, Rural Reforms and Agricultural Productivity Growth in China, *American Economic Review*, Vol. 82, No. 1, 1992, pp. 34 – 51.

动力就地转移渠道日益狭窄，1983 年政府开始允许农民从事农产品长途贩运和自销，第一次给予农民异地经营以合法性。1984 年进一步放松对劳动力流动的控制，甚至鼓励劳动力到临近小城镇打工。而到 1988 年，中央政府则开了先例，在粮票制度尚未取消的情况下，允许农民自带口粮进入城市务工经商。到 90 年代，中央政府和地方政府分别采取一系列措施，适当放宽对迁移的政策限制，也就意味着对户籍制度进行了一定程度的改革。但是，这个时期可以看到在对待农村劳动力流动的政策倾向上，政府本身产生了分野。第一个分野发生在中央政府和地方政府之间。由于中央政府要关注全国城乡作为一个整体的就业、收入以至社会稳定问题，因此对劳动力流动持积极鼓励的态度。第二个分野发生在劳动力流出地政府和流入地政府之间。相对不发达、劳动力剩余和农业经济比重高的省份，希望通过劳动力外出实现充分就业、增加农民收入，因此持鼓励、支持的态度，甚至采取了一些扶助措施。而相对发达地区，虽然需要外来劳动力，但根据自身的就业压力，对外来劳动力的政策周期性地变化，常常持消极的态度。①

到 21 世纪，户籍制度改革的决策权实际上被下放到地方政府，特别是城市政府。这时，在劳动力流入地政府之间也发生了分野。由于与劳动力流动相关的不仅仅是一纸户口问题，更是户籍身份背后所隐含的公共服务、社会保障等福利问题，因此，两类地区的政府在引进外来劳动力上面没有预期到福利损失，因此改变了对待劳动力流动的拒绝态度和政策。第一类是从劳动力充分的供给中获益明显的新兴城市，第二类是政府财力捉襟见肘，已经不再为市民提供充分公共服务的城市。而那些仍然把大量福利因素与户籍身份联系在一起的大城市，则预期到在引进外来劳动力上面，会产生福利流失，因此仍然坚持比较刚性的政策。尽管如此，劳动力流动的积极作用是不容忽视的，即便是对于劳动力流入地的政府也是如此。即使存在这种不同的政策倾向和政策的周期性摇摆，中央政府和地方政府仍然分别采取了一系列措施，适当放宽对迁移的政策限制，也就意味着对户籍制度进行了一定程度的改革。

这个解除制度约束的进程主要通过两个方面的调整。第一，以小城镇为突破口，城市政府自主决策进行了各种户籍制度改革的尝试。小城镇户籍制度改革的特点是"最低条件，全面放开"。在全国两万多小城镇，入户的基本条件降低到只需"在城镇有稳定的生活来源和合法住所"。中等城市以及一些大城市改革的特点是"取消限额，条件准入"。其做法是放宽申请条件，大幅度降低在城市落户的门槛。北京、上海等特大城市的改革特点是"筑高门槛，开大城门"，主要针对的是特殊人才，而不是普通劳动者。第二，城市就业、社会保障和福利制度的改革为农村劳动力向城市流动创造了制度环境。如非国有经济的发展、粮食定量供给制度的改革，以及住房分配制度、医疗制度和就业制度的改革，都降低了农民向城市流动并且居住下来和寻找工作的成本。此外，还以解决诸如农民工工资拖欠、流动人员人身伤害事件等重要问题为契机，极大改善了农

---

① 蔡昉、都阳、王美艳：《劳动力流动的政治经济学》，上海：上海人民出版社，2003 年。

民工在城市的居住和工作环境。

作为这一系列制度变革和政策调整的结果，农村劳动力流动规模日益扩大，形成举世瞩目的"民工潮"。关于农村劳动力流动数量，很长时间内没有一致的官方数字，学者们往往根据一些局部的调查进行估计。根据农业部课题组（2001）的归纳，我们可以对 2000 年以前的跨乡镇劳动力流动数量变化勾勒出一个大致的线索，即 1983 年只有 200 万，1989 年增加到 3 000 万，1993 年已经高达 6 200 万，2000 年为 7 849 万。至于 2000 年以后，可以根据国家统计局的逐年调查做出估计，并且可以知道他们对于城市劳动力供给的重要性（见表1）。

表1　农民工数量及其与城市就业人员的比例

年份	农民工人数/万	城镇从业人员人数/万	比例/%
2000	7 849	21 274	36.9
2001	8 399	23 940	35.1
2002	10 470	24 780	42.3
2003	11 390	25 639	44.4
2004	11 823	26 476	44.7
2005	12 578	27 331	46.0
2006	13 212	28 310	46.7
2007	13 697	29 350	46.7

资料来源："农民工"数量来源于国家统计局农村社会经济调查总队（农村司），《中国农村住户调查年鉴》（历年），中国统计出版社出版。"城镇从业人员"数量来源于国家统计局人口和就业统计司、劳动和社会保障部规划财务司，《中国劳动统计年鉴》（历年），中国统计出版社出版。

二、1978 年以来的"三农"政策改革

从 1978 年这个标志性年份开始，到 20 世纪 80 年代的大部分时期，可以看作农村改革的第一个阶段。这个阶段的主要改革内容是实行家庭联产承包责任制，选择包干到户这种承包形式，根本改变了农业中的基本经营制度。与此同时，国家通过提高农产品收购价格，以及改国家统购制为合同定购制等一系列农产品收购制度，从价格上发挥了对农业生产的有效激励作用。由于这一步改革取得了良好的激励效果，农业生产迅速得到恢复，不仅农民温饱问题得到即刻解决，为非农产业和城市居民提供农产品的保障程度也大大增强。更进一步地，由于劳动积极性和微观效率的提高，农业中劳动力的使用大大减少，显现出的农业剩余劳动力相继从单纯的粮食种植，转移到种植业多种经营、农林牧副渔业全面发展，及至乡镇企业的迅速壮大。因此，这一步改革是通过改善激励

机制和解放生产要素，在农村内部挖掘效率潜力的过程。

然而，家庭联产承包责任制提高生产效率的潜力是一次性的，基本上在包干到户在全国普遍实行，几乎覆盖全部生产队和农户的 20 世纪 80 年代中期宣告结束。[①] 许多学者把 1985 年以后出现的农业生产增长率减缓作为标志，认定农村第一轮改革到此就结束了。[②] 但是，还有若干其他因素使得增加农民收入和提高生产效率的改革效应在 80 年代后期继续得以保持。其中最值得指出的是，在农产品收购制度改革后的价格信号引导下，从粮食乃至种植业中剩余的大规模劳动力，依次向更加广阔的生产领域转移，农村经济内部效率改进的机会获得更全面的开发，农村劳动力得到更充分的利用，从而使农民收入增长以及城乡收入差距缩小的过程得以继续维持到 1988 年。

20 世纪 80 年代末到整个 90 年代，可以被看作农村改革的第二个阶段。虽然国家为前一阶段农村改革付出了一定的代价，但总体来看，那个时期的农村改革主要还是着眼于改进农业中的激励机制和农村经济的配置效率，并没有触及城乡关系的另一极，即城市居民的既得利益。而当改革重点进入以国有企业为对象的城市经济领域，在很大程度上则不可避免地要利用农村改革的成果，即农产品的充足供给和农村经济的稳定，与此同时却尽可能不损害既定城乡关系格局中的城市利益。因此，在城市改革方兴未艾的同时，农村第一步改革的效应似乎有所减弱。

通过回顾当时的讨论，我们可以看到有若干因素，表明在城乡关系既定格局没有发生根本性变化的情况下，进一步的农业增产、农民增收和农村发展受到了制约。例如，1985 年对粮食统购制度进行改革，在大幅降低了此前农民获得的超购加价水平的同时，也没有能够真正放开粮食市场，因而对生产者来说价格信号是消极的。[③] 此外，这一时期还表现出了农业生产投入品价格上涨快于农产品价格上涨的剪刀差扩大，以及政府对农业投入减少等情形。[④] 在整个 20 世纪 90 年代，国家对农业的投入占财政总支出的比例，表现为徘徊和下降的趋势。

但是，通过改革获得制度变革收益的过程，本身具有自发性和不可逆性。在国家支持"三农"的政策以及从直接投入上调整城乡关系的努力没有达到令人满意程度的同时，日益获得制度性束缚的中国农民，继续寻找着发挥生产潜能、增加家庭收入的各种经济机会，促使传统城乡关系格局照样以惊人的速度得到改变。而推动这个变化的主要

① McMillan, Whalley & Zhu, L., The Impact of China's Economic Reforms on Agricultural Productivity Growth, *Journal of Political Economy*, Vol. 97, No. 4, 1989, pp. 781–807.

② Watson, Andrew, China's Economic Reforms, 1987–1993: Growth and Cycles, *Asian-Pacific Economic Review*, Vol. 8, No. 1, 1994, pp. 57–65.

③ Sicular, Terry, China's Agricultural Policy during the Reform Period, in *China's Economic Dilemmas in the 1990s: The Problems of Reform, Modernization, and Interdependence*, A Publication of the Joint Economic Committee, Congress of the United States, New York: M. E. Sharpe, 1992, pp. 340–364.

④ Carter, Colin, Funing Zhong & Fang Cai, *China's Ongoing Reform of Agriculture*, San Francisco: 1990 Institute, 1996.

动力，是农村劳动力大规模转移和跨地区流动，从而促进城乡劳动力市场的一体化，在越来越大范围内实现了资源重新配置。分析表明，1978—1998 年的改革期间，在 GDP 高达 9% 以上的年均增长中，劳动力数量扩大的贡献份额为 24%，人力资本贡献率为 24%，劳动力从农业向非农产业转移的贡献率则为 21%。[①]

虽然地方政府，特别是劳动力流入地的城市政府，常常担心农村劳动力流入会导致由地方财政补贴形成的社会福利流失，担心外来劳动力会冲击当地就业，因而随着就业形势的变化而调整对待外来劳动力的态度，形成政策上的摇摆，但城市经济增长对劳动力的需求终究表现出劳动力流动的积极效果，所以在大多数情况下，城市政府对外来劳动力的进入至少是持容忍态度。此外，全面统筹城乡和区域平衡发展的倾向，使得中央政府在大部分年份，都把农村劳动力流动看作积极现象，并在把握平衡中逐步放宽劳动力流动政策，为农村劳动力进城打工和居住创造了越来越好的政策环境。在整个 20 世纪 90 年代，中央政府和地方政府出台和试验了各种各样的改革措施，做出有利于劳动力流动的政策努力。这种促进农村劳动力跨地域流动的政策调整，是在若干主体之间互动或博弈的结果。这种互动发生在劳动力流出地政府与流入地政府之间、地方政府与中央政府之间、流动劳动力与城市本地劳动力之间，以及两类劳动者与政府之间。[②] 总体来说，这个政策调整过程也是把改革寓于经济发展之中，并遵循了"帕累托改进"原则。一方面，农民工虽然在工资和福利方面受到一定歧视，但随着劳动力流动规模扩大，农户从打工中获得的收入总额不断扩大。另一方面，农民工的参与也填补了城市大量的岗位缺口，对地方经济和社会发展进而对中国经济的整体发展做出了重要贡献，城市居民、地方和中央政府无疑获益颇丰。

然而，农村劳动力向城市转移，终究要受到传统城乡关系格局的制约。在计划经济时期，城市劳动者的就业由计划统一安排，不管劳动态度如何，也不管企业经营状况如何，都没有被解雇之虞。职工社会保障和相当一部分福利都是通过单位提供的。基础教育按照户籍由城市社区来提供。城市基础设施和一系列公共服务都隐含着政府财政补贴。所有这些都严重地制约农村劳动力向城市转移的彻底性，因而户籍制度改革迟迟没有根本性的进展。由此造成农村劳动力流动像候鸟一样地周而复始，以致这个日益壮大的群体成为城市的边缘人。在这个改革阶段，资源流动的不对等和公共服务不平等现象仍然得以保持，在某些方面甚至有所扩大。学者们曾经对整个计划经济时期以各种形式实现的农村资源向城市的无偿转移进行估算，归纳起来有 6 000 亿 ~ 8 000 亿元。[③] 即使到现在，这种农业和农村资源向非农产业和城市单向流动的局面也没有扭转过来。在

---

① 蔡昉、王德文：《中国经济增长可持续性与劳动贡献》，《经济研究》1999 年第 10 期，第62 - 68 页。

② 蔡昉、都阳、王美艳：《劳动力流动的政治经济学》，上海：上海人民出版社，2003 年。

③ 蔡昉、林毅夫：《中国经济》，北京：中国财政经济出版社，2003 年。

1980—2000 年，以 2000 年不变价格计，通过各种渠道从农业吸取了 1. 29 万亿元的剩余用于工业发展。如果从城乡关系看，同期有大约 2. 3 万亿元资金从农村流入城市部门。① 与此同时，2000 年第一产业增加值占 GDP 的比重下降到 15. 1%，第一产业劳动力占全国劳动力比重下降到 50. 0%。按照韩国和中国台湾地区的经验，中国大陆已经达到了实行"城市支持农村，工业反哺农业"政策的发展阶段。② 进入 21 世纪，特别是 2002 年党的十六大召开以来，伴随着深入贯彻落实"以人为本"的科学发展观和构建社会主义和谐社会的实践，中国进入一个调整城乡关系的全面改革阶段。这个阶段农村改革的内容十分丰富，并且不断得到扩展。

这个以解决长期困扰中国"三农"问题为目标的改革，最初是以实行"城市支持农村，工业反哺农业"政策提出的，继而以"建设社会主义新农村"的具体形式推进实施。在提出"生产发展、生活宽裕、乡风文明、村容整洁、管理民主"的社会主义新农村建设目标之后，农村改革的内涵进一步集中到基础设施建设向农村倾斜，公共财政向农村倾斜，以及统筹城乡就业和社会保障等重要领域。迄今为止，这一轮城乡关系调整已经在短短的时间里，实现了一系列具有里程碑意义的重大改革，如为农民工进城居住和工作创造良好政策环境，取消实行长达 2 600 年的农业税，实行农村免费义务教育、农村最低生活保障制度和新型农村合作医疗制度等。国家财力大幅度增强，是能够实行这种对农业、农村、农民"多予少取"政策，彻底改变城乡关系格局的重要物质保障。以现价计算，国家财政收入从 1978 年的 1 132 亿元、2000 年的 1. 3 万亿元和 2006 年的 3. 9 万亿元，增加到 2007 年的 5. 1 万亿元。因此，尽管这是一次更为深刻的城乡关系调整，但决策者所具有的坚定不移推进改革的决心，以及日益增长的雄厚财力，足以保证其成为一轮"卡尔多-希克斯改进"③ 式的改革。

三、农村经济发展的成就

在经历了数十年的"三农"政策演变之后，进入 21 世纪以来，进一步的改革和政策调整，特别是实施社会主义新农村建设的实践，极大地促进了农村经济的全面发展。党中央、国务院高度重视"三农"问题，采取了以"少取、多予、放活"为原则的一

---

① Huang Jikun, Keijiro Otsuka & Scott Rozelle, The Role of Agriculture in China's Development, in Loren Brandt & Thomas Rawski, eds., *China's Great Economic Transformation*, Cambridge：Cambridge University Press, 2008.

② 在韩国和中国台湾地区，这个转变采取了农业保护的形式，是在 20 世纪 60 年代其农业产值比重和劳动力比重分别下降到大约 1/4 和 1/2 时开始的。参见 Anderson & Hayami, *The Political Economy of Agricultural Protection*, *East Asia in International Perspective*, Sidney・London・Boston：Allen & Unwin in Association with the Australia-Japan Research Centre, Australian National University, 1986。

③ "卡尔多-希克斯改进"指改革和政策实施中受益总量大于受损总量，从而可以通过种种方式对受损者进行补偿，使之受到的损害尽可能地小。参见 Kaldor, 1939；Hicks, 1939。

系列政策措施提高农民收入。例如，在粮食价格上采取保护措施防止"谷贱伤农"，开始实行对种粮农民直接补贴政策。特别是税费改革中免除农业税等政策，具有很高的"含金量"，真正使农民得到了实惠。更重要的是，政府和社会各界对农村劳动力流动的关注越来越正面，不利于劳动力流动的制度性障碍纷纷被废除。这种政策倾向表明，政府已经认识到，解决"三农"问题的核心是二元经济转型。

首先表现在农业生产能力的提高和农业技术进步上。1978—2007 年，农业增加值占国内生产总值的比重从 28.2% 下降到 11.3% 的同时，农业增加值提高了 2.66 倍，同期粮食产量从 30 477 万吨增加到 50 160 万吨。农业生产结构和农村经济结构多样化显著。农业生产能力提高的另一个重要表现，则是农业机械化程度提高从而带来劳动生产率的大幅度提高。无论是农业机械总动力和机引农具数，还是机耕、机播和机收面积及比重都大幅度提高。更为重要的是，中国农业技术变迁已经开始向提高劳动生产率的方向转变。发展经济学的诱致性技术变迁模式揭示，技术变迁方向是一个国家或地区的生产要素相对稀缺性，从而生产要素的相对价格所诱导的。即只要生产要素的相对价格是反映其稀缺性的，或者这种稀缺性可以通过其他途径反映出来，技术变迁则遵循节约相对稀缺的生产要素，或使用相对丰裕的生产要素方向进行。[1] 观察中国农业技术变迁模式，可以发现其经历了一个从人民公社时期的没有技术需求，到改革初期以提高产量为主要方向，以及到改革稍后时期逐渐转向提高劳动生产率的变化。这意味着中国经济已经达到一个重要的转折点，而农业经济对此做出了积极的反应。这个重要转折点就是农村剩余劳动力已经在很大程度上被吸纳，以至于劳动力无限供给的二元经济结构特征正在发生改变。早在 20 世纪 80 年代中期，随着农村经济改革激励效果显现，绝大多数学者和政策制定者都相信，农村有 30% 至 40% 的劳动力是剩余的，绝对数为 1 亿到 1.5 亿。[2] 到了 20 世纪 90 年代，一些学者推算表明，农村剩余劳动力的绝对数进一步增加。例如，卡特等的估算为 1.72 亿，剩余比例为 31.5%。[3] 而最新的估计即 2005 年的情况是，农村剩余劳动力数量已经减少到 2 000 万到 1 亿之间，或者说 5% 到 22%。即使仍然存在着剩余劳动力，他们的年龄也显著偏大，所拥有的人力资本不足以支撑他们向非农领域转移。[4]

其次我们再来观察农民收入的提高情况。由于农产品价格的提高、多种经济活动的

---

① Hayami, Yujiro & Vernon Ruttan, *Agricultural Development: An International Perspective*, Baltimore and London: The John Hopkins University Press, 1980.

② Taylor, J. R., Rural Employment Trends and the Legacy of Surplus Labor, 1978 – 1989, in Kueh, Y. Y. & R. F. Ash, eds., *Economic Trends in Chinese Agriculture: The Impact of Post-Mao Reforms*, New York: Oxford University Press, 1993.

③ Carter, Colin, Funing Zhong & Fang Cai, *China's Ongoing Reform of Agriculture*, San Francisco: 1990 Institute, 1996.

④ 蔡昉、王美艳：《为什么劳动力流动没有缩小城乡收入差距》，《经济学动态》2009 年第 8 期，第 4 – 10 页。

开辟，更重要的是外出打工机会的扩大，农民人均纯收入从1978年的134元增加到2008年的4 472元，按不变价格计算增加了近7倍。许多观察者都注意到，改革开放以来，中国在保持高速增长的同时，收入不平等程度也大幅度提高。例如，分城乡的情况观察基尼系数，农村的基尼系数从1978年的0.21提高到1997年的0.34和2002年的0.38，而城市这几年的基尼系数分别为0.16、0.29和0.34，提高幅度比农村大32个百分点。一旦把城乡居民合并起来观察不平等程度，基尼系数在每一时期都分别高于农村和城市，1978年为0.30，1988年就达到0.38，2002年高达0.45，说明城乡之间的收入差距更大。① 直接观察城乡居民收入差距，的确可以看到这个扩大趋势，直到2008年才显示了逆转的端倪。

从各国历史来看，城乡收入的系统差距最终是由于劳动力流动而消失的。何以中国经历了人类和平历史上最大规模的劳动力流动，而这个差距不仅没有缩小，反而呈现扩大的趋势？城乡收入差距被夸大的主要原因，在于城乡人口和家庭的划分对住户调查中收入统计的影响。在城市社会经济调查队和农村社会经济调查队分别进行住户调查时，关注的主要是两类家庭，即城镇居民家庭和农村居民家庭，而遗漏了从农村迁移到城市的流动人口家庭。即一方面城镇记账户中通常不包括流动人口家庭，另一方面农村记账户的收入，不能反映外出打工全部收入。由于这个被遗漏的人口规模事实上是逐年扩大的，其作为一个收入群体，对中国居民收入水平具有举足轻重的影响。也就是说，由于流动人口家庭的收入改变了城乡收入对比，现在需要进行比较的应该是三组人群：城镇原住人口、农村常住人口和乡城流动人口。按照这个新口径计算，城乡收入差距并不像人们所直接观察到的那么大，更不应该呈现扩大的趋势。②

农村社会发展水平的提高虽然显著，却是最为滞后的领域。农村教育、卫生医疗、社会保障等公共服务和道路、交通、通信等基础设施有了长足发展。特别是在原来农村社会福利体制基础上，增加了诸多新内容，如新型养老保险制度、新型农村合作医疗体系、农村医疗救助体系，以及农村最低生活保障制度等。但是，与此同时，与整体发展水平特别是城市相比，农村社会发展仍然存在着显著不足。有人测算，如果把一些可以量化的福利纳入城乡收入计算，因城市居民享有教育、公共卫生、社会保障和住房等补贴，而农民并不享有这些补贴，城乡收入差距将扩大50%以上。

四、"三农"政策新方向和重点改革领域

首先，通过市场机制实施"城市支持农村，工业反哺农业"的"三农"政策。随

---

① 中国发展研究基金会：《中国人类发展报告2005——追求公平的人类发展》，北京：中国对外翻译出版公司，2005年。

② 蔡昉、王美艳：《为什么劳动力流动没有缩小城乡收入差距》，《经济学动态》2009年第8期，第4-10页。

着反哺农业条件具备，着眼于城乡关系调整的新农村建设政策取得了显著成效。由于发展阶段的变化，与此前的"三农"政策相比，建设新农村的方针更加侧重从根本上调整城市和农村之间、非农产业和农业之间的关系格局，实现经济和社会建设资源从城市和非农产业向农村和农业的流动，形成并完善根本解决"三农"问题的长效机制。然而，"天底下没有免费的午餐"，这句话在这里的含义是：对农业这个产业来说，我们要把它看作一个生产函数，有投入才会有产出，有大的投入才会有大的产出，有足够的投入才有足够的产出，有现代新的生产要素投入，才会形成现代产业。农业实际上是市场经济中一个经营性的产业，这包含几个观点：第一，农业经济是市场经济的组成部分，因此它需要具备市场经济的一切要素。农业不是市场经济的例外，它是融合在市场经济世界中的，因此也必须运用所有市场机制和市场手段。第二，农产品价格激励是农业作为一个自生产业得以发展的终极激励。我们可以有很多政策手段，有反哺、有支持，以及其他的手段，但农产品价格是农业作为市场经济组成部分所赖以发展的激励。不仅如此，我们还要强调，农产品价格激励是农业的终极激励。第三，产权制度，我们不仅仅把它看作保护一种财产权利，它作为保护农民财产权益的制度安排固然是极其重要的方面，但是它还有一个很重要的、不可忽视的功能，那就是产权制度同时也是农业资源和农村中的资源实现资本化的一个基础。

在农产品市场发育之外，还有更需要我们关注的就是生产要素市场。作为市场经济的一个组成部分，生产要素市场是须臾不可或缺的。从劳动力市场角度看，生产要素市场是不可或缺的。现在劳动力已经充分地流转起来了，但仍然有一些制度因素在束缚这种流动。如户籍制度、社会保障制度和其他相关制度安排，合并在一起导致这个流动不是永久性的，与城市化的需要是不相适应的，可能会带来很多问题。再如农村人口结构的扭曲，随着农村大量劳动年龄段的青壮年都外出，剩下的农村人口就会出现老龄化、女性化、少儿化现象，这与建设社会主义新农村要求是不相适应的，同时也可能造成农村经济、社会、文化建设的凋敝。应该讲，一个健康的城市化应是城乡统筹发展的最高境界，归根结底，实行社会主义新农村建设方针，实现城乡统筹发展，不是为了让庞大农民群体都留在农村，相反，是需要进一步加快城市化步伐。从资金角度看，生产要素市场是不可或缺的。市场经济应该有一个法则，这个法则其实很简单，资金最稀缺的领域应该是资金回报率最高的领域。但是，我们在现实中看到的不是这样，农业农村是资金最稀缺的地方，但这个领域资金的回报率不是很高，至少我们表面上看到资本不是向这边流动，而是相反。农业与非农产业或者城乡之间显示出的这种不正常关系，并不意味着农业是弱势产业，是非正常产业，而是因为农产品价格扭曲，也是因为农村生产要素市场受到压抑，在发展经济学里叫作金融压抑。与此同时，我们也看到，农村的土地制度和资金流动也是密切相关的。从土地角度看，生产要素市场是不可或缺的。从理论上我们承认资本、劳动、土地是生产要素，但是在现实中我们往往忽略了土地是生产要素，甚至把它看作福利，看作社会保障等类似的东西。这种认识是影响改革和完善土地制度的观念障碍。正确的一种关系应该是什么？土地作为资本，它要有它的安全性，但是，它的安全性不是不要把它看作资本，不要把它看作生产要素，而是土地作为资本品的安全性，应该首先来自农业的营利性，农业应该是一个正常的自生产业。农民的安全性应该来自社会保障，即社会保障的充分性、会保障覆盖面向农村扩大以及保障水平的不断提高。同时我们也看到，土地产权的缺失和产权市场的缺失也导致了小农业、小农户和大市场之间的矛盾，也往往成为我们说农业是弱势产业的理由。

其次，建设统筹城乡的经济社会管理体制。当前紧迫的任务是通过户籍制度改革推进农村劳动力转移，缩小城乡收入差距，进一步改善城乡关系。由于认识到劳动力流动已经成为经济增长可持续性的重要保障，各级政府和社会各界对农村劳动力流动的关注越来越正面，不利于劳动力流动的制度性障碍纷纷被废除。其结果是农民外出务工规模大幅度增长，农民工的就业保障得到改善，随着农村剩余劳动力的减少，二元经济结构特征逐渐得以消除，劳动力市场一体化程度大幅度提高。而这种变化，为进一步改善城乡关系创造了新条件，提出了新要求。在目前整体城乡收入差距中，超过 60% 的因素来自城乡收入差距，[①] 因此，农村劳动力就业的日益充分，必然具有缩小城乡收入差距，从而缩小整体收入分配不平等程度的效果，最终通过扩大内需对经济增长的刺激效果，而使正在形成的新型城乡关系成为保持增长可持续性的积极因素。这种政策调整与经济增长的良性互动关系，对于保持政策调整的正确方向和政策执行的稳定性，具有重要保障作用。在这个逻辑进程中，作为阻碍城乡关系格局根本改变的最后堡垒，户籍制度的改革条件也日臻成熟。城乡之间劳动力市场一体化和公共服务均等化，是这一新型经济社会管理体制的标志。其中户籍制度改革在这一体制形成中具有特别关键的地位。一方面，离开劳动力市场发育和公共服务事业发展内涵，户籍制度改革是没有意义的；另一方面，不配套进行户籍制度改革，城乡统筹目标也不可能实现。在没有发生经济危机的时候，现行户籍制度似乎并没有成为劳动力流动的严重障碍。但是，一旦危机来临，由于与户籍制度相关的社会保护机制缺失，构成城市化重要组成部分的农村转移劳动力就陷于脆弱境地。因此，应该时不我待地加快这个领域的改革，发挥社会保障和其他公共服务的反周期功能，乘机完成根本改变城乡关系的历史大变革。

最后，政策向提高农村公共服务领域，以及社会发展方面倾斜。与具有扩大趋势的城乡收入差距相比，城乡之间在公共服务和社会保障方面的差距更为巨大。21 世纪以来，特别是党的十六大以来，政策越来越集中于加快农村经济发展，为农民提供能够与城市相匹配的社会服务，如教育、医疗等，改善农民的物质和文化生活，在农村建立起基本社会保障体系。这显著地缩小了农村与城市的人文发展差距，不仅有利于社会主义新农村建设目标的实现，也具有降低城市户口"含金量"的效果。医疗卫生设施及条

---

① Wan Guanghua, Understanding Regional Poverty and Inequality Trends in China: Methodological Issues and Empirical Findings, *Review of Income and Wealth*, Vol. 53, No. 1, 2007, pp. 25 – 34.

件、教育条件等资源的获得，与人的居住地密切相关，要改变人们为获得这类资源而追逐户籍改变的现状，唯一途径就是不断提高农村的供给能力，提高农村中这类资源的可获得性，缩小乃至逐步消除与城市的差距。

【作者简介】

蔡昉，中国社会科学院人口与劳动经济研究所所长、研究员。

就近城镇化模式研究[*]

李　强　　陈振华　　张　莹

中共中央提出的"三个一亿人"战略包括引导约 1 亿人在中西部地区就近城镇化。就近城镇化应当作为吸纳农村人口向城镇转移的主要形式之一。"就近城镇化"是指原农村人口不是远距离迁徙，而是近距离迁移到家乡附近的城市或城镇。以具备一定规模的地级市和县域为核心的就近城镇化，由于具有相当的规模而能够创造更多的就业机会，又可以避免人口跨省的长距离流动。家乡附近的地级市、县级市以及县城，是广大农民文化认同、习俗认同、生活认同最重要的地域单位，在这样的城镇化社会融入比较容易，同时随着交通机动化的发展，大大扩展了这些城市的通勤距离，非常有利于城乡流动和一体发展。同时，就近城镇化对于缓解特大、超大城市过度集聚产生的"城市病"有显著的效果。"就近城镇化"强调的是中等规模城市的发展，区别于城镇化中的两极，一极是特大城市、超大城市，另一极是集约化效益不高的小城镇。

一、就近城镇化的三种模式

本文采用的研究方法是实地案例研究与文献数据研究相结合的方法。笔者带领的课题组近几年完成了云南省红河哈尼族彝族自治州、四川省德阳市、河南省舞钢市等的城乡统筹规划项目，又在广东东莞和清远、河北白沟地区、山东省邹平县等做了许多城镇化调研。笔者还曾组织清华大学经济社会数据中心的"中国城镇化与劳动移民研究"全国问卷调研。基于这些研究，笔者尝试总结就近城镇化的三种模式：第一，通过发展县域经济实现农业人口就近城镇化；第二，强镇崛起带动农业人口就近城镇化；第三，以地级市为中心推进全域的城乡一体化和就近城镇化。

---

[*]　本文原载于《广东社会科学》2017 年第 4 期。

第一种模式：通过发展县域经济实现农业人口就近城镇化。

这种模式的路径是首先要通过产业发展带动农业人口的非农就业和农业产业化的发展，至少是兼业化发展，实现农民收入大幅提高，以及县域经济性质的改变和提升，进而带动生活方式转变、社会保障完善、城市文明素质提升。与此同时，政府进一步推进体制机制建设，这样的就近城镇化往往会比较顺利。

通过发展县域经济实现农业人口就近城镇化的"强县"往往可以分为如下几种类型。

第一类，具有显著的地理优势，临近特大城市或自身居于重要国际口岸通道，能够接受特大城市强有力的辐射带动、承接产业转移，对当地多个产业的发展都有全方位的推动作用。"一带一路"上的山东胶州、毗邻北京和天津的河北三河等都是这样的县或县级市。

第二类，具有显著的矿产资源优势。依托矿产资源发展的能源、矿产资源深加工，通常都是这些地方的支柱产业。以煤炭化工为主的陕西神木、以钢铁为主的河北迁安等都是这样的县或县级市。

第三类，通过因地制宜地发展适宜自身的产业，可以是农业、工业、服务业，依托传统优势产业，不断做大做强，如山东寿光的蔬菜产业、山东邹平的纺织产业。

第二种模式：强镇崛起带动农业人口就近城镇化。

这种模式主要发生在我国的东南沿海地区，特点是呈现连片分布，如众所周知的苏南模式、温州模式、晋江模式。这些经济强镇密集分布在江苏、浙江、广东、福建等省的昆山、温州、东莞、佛山、晋江等地。这种就近城镇化模式从乡镇企业开始发展，主要是加工制造业，大量吸引外资，融入全球分工体系。它们从最简单最低端的来料加工做起，逐渐形成上下游的产业链，近来开始寻求走上转型升级的道路。这些地区的资源条件禀赋并不好，人多地少的矛盾十分突出，但是他们抓住了时代机遇，充分发扬拼搏吃苦的企业家创业精神并利用当地浓厚的重商传统文化底蕴。发展初期自下而上的动力特点非常突出，政府的制度和政策引导在发展中后期也有积极作用。目前东南强镇所面临的新挑战是劳动力成本上升和传统制造业的转型升级。

第三种模式：以地级市为中心推进全域的城乡一体化和就近城镇化。

我们对四川德阳、云南红河进行了实地调研，并对另外一些地区的城乡一体化实践进行了文献研究。这些地市通过全域的城乡一体化和就近城镇化努力，不断缩小城乡经济社会发展差距，取得较好效果。它们具有一些共同的特点。

第一，以市域为统筹总体，进行整体性规划，在整个市域推进城乡一体化，统筹城乡发展，引导农业人口向中心城市、县城和重点镇集中。这样的地区规划一般以区域内的主要地级市为中心，以县城、重点镇、新型农村社区形成多级城镇体系。第二，根据不同区域的特点，发展不同的产业类型，在不断发展工业的基础上，重视农业产业化，发展现代农业、特色农业、旅游产业，引导农业人口就近就业。第三，以农村社区改造为引擎，促进土地流转、建立农业产业园区、完善基础设施、提供各种公共服务，使现代文明从城市浸入农村。

二、关于就近城镇化的几点思考

1. 农民土地权益保护与建设用地资源配置

土地对于农民和村庄的发展来说是最重要的物质资源。因此，在制度设计上，应该建立"人地一致"的机制，将建设用地的安排和布局与农民城镇定居结合起来。中央政府 2016 年出台的《深入推进新型城镇化建设若干意见》中"建设用地增加规模与吸纳农业转移人口落户数量挂钩的机制"是很好的方向，要尽快进一步细化落实、扎实推进。这既避免了特大城市在无法保障进城农民工安居就业保障权利情况下的不断扩张，也给中小城市和县城以发展的资源和机会。

在城镇化进程中，应该充分尊重和保护农民的土地权益、财产权益以及发展权，不仅要完善土地制度，还要推动包括财政体制在内的一整套制度体系共同发挥作用。

2. 改革城镇化资源分配对中小城市不利的体制机制

如果要强化县城就近城镇化的集聚能力，就需要大力增加资金的投入。但是现实的情况是，在自上而下政府主导的行政体制下，资金向上集中是主要趋势，大城市有更多的金融机会，小城市和县城缺乏融资渠道和金融机会。越高级别的大城市和政府就越能够获得更多资源和资金，获得更快的发展和扩张，产生"循环累积效应"现象。市场机制的作用会使资金流向回报较高的地区，更强化了大城市获得融资机会的优势，反之，小城市和县域则缺少资金的支持。

笔者的对策建议是：第一，研究各地区实际的支出需求与其自身财政能力的差距，中央政府应根据实际差距调整给各地方转移支付的数额，转移支付应向县域发展倾斜；第二，赋予地方政府一些征税权，让地方政府能够直接在资本市场上融资，从而扩大地方政府的收入来源，特大城市和大城市的征税率显然会高于中小城市，这样就能够引导人口等各类资源从大城市分流到中小城市，促进实现合理的就近、就地城镇化；第三，限制开发商囤积土地的行为，比如分期分批放地。

3. 就近城镇化须做好城市统筹规划，注重城镇间的合作协同发展

一方面，地县政府的规划引导作用应体现在注重区域整合、资源共享，促进各县、各乡镇之间实现协作共赢，成为相互协作的利益共同体，多层次产业在区域内协调发展，避免低水平重复建设。

另一方面，内陆地县政府应引导本地的城镇化走地方特色之路，而不是在全球化背景下盲目模仿已经发展起来的东南沿海城市走过的道路。

4. 特别贫困地区的集中易地搬迁与就近城镇化战略

实践证明，对于生态环境脆弱、生产生活环境恶劣的一些贫困地区，系统推进就近城镇化的搬迁扶贫、产业扶贫和就业扶贫，在政府投入的同时充分激发农民自身活力，可处理好原有农村财产权益的保障以及进入城镇以后的就业和生活保障问题。脱贫致富与就近城镇化结合是一种新的范式。

【作者简介】

李强，清华大学社会学系教授；陈振华，清华大学社会学系博士生，北京清华同衡规划设计研究院战略所高级工程师；张莹，北京清华同衡规划设计研究院城乡社会经济所研究员。

工业化进程中的生态文明

——以广东农村为例*

麻国庆

18 世纪以来，工业文明席卷全球，成为各国社会发展的主导模式。经过近三个世纪的发展，工业文明在给人类社会带来巨大财富的同时，也引发了诸多问题。环境污染、生态恶化、资源危机、贫富差距拉大，这些问题引发了人们对工业文明和经济理性的反思。约 300 年的工业发展已经证明，仅仅依靠经济理性和工业文明并不能解决人类社会的未来发展问题。以人类学的研究视角来看，人类群体生存于多样化的生态环境之中，进而形成了各自的生态文明和区域文化。实际上，当工业文明一路凯歌，向着世界的每个角落扩张时，却在一些边缘社会遭遇了"幽微的抵抗"。① 单一的工业文明并非，也不应当成为人类文明的唯一形态。时至今日，山地文明、草原文明、农业文明、海洋文明仍以不同于工业文明的形式广泛存在，并且它们在地方社会的生活中仍起着重要作用。

广东在地理和历史上都是一个具有特殊意义的地区。在地理环境上，广东境内生态类型多样，山地、丘陵、平原、河流、海岛均有分布，从南岭山地渐次过渡到海洋，多样化的生态类型塑造了多样性的生态文明。在历史上，这里曾是一片荒凉的化外之地。自秦汉时期起，一批又一批的汉人自中原南下来到岭南地区，与当地的土著居民杂居，进而形成了广东境内多元族群杂居的格局。广东境内的几大族群——广府、潮汕、客家、疍民以及瑶、壮、畲等民族各自占据了不同的区位环境，发展出各具特色的生态文明体系。从区位类型来看，广东境内的生态文明区位大体可以分为四种类型：岭南山地生态文明区、珠江三角洲平原生态文明区、河流生态文明区以及海洋生态文明区。这四大生态文明区分布着不同的社会群体，表现出很大的差异性。

---

* 本文系广东省普通高校人文社会科学重点研究基地中山大学华南农村研究中心重点项目"广东农村生态文明与环境保护研究"（项目号 07JDXMZH01）成果。原载于《广东社会科学》2013 年第 5 期。

① 张玮埼：《幽微的抵抗：马太鞍原住民食物系统的变迁》，《台北人类学刊》2011 年第 9 卷第 1 期。

一、瑶、壮、客共生的山地生态文明

岭南山区地处粤、湘、桂三省（区）交界处，这一区域群峰绵延，是典型的山地环境。在这一区域生活着数十万瑶、壮等少数民族群体，以詹姆斯·斯科特的观点来看，"在山上生活的人，祖先可能曾经是离开谷地国家的人，他们的祖先是从谷地跑来的，他们跑来的原因是逃避税收、征役或者是从军，或者是宗教政治的原因，或者是饥荒、疾病或者是军事行动的原因——也就是因为国家的扩张主义——因为扩张而跑到山上去"[①]。岭南山区的少数民族群体某种程度上可以印证斯科特的观点，就瑶族来看，历史上确实存在莫瑶的称谓。[②] 此外，岭南山区也是北民南迁的重要通道，形成了著名的"南岭走廊"。在汉人不断迁徙的过程中，他们与当地的土著民族杂居、通婚，形成一个较为独特的汉族民系——客家。在岭南山区地带，客家群体与瑶、壮等民族杂居，共同缔造了岭南山地生态文明。

不同族群在岭南山地环境中呈立体分布。在谷地及地势较平坦的山地上，主要是客家群体分布。在海拔较高的山地，则是瑶、壮等民族的聚居地带，他们主要以山地种植和林木砍伐为生计手段。瑶族在岭南山区主要是过山瑶（集中在乳源瑶族自治县）和排瑶（集中在连南瑶族自治县）两大支系。历史上过山瑶以刀耕火种的方式进行农业种植，走过一山，吃过一山，居无定所；而排瑶定居历史比过山瑶要久远，他们较早地实现了定居农业。杨成志先生早年研究瑶族的经济生活时就认识到，"农为瑶人社会最主要的经济基础。他们的社会基础至今能够保存稳固，不受外界大波动，完全靠其农业生产的自耕、自给两重法门"[③]。对大多数山地民族来说，囿于其所处的山地环境，多是采取自给自足的农耕模式。在一些瑶族村寨中，林业经济也占据相当的分量。有学者甚至曾将瑶族（排瑶）的经济类型划分为三种——"农业型、林业型和半农半林型"[④]。可见林业在当地经济中的地位。如在乳源瑶族自治县的方洞村，杉木种植成为村集体经济收入的主要来源，并且村民们形成一整套种杉、砍杉的生态体系。

岭南山区的壮族是与瑶、汉杂居的一个民族。他们的生计模式与瑶族存在较大差异。壮族是一个有名的稻作民族，壮族群众在山地环境中开垦出一道道梯田，引水灌溉，种植水稻。稻作生产是劳动密集的生产活动，且季节性很强，对劳动力的需求呈现季节性的增减。在长期的农业生态实践中，壮族群众发展出多样的民间互助组织，如"轮牧""陪工""婚姻会""长生会""水利会""筑路会"等。这些组织不仅能够有效

[①] ［美］James C. Scott：《文明缘何难上山？》，载王铭铭主编：《中国人类学评论》（第6辑），北京：世界图书出版公司北京公司，2008年，第74－75页。

[②] 《隋书》曾记载："长沙郡又杂有夷蜒，名曰莫瑶。自云其先祖有功，常免徭役，故以为名。"

[③] 刘昭瑞编：《杨成志文集》，广州：中山大学出版社，2004年，第85页。

[④] 练铭志、马建钊、李筱文：《排瑶历史文化》，广州：广东人民出版社，1992年，第182页。

地安排农业生产，同时也增强了族群认同，增加了民族内部的凝聚力。壮族长期的稻作实践发展出许多旨在和谐处理人与地、人与农田、人与水稻等关系的岁时节日。较为著名的有开耕节、牛魂节、拜秧节、尝新节、糍粑节等，这些岁时节日的深层含义体现的则是壮族在生产实践中形成的生态观念。

客家是汉族的一个民系，从西晋永嘉之乱开始，中原汉族大举南迁，抵达粤赣闽三地交界处，与当地土著居民杂处，互通婚姻，经过千年演化最终形成相对稳定的客家民系。客家最初客居岭南山区，一方面易受本地人之欺侮，另一方面山区本多寇盗，客家人往往选择有山有水有地之地区，构筑防御工事，安土定居，休养生息，以坞堡自卫，以耕稼自养。客家占据资源相对薄弱的丘陵和山区地带，部分客家与瑶、壮杂居。为了适应山区的复杂地形地理气候条件，在农业生态实践中，客家发展出一套充满智慧且与生态环境契合的生态经验。对于山地民族来说，水田是一项弥足珍贵的资源。[①] 由于山高坡陡，水田的筑造以及频繁的日常维修成为相当耗费劳力的工程。为了适应山高田低的特点，客家人兴修水利，从高处筑陂开圳引流，从而形成了陂、塘、圳、坝等水利灌溉系统。[②] 其中，陂是在溪河中筑堰提高水位，再从堰旁河岸开渠引水入田。塘是利用在谷口筑拦截坝蓄水，形成水池，即山塘。陂、塘都是对水资源的季节性调节设施，达到雨季蓄水、旱季供水的灌溉目的。圳则是导引水源的引水渠道。这套适合岭南山区的农业生态系统，是客家在山区农业的实践中形成的独具特色的农业生态文明之一。

在客家群体中也同样具有很多体现当地生态观念的岁时节日。如农历二月初二在客家民俗中被称为"田伯公生日"，客家人认为每一块耕地都有一位神——"田伯公"在守卫。在二月初二这天，家家户户都要到自家的耕地里叩拜"田伯公"，祈求风调雨顺、五谷丰登。四月初八，客家称"做四月八"，这天适合祈求风调雨顺、五谷丰登。在六月初六，客家人也要备新米饭、三牲等去敬祀"田伯公""五谷大帝"等。另外，每年的初秋大社，也都要祭祀土地神。客家人的这些岁时节日有效地调节了人与生态之间的关系，体现了客家人的生态观念和生存智慧。

岭南山区山多地少，耕地的价值越来越凸显出来。几个不同的族群通过不同的生计方式，合理开发利用当地的山地资源，在实现人与自然和谐相处的同时，不同族群在这种区位环境中实现共生。

二、珠江三角洲平原生态文明

从岭南山区进一步向南延伸便进入平坦富庶的珠江三角洲地区。富庶的珠江三角洲

---

① ［英］李区著，张恭启、黄道琳译：《上缅甸诸政治体制——克钦社会结构之研究》，台北：唐山出版社，1999 年。

② 冼剑民、周智武：《明清时期客家对山区农业的贡献》，《客家研究辑刊》2002 年第 1 期，第 51－59 页。

是经历着自然的发育和人为的开发而逐渐形成的。珠江三角洲地区从开发至今已有两千多年的历史。唐代以前，珠江三角洲发育较为缓慢，但到了北宋末年之后，迁徙到珠江三角洲的北方士民日益增多。他们大多先经过南岭，寄居南雄珠玑巷等地，然后渐次取北江水道进入珠江三角洲地区。此外，秦汉以来，从徐闻、合浦港发航的海上丝绸之路已经很兴旺，所以海外文化假道前来，分布在岭南势在必然，致使岭南较早地接受外来异质文化，使得这一地区以中原汉文化为主体，依托于南越土著文化之基础吸引其他民族和地域文化之精华，形成岭南文化。

曾经的化外之地，如今已经成为中国经济最为发达的地区之一。从传统上看，珠江三角洲地区是典型的稻作农业区，其稻作农业已有数千年的历史。宋代北方人口大量入居，北民南迁不仅带来了先进的中原文化，更重要的是带来了治理低洼沼泽地的经验，对以前难以利用的水网低地进行围垦开发。宋元两代修筑堤围，泥沙被冲积在堤围以下南部地区，使得耕地面积大增，稻作农业有了长足的发展。可以说筑堤垦沙是珠江三角洲开发的标志。明清时期，珠江三角洲在稻作的基础上又发展出一种新型的土地利用方式——桑基鱼塘。桑基鱼塘在珠江三角洲西岸的佛山（今天的南海、顺德等地）、江门、中山等地颇具规模。这种农业模式以良好的生态循环系统而闻名于世。桑基鱼塘顾名思义就是一种以桑蚕与水产养殖相结合的生态农业经营，从种桑开始，通过养蚕而结束于养鱼的生产模式，构成了桑、蚕、鱼三者之间的相互循环。珠江三角洲有句渔谚说"桑茂、蚕壮、鱼肥大，塘肥、基好、蚕茧多"，充分说明了桑基鱼塘循环生产过程中各环节之间的联系。栽桑、养蚕、养鱼三者有机结合，形成了一种互相依存、互相促进的良性循环，营造了十分理想的生态环境，获得了理想的经济效益，同时也减少了环境污染。

桑基鱼塘农业生态，是借传统稻作文化之躯壳装进海洋文化特质的一种文化。它虽然保留了稻作文化的一些痕迹，但实质上是一种充满商业精神的海洋文化。从历史上看，桑基鱼塘也是促使珠江三角洲发展的一个重要因素。桑基鱼塘自17世纪明末清初兴起，到20世纪初，一直在发展。特别在第一次世界大战后，由于欧洲各国忙于战后恢复工作，我国生丝在国际市场获得畅销，促使本地蚕桑业迅猛发展，珠江三角洲到处是桑基鱼塘，面积约有120万亩，达到历史最高水平。可以说，蚕丝业的发展带动了整个珠江三角洲地区的民族资本经济兴起。

改革开放以后，随着市场经济的纵深发展，桑基鱼塘这一传统产业受到现代化生产的强力冲击，逐渐走向衰落。现在，珠三角地区的农田已经被城市所包围，城市的建设挤占大量的绿地和农田，耕地面积迅速减少。加上这一区域水体污染和土壤污染已相当严重，维持桑基鱼塘的生态环境已经不复存在。至20世纪90年代末，"桑基鱼塘"在珠三角退出了历史舞台。

当然，在珠三角工业化的"缝隙"中，还存在面积十分可观的农业用地。但因土地价值上升，本地农民自20世纪80年代以来陆续"洗脚上田"，农业用地则通过请人"代耕"或者租赁的方式，交给了从外地来的农民耕种。由于土地使用成本高，且使用权发生了流转，土地利用方式也发生了深刻的变化。为了在有限的土地使用期限内实现更高的经济利润，土地使用者往往采取竭尽地力，甚至严重破坏生态的方式，开展自己的生产经营。例如，在中山市某镇的代耕农聚居区，周围的工厂与生活废水都排弃在河涌里，但用河涌里的水灌溉大面积的蔬菜是常见现象。此外，对土地的压榨也不容忽视。代耕农以接近毁灭式的耕作方式来从事生产，如菜农使用便宜、劣质化肥而非复合肥料；再如，在菜地里，挖出一条条又宽又深的沟壑，而挖掘沟渠的目的，是尽可能地将生地以上的土地全部翻出来加以利用。①

三、浮家泛宅的水上居民

"南岭走廊与其他走廊地带相比，最突出的特征就是'水'文化特色，水对于该地区族群互动具有特殊的重要地位。"② 岭南地区与水相关的一个最重要的群体要数水上居民，历史上，这一群体也被称作疍民或疍家。水上居民在珠江流域、东部沿海和东南亚国家分布广泛，以船为家是其重要特色，他们世代生存于水上。新中国成立后，政府帮助水上居民上岸定居，并为他们兴建住宅。1950 年，珠江上的水上居民进行了民主改革，大部分水上居民通过参加土地改革获得土地，开始弃渔为农，另有部分渔民因土地有限而必须以半渔半农的方式来维持生存。时至今日，在广州仍有少数的水上居民过着浮家泛宅的生活，但其原有的水上生计方式已难以为继，他们不得不改变原本的生计方式去适应现代工业社会和城市社会的发展。对大部分水上居民来讲，他们更愿意从事渔业生活，因为他们以前一直不事农耕，未掌握农耕技术。同时，水上居民浮家泛宅，所有的家当都在船上，若是上岸耕作，船停泊在河上怕丢怕盗。基于以上两方面原因，大部分水上居民还是以渔为主，仍居船上。

广州东南面珠江旁的九沙围渔民新村③是一个水上居民迁居上岸的聚居点。该村共有人口 135 户，572 人，迁居陆地以前，他们主要集中在珠江三角洲和珠江口近海捕捞渔获。1987 年黄埔区政府在九沙围实施填海造地计划，建九沙围渔民新村，安置世代生存于珠江水面的水上居民。现在，九沙围仍有相当部分水上居民住在船上。一部分人是因为在村中无房无屋，只能继续以船为家。另一部分则是因为家庭人口增加，导致房屋不够住，只能回到船上居住。还有一部分人，虽然在陆上有房子而且居住并不拥挤，

---

① 黄志辉：《卷入与多重支配：珠三角"离乡不离土"的"代耕农"》，中山大学博士学位论文，2011 年。

② 麻国庆：《文化、族群与社会：环南中国海区域研究发凡》，《民族研究》2012 年第 2 期，第 34 - 43 页。

③ 2002 年 8 月改为"九沙社区"，但仍习惯被称作"九沙围渔民新村"或"九沙围"。参见林丹：《从水居到陆居——广州九沙围水上居民迁居上岸及其文化适应》，载麻国庆主编：《山海之间：从华南到东南亚》，北京：社会科学文献出版社，2014 年（本文发表时尚未出版）。

但为了看管船只的东西，防止被他人偷盗，他们晚上仍要回到船上过夜，只是在吃饭的时候到陆上的房屋煮食。依然居住在船上的疍民，他们仍然是名副其实的水上居民。但是，社会环境的变迁，使他们不能再像以前那样纯粹地以渔为生，过着生于水上、死于水上的生活。现代城市生活的气息已渗透到他们生活的每个角落，纵然他们还是水上居民，但他们已经与这个城市紧密地联系在一起。无论是纯粹居船的水上居民，还是半居船的水上居民，抑或是居于陆上的水上居民，他们都必须打破以前水上环境和水上文化的桎梏，在原本的文化体系与现代城市生活之间找到一个新的平衡点。

水上居民从水居变为陆居，生计环境的改变以及相关政策的限制，致使水上居民的生存方式面临新的转型。因此，寻求新的谋生手段，成为定居陆地的水上居民首要解决的问题。几年前，广州渔监部门就不再给渔船发放新牌照，这实际上是推动水上居民生计转型的一项举措。然而，由于水上居民文化程度普遍较低，而且基本没有接触过其他生存技术，他们在由水居转为陆居的过程中面临严峻的就业难题。对于到城市打工的水上居民来说，受自身素质的限制，他们的就业面非常狭窄。目前，转居陆地的水上居民做的多是"辛苦工"和简单的工作，如帮人做保姆、做钟点工，或是在商场或企业做一些杂活，工资收入也非常有限。

与打工相比，水上居民水面上的作业活动相对来说是比较自由的，虽然收益不算高，但只要去做，生活就不成问题。一些水上居民除从事渔业外，还发展出一项新的谋生方式，即利用其水上作业的技术优势在附近江河吸废铁。这项活动不用讲究水循和时间，随时可以出船，每个月都有几百元的收益。而在工厂打工则有严格的时间限制，水上居民们习惯了自由的生活，并不适应现代城市生活。另外，他们打工的工资收入也非常有限，因此他们宁愿过着打鱼、吸废铁那种自由的生活。

水上居民在历史上曾受尽歧视和迫害，政治上没有合法的身份，以致他们一直浮家泛宅于江河之上而不能上岸定居。中华人民共和国成立后，对水上居民的歧视从政策上被消除，他们开始拥有与陆上人一样的政治地位和权利，并逐渐开始从水上迁居到陆地。迁居上岸的疍民群体虽然实现了定居，但他们仍然挣扎于城市的边缘，成为城市里一个"不入群"的边缘群体。事实上，水上居民在他们的水上环境中形成了自己独特的生计方式和生态文明，但是现在他们不得不改变他们原本的文化体系，去适应一种新的陆地文化、城市文化。而这种适应过程，同时也是一个文化再造的过程。

四、南海诸岛上的海洋生态文明

历史上，北方农耕民族不断向南迁徙，农耕人口到达华南地区已是抵达了大陆的边缘，然而，他们并没有就此止步，而是进一步向海洋进发。从某种意义上说，南海海域广布的岛屿是南岭走廊的进一步延伸，成为南岭走廊中一些族群进入南中国海的重要通道，是中国联系东南亚社会的交通枢纽。[①] 海洋不仅是生命的源泉、资源的宝库，也是人类的交往通道和生存空间。靠海为生的人们有着与农耕民族完全不同的生产方式和生存理念，他们以独特的海洋生态文明丰富着中华民族的文明体系。我们这里界定的海洋生态文明区是指广东省的广大沿海地区以及海岛居民。

大襟岛位于川山群岛最东端，现属广东省台山市赤溪镇管辖。南湾村是大襟岛上唯一的村庄，全村现有 83 户，386 人，这些村民在海岛上生活已有 200 余年的历史。四面环海的地理环境使得大襟岛上的村民与外界的交往非常不便。前几年，大襟岛上没有固定电话，村子里也没有手机信号，村民出行都是靠自家的快艇。历史上，由于生活所迫，大襟岛的先民大多做过海盗，村中 70 岁以上的老人均有海盗经历。[②]

丰富的海洋资源，使大襟岛居民维持着较为宽裕的生活。即便是在物质条件极为匮乏的 20 世纪 60—70 年代，大襟岛居民从事渔业捕捞每年都能创收几万元。在 20 世纪 60 年代中期，大襟岛居民购置了一台机动船，村民开船到深海地带捕鱼作业。到 20 世纪 80 年代末的时候，有越来越多的村民购置了快艇，从事出海捕鱼的营生。大襟岛居民的生产方式先后经历了"半渔半农""渔业为主，农业为辅""纯粹的渔业"三个发展阶段。自 2004 年以后，大襟岛已基本没人从事农业种植，年轻的村民都不愿意再从事农耕，他们宁愿出海打鱼，拿卖鱼的钱来买大米吃。只有上了年纪的老人还在耕种少量的旱地，他们种植一些蔬菜和红薯、花生等粗粮。

改革开放以来，随着村民收入的增多，越来越多的岛民开始在赤溪镇或台城买地建房或买商品房。截至 2008 年 1 月统计，南湾村村民在陆地上建房或买房的共有 37 户，占南湾村村民总户数的 44.58%，比例已接近一半。一般家庭在海岛山的房屋都比较破旧，因为没有电，所以家中也不摆设什么电器。陆地上的家则要"豪华"很多，多是两三层的小洋楼，家中电器一应俱全，和城市中的家庭布置没什么差别。不过，他们一年之中的绝大多数时间仍在大襟岛上简陋的家中度过，只是在过年或休息的时候到陆地上的家享受一下。作为一座远离大陆的孤岛，大襟岛居民较好地保存了中国的传统文化。中国传统文化中的家族主义观念，也渗透到大襟岛的社会之中。

另一个富有海洋生态文明特色的岛屿村落是珠海的淇澳岛。该岛位于珠江口伶仃洋西侧，距珠海市区约 17 千米，东与内伶仃岛相望，西为唐家湾镇，北部海域濒临中山市的横门和东莞市的虎门。在行政区划上，淇澳岛隶属于珠海市香洲区唐家湾镇。淇澳岛历史上是一个处于半封闭状态的岛屿，岛民只能依靠小渔船与外界联系。岛上原本只有一条由村到码头的小水泥路，交通十分不便。为加快淇澳岛的开发建设，1993 年成立了淇澳管理区，管辖淇澳岛、内伶仃岛及其附近海域。经过淇澳管理区十年努力工作，淇澳的基础设施建设有了很大的发展。2001 年珠海市政府修建了淇澳大桥，极大

---

① 麻国庆：《文化、族群与社会：环南中国海区域研究发凡》，《民族研究》2012 年第 2 期，第 34 – 43 页。

② 范涛：《海盗的后裔——大襟岛渔村社会文化研究》，中山大学硕士学位论文，2003 年。

地方便了岛内外交通，使市区和淇澳岛连成一体，现在 20 分钟的车程就可以从市区到达岛上，创造了淇澳岛开拓发展的先决条件。

淇澳岛居民的建筑具有浓厚的海洋文化特色。淇澳岛居民就地取材，用蚝壳垒墙，再用烧成灰状的蚝粉加上黄泥砌成具有黏性而且坚固耐用的蚝墙，这些承载历史记忆的蚝墙如今已成为淇澳岛海洋文化的符号。每天清晨五点左右，天空露白的时候，从事打鱼的村民早早起来收拾行装准备出海。老人们则开始为屋里屋外供奉的各位神灵上香，祷告平安。在中国沿海地区，只要有渔业捕捞的地方就有海神信仰。在淇澳岛上分布有祖庙、观音阁和天后宫这三座古庙。每家每户都在堂屋供奉着祖宗灵位和诸多神像，更有不少人家的房屋与祖先的陵墓相邻，飘忽在屋里屋外的香火昭示着人们的精神信仰。海岛社会中的民间信仰具有海洋文化特性，由此可以透视岛屿社会特殊的社会结构以及当地民众在错综复杂的多信仰体系下所进行的不同层次的社会整合。

海岛居民在长期的渔业生活中，总结出一套与陆地居民截然不同的生存法则，并形成自身独特的海洋生态观。然而，近年来，海洋开发中的矛盾和问题逐步显现出来，工业企业的废弃物排放，严重污染了近海地区的生态环境。特别是现代化的捕捞技术使海岛居民原有的海洋生态观受到巨大冲击。现代化的捕捞技术使得海洋生物群落迅速退化，海洋生物的多样性也大大降低，海洋生态系统所承受的压力不断加大。海岛居民原本的海洋生态观在现代技术面前似乎失去了用武之地。

结语：工业化进程中的生态文明价值

通过对上述几种不同类型的农村社会进行比较研究发现，农村社会在不同的区位环境中发展出自己独特的、与生态环境相适应的生态文明体系。不管是平原地区的汉族还是岭南山区的山地民族，乃至那些远离大陆的海岛社会，都有一整套与生态环境相适应的生存法则和生态文明体系。在没有外界干扰的情况下，这种人与自然和谐相处的生态文明将可能长久地延续下去。然而，伴随着工业社会的迅速扩张，人类的多元生态文明受到现代工业的侵袭。特别是当前各国政府普遍以 GDP 作为社会经济发展的衡量指数，这给不同类型的农村生态文明带来困境。在工业化和城市化的进程中，广大农民必须对原有的一套生计方式做出调整。对农民来说，他们传统的生计方式往往是以生态平衡为长期不变的特征，而一旦卷入工业社会之中，往往无力关心和保护他们的生存环境。特别是为了维持生计，他们很可能为了眼前利益而忽视了对地方生态系统的维护，其结果会进一步加剧他们的贫困。当前，农村地区的生态环境已普遍遭到破坏，水体污染、土壤污染、空气污染以及城市垃圾污染等问题日益凸显。现代化的农业生产使用大量的农药、化肥等化学物质，这些因素更加剧了农村生态环境的恶化，部分农村地区已失去了生存发展的生态基础。另外，在一些沿海地区，工业废水和固体废弃物排放过量，对海洋环境造成严重威胁，靠海为生的局面也将面临新的生存抉择。

工业文明在使一部分群体富裕起来的同时，也使一部分群体陷入更加贫困的状态。

广东可以说是中国经济最发达的地区之一，即便如此，仍然存在着"全国最富的地方在广东，最穷的地方也在广东"的说法。由此可见，工业化和城市化并非贫困的救世主。我们往往以各种虚拟的经济指标来衡量农村社会的发展，事实上，对大多数农村社会而言，他们过着自给自足的生活，不会有过多的剩余，也不会带来地方经济的增长。但我们往往将这种经济形态斥为"贫穷"与"落后"。在工业中心主义的语境下，广大农村地区所创造出来的多样性的生态文明都成为微不足道的附属物。

尤其是，在工业化的过程中，广东农村社会的结构也发生了重要的变化。农民以家户为单位的生计模式快速提高了收入，但加大了农村管理难度。再加上农民生活方式的改变，农村垃圾问题也变得日益严峻。笔者与同事在参与广东省云浮市农村改革实验区建设、肇庆市名村建设时，发现分散的村民已难以自发解决此问题。除了人畜粪便之外，厨余垃圾、塑料、玻璃、废纸、建筑垃圾及废电池、废日光灯等有害垃圾，混杂、散乱于村庄，垃圾开始与人争地。村庄原有的垃圾处理技术被外来观念打破后，[①] 新的处理技术和组织机制尚未跟进，成了新农村建设急需解决的问题。

幸而近年国家开始日益重视生态文明建设，如提出了"建设美丽中国"的理念。不言而喻，"美丽"应包含两层意思：一指生态良好、环境优美、布局合理、设施完善，让人在观感上觉得美丽；二指产业发展、农民富裕、特色鲜明、社会和谐，让人在情感上觉得美丽。而对于广东农村地区而言，美丽乡村建设无疑也是题中之意。实现生产、生活、生态的和谐，实现人（社会环境）村（自然环境）共美，是生态文明发展阶段的客观要求。

生态问题是一个特殊的社会问题，当代的若干重大社会问题，都直接或间接地与人类赖以生存的生态环境有关，因此必须把生态问题置于整个社会结构中予以把握。人类社会的发展应将经济—社会—自然作为一个综合生态体系来考虑，而不能片面地强调经济的增长。不同类型的农村地区在分享工业化和城市化所带来的利益的同时，也都遭受了严重的破坏，千百年来形成的稳定的生态文明体系面临解体的危险。

从不同类型的人类群体来看，他们的生态文明体系大多以人与自然的和谐稳定为主旨，强调人与自然环境的相互依存、相互促进、共处共融，唯其如此，人类社会才有可能长期存在下去。可以说，当前的生态文明概念，是人类对传统文明形态特别是工业文明进行深刻反思的重要成果，是人类文明发展理念、道路和模式的重大进步。广东是中国经济高速增长的地区，也是全球化背景下认识中国社会的一个重要窗口。而广东的农村生态问题在中国的发展进程中较早地凸显出来，这为其他地区农村的发展提供了借鉴。

【作者简介】
麻国庆，中山大学华南农村研究中心、中山大学人类学系教授、博士生导师。

---

① 王晓毅：《沦为附庸的乡村与环境恶化》，《学海》2010 年第 2 期，第 60 – 62 页。

治理单元调整与社区治理体系重塑

——兼论中国城市社区建设的方向和重点 *

黄晓星　蔡　禾

一、社区问题与社区建设的回应

1991 年，民政部明确提出社区建设的概念，由此开启具有中国特色的城市社区建设。二十余年来，我国的城市社区建设取得了一定的成绩，产生了一系列地方性模式，如沈阳模式、上海模式等，为基层社会治理奠定基础。城市社区建设要回应的问题是如何承接单位制解体所面临的基层管理问题。而现阶段，城市社区发生极大变迁，社区建设发生极大变化。在多元化、异质化、流动性加剧的社会，快速的市场体制改革和城市化进程带来人口的快速流动和不同特性人群在社区的空间聚集，计划体制下的单位制和非流动性形成的具有"类自然性质"的社区"熟人"性质消解，社区呈现出"陌生人"性质。社区人口构成的变化导致社区利益主体的多元化和利益诉求增加，而"陌生人"性质导致社区居民间的信任有待重建。随着经济的快速发展，社会整体从温饱向小康发展，居民对社区服务的需求不断增长。同时由于社区人口构成的多样性，社区服务的需求呈现出多元特征。但是满足人们需求的供给仍然短缺，这种短缺既有绝对性供给短缺及社区基本服务的供给短缺；也有结构性供给短缺，即服务供给无法适应不同层次或不同类型的服务需求。在这种情境下，原有的社区建设未能从体制机制上回应城市社会发展要求，原先的行政单元设置出现不同程度的不匹配性，由此推动近年来的治理创新实践。

城市社区建设的问题在于：在一个异质性、流动性加剧的社区，如何完成向治理的

---

* 本文系 2015 年国家社会科学基金重大项目"我国城市社区建设的方向与重点研究：基于治理的视角"（项目号 15ZDA046）、国家社会科学基金项目"双重制度嵌入视角下的社区治理、社会工作制度与社区工作模式研究"（项目号 15CSH076）阶段性成果。原载于《广东社会科学》2018 年第5 期。

转型？其重点有哪些？近期的社区建设强调治理单元的多层次和多元化，如院落自治和门栋自治。[①] 但这些治理单元更多的是自上而下建构起来的国家治理单元，而非社区共同体。[②] 行政单元的设置能够促进经济的发展，但也可能制约自下而上的社区经济的活力。[③] 治理单元的调整源于与不同社区治理主体的匹配，但因为空间与治理主体的重叠，它们又相互交叉。社区建设强调以空间为基础，建立不同的治理单元：一是日常生活单元，将社区建成基本公共服务供给单元，使其成为服务周全、生活便利的生活家园；二是居民自治单元，在社区层面激发社会活力，实现政社分开；三是社会管理单元，将社区构建成为利益协商、有序安定的空间，成为城市公共安全的基础。

本文在已有研究的基础上，认为中国城市社区建设的重点在于如何重新调整治理单元，以使其能够回应社区需求，促进居民参与，以及解决利益冲突。对应这三个重点即需要设置社会服务的单元（社会服务组织的专业性）、居民参与的单元（自组织）和社区议事协商单元（利益主体），以及相对应的社区主体性的发挥。

二、社区建设及其单元的初步形成

社区建设的推进和社会发展状况息息相关，其起点是社区的复杂性。全球化、城市化等带来社区消亡和重组，人与人的关系处于变动不居的状态中，治理本身难以确定有效的边界，问题和矛盾等存在较大的外溢性。在一个"流的世界"（World of Flows）中，社区边界如何界定，[④] 是一个关键的治理问题。社区处于变动不居的状态之中，社区建设处于创新和碎片化之间，需要有进一步的整合思路。以往的社区建设研究将社区作为国家的治理单元（居委会等作为"国家代理人"），[⑤] 或者强调社区作为市民社会的产生地等，[⑥] 或者强调社区本身内部的关系和权力。[⑦] 这些研究分别聚焦于不同系统之

---

① 张大维、陈伟东、孔娜娜：《中国城市社区治理单元的重构与创生——以武汉市"院落自治"和"门栋自治"为例》，《城市问题》2006 年第 4 期，第 59 – 63、68 页。

② 杨敏：《作为国家治理单元的社区——对城市社区建设运动过程中居民社区参与和社区认知的个案研究》，《社会学研究》2007 年第 4 期，第 137 – 164、245 页。

③ 刘君德：《城市规划·行政区划·社区建设》，《城市规划》2002 年第 2 期，第 34 – 39 页。

④ Anssi Paasi, Boundaries as Social Processes: Territoriality in the World of Flows, *Geopolitics*, Vol. 3, No. 1, 1998, pp. 69 – 88.

⑤ 杨敏：《作为国家治理单元的社区——对城市社区建设运动过程中居民社区参与和社区认知的个案研究》，《社会学研究》2007 年第 4 期，第 137 – 164、245 页；王迪：《中国城市社区研究述评与分析视角探索》，《学术论坛》2015 年第 3 期，第 82 – 88 页。

⑥ 刘子曦：《激励与扩展：B 市业主维权运动中的法律与社会关系》，《社会学研究》2010 年第 5 期，第 83 – 110、244 页；Li Youmei, Community Governance: the Micro Basis of Civil Sociey, *Social Sciences in China*, Vol. XXIX, No. 1, 2008, pp. 132 – 141.

⑦ 黄晓星：《社区运动的"社区性"：对现行社区运动理论的回应与补充》，《社会学研究》2011 年第 1 期，第 41 – 62、243 – 244 页。

间的结构、能动性和策略等，有选择性地选取不同部分内容进行研究。但治理本身就是复杂性的产物，其强调系统之间的相互嵌套，[1] 以及在这过程中的不可分性。这种复杂性和不可分性导致新问题的产生，对社区治理提出更高的要求。

第一个部分是社区服务单元。20 世纪 80 年代以来，社区建设经历极大变迁。1986年，民政部部长崔乃夫提出在城市开展社区服务工作的任务，确立城市民政社会保障工作以"双福加服务（社会福利事业、社会福利企业加社区服务）"为重点。[2] 社区服务的发展是社区服务单元建设和完善的过程，是建设社区以承接单位转移出来的基层服务的过程，将社区服务纳入规划和预算。社区服务的推进是为弥补当时"企业责任制"的不足以及单位制逐步解体所导致的社区需求未能满足的状况。社区服务体系的建设是社区建设的前奏，以服务先行。我国原有的社区公共服务主要以政府供给为主，包括基础设施的建设、社区医疗、教育、社会保障等各方面的服务。社区服务概念的提出和发展确立了基本公共服务供给的新单元，改变了原先以单位组织为单元的公共服务供给。这是城市社区建设过程中"社会资源配置的社区化"[3]。1989 年，全国人民代表大会通过的《中华人民共和国城市居委会组织法》明确规定："居委会应当开展便民利民的社区服务活动"，确立社区服务供给的主体。2000 年，《民政部关于在全国推进城市社区建设的意见》明确社区是以居委会管辖范围为基础，"要重点抓好城区、街道办事处社区服务中心和社区居委会社区服务站的建设与管理"。第二个部分为居民自治单元的设置和发展。20 世纪 90 年代到 21 世纪初，社区建设体系主要以居民自治为切入点，体现在居委会的建设上。在计划经济时期，居委会发挥了最基层的行政组织的职能，成为居民的"家长"。[4] "文革"时期，居委会名存实亡。1980 年 1 月，全国人大重新颁布了20 世纪 50 年代中后期业已通过的《城市街道办事处组织条例》《治安保卫委员会暂行组织条例》《人民调解委员会暂行通则》和《居民委员会组织条例》四个有关居委会制度的法律文件。1991 年，民政部提出社区建设概念，将社区制逐步确立为基层管理体制。社区建设大概可分为四个阶段，以民政部部长崔乃夫在 1991 年 7 月 5 日提及社区建设为开端。[5] 四个阶段都强调居委会的自治性，并为居民委员会设定了民主选举、民主决策、民主管理、民主监督四项民主原则。在逐渐成形的中国城市基层社会自治管理体系中，居民委员会的地位和作用得到了进一步巩固和加强。[6] 但社区建设由始至终都

① David Byrne, Complexity, Configurations and Cases, *Theory, Culture & Society*, Vol. 22, No. 5, 2005, pp. 95 – 111.

② 唐钧：《当前我国城市社区服务综议》，《社会学研究》1990 年第 5 期，第 83 – 87 页。

③ 杨敏：《我国城市发展与社区建设的新态势：新一轮城市化过程社会资源配置的社区化探索》，《科学社会主义》2010 年第 4 期，第 90 – 94 页。

④ 徐珂：《居委会能成为社区居民自治组织吗？》，《社会》1998 年第 10 期，第 37 – 38 页。

⑤ 王青山、刘继同编著：《中国社区建设模式研究》，北京：中国社会科学出版社，2004 年。

⑥ 李骏：《住房产权与政治参与：中国城市的基层社区民主》，《社会学研究》2009 年第 5 期，第 57 – 82、243 – 244 页。

以自上而下的推动为动力，国家维持着对于基层社会的强控制并推动基层政权合法性重建，政府主导型的社区治理被认为较为适合中国社区的现状。① 第三个部分为社区秩序的建设和协商。2015 年，中共中央办公厅、国务院办公厅印发《关于加强城乡社区协商的意见》，从内容、主体、程序等方面发展了社区协商。城乡社区协商的发展充分体现了将社区作为矛盾化解和秩序建立的社会单元的治理意图。

从上面三个重要部分可见社区建设本身分为不同的单元或子系统，这些子系统之间的发展回应的是当时社会新出现的问题，但同时又产生了新的问题。在不同的社区建设子系统中，有不同的治理主体，相对应地在系统内部出现程度不同的自组织，这些自组织的能力也有极大差异。在发展过程中，社区建设出现一些问题。首先，在社区服务方面，社区需求本身难以有清晰的界定，以基本公共服务为主，存在"模糊的确定性"。② 其中，政府部门需要回应居民需求，而部门本身也存在着政绩竞争等的要求，在内容选择上是模糊的，但政府的行为逻辑是确定的。其次，以居民自治为主要内容的居委会行政化严重、社会化不足，其行政架构是确定的，但应对内容却是无所不包的。另外，基层行政组织体系和社区组织体系碎片化较为严重，③ 居委会等组织也难以应对众多的内容和不同的主体。最后，从社区秩序的角度上看，清晰的社区单位划分并不代表相对应的利益单元，如物业管理单位中出现的物业纠纷、征地拆迁过程中的经济合作社等。复杂的管理对社区建设构成了很大的挑战，社区也成为不同地方政府的实验场，如全国各地欣欣向荣的社区创新实践。但同时，城市社区建设也出现了部门主义倾向和创新能力不足、社区调控能力和居民参与能力不足等问题。④ 中国城市社区建设面临着治理结构重构与转型的问题，其重点为治理单元的重塑与社区主体的匹配。

三、社区治理创新与社区主体调整

社区治理的复杂性与治理的模糊性联系在一起。在社区建设的过程中，只有行政管辖的空间范围是确定的，社区成为行政化的空间单元，但社区不同单元的边界（一方面也是由于治理的模糊性）却处在不确定状态之中。为了实现社区建设的有效性，不同的治理单元在发生变迁。针对社区建设的不同领域形成了不同的治理单元。治理单元的有

① 朱健刚：《城市街区的权力变迁：强国家与强社会模式——对一个街区权力结构的分析》，《战略与管理》1997 年第 4 期，第 42－53 页；王芳、李和中：《城市社区治理模式的现实选择》，《中国行政管理》2008 年第 4 期，第 68－69 页。

② 何艳玲、钱蕾：《"模糊的确定性"：政府购买内容的选择机制》，《四川大学学报（哲学社会科学版）》2016 年第 5 期，第 14－22 页。

③ 袁方成、邓涛：《我国城市社区建设的新阶段、方向与重点》，《行政论坛》2016 年第 5 期，第 86－91 页。

④ 袁方成、邓涛：《我国城市社区建设的新阶段、方向与重点》，《行政论坛》2016 年第 5 期，第 86－91 页。

效性基于清晰的权力划分和与不同社区主体性匹配的空间划分。治理单元相对应不同的社区主体，而不同主体在不同的单元中又有着不同的认同和相对应的行动。在社区治理中，合适的治理单元能够促进参与。在近期的社区治理创新过程中，三个治理单元都有着不同的变化和发展。

其一，社会服务单元的构建与专业主体的发展。社区服务是城市社区建设的第一步，近期的发展将社区服务扩展为社会服务。社会服务单元不断调整，以更好匹配居民的不同需求。社会服务单元的构建包括社区的划分、设施的建设及服务的提供，社区服务经历了从服务单元的构建到专业社会服务的供给的转变过程。近年来，社区公共服务的供给方式从原先街道办事处和居委会为主、非正式组织为辅转向现阶段的政府与社区组织联合供给公共服务。2004 年以来，政府购买社区公共服务逐步推广。2011 年，《中华人民共和国国民经济和社会发展第十二个五年规划纲要》提出"改革基本公共服务提供方式，引入竞争机制，扩大购买服务，实现提供主体和提供方式多元化"。社区服务的发展从原先的以国家为单一主体转变到社会服务社会化的过程，涉及福利资源的分配以及各种社会资源的动员。2013 年，《民政部　财政部关于加快推进社区社会工作服务的意见》中提出要"加快推进社区服务的专业化进程"。二十余年的社区服务进展反映出社会服务领域中社区层面的变化，服务主体从居委会转向居委会、社工组织等并重，基本公共服务单元的边界（街道、居委等）也在变化。但基本公共服务单元应该以居民需求为导向进行设置，才能有的放矢，而原先的行政划分有时候并不符合需求要求。对于社会服务来说，其有效性往往取决于是否能够合理划分基本公共服务单元以及提高专业主体的服务能力。

社会服务单元相对应进行调整，从原先以居委会重叠的社区服务中心转向与不同的单位匹配的中心。如广州市家庭综合服务中心匹配街道为单位，街道被建构成为基本的社会服务单元。同时，某些区将服务单元细分，建构社区家庭综合服务中心，与原先的社区服务中心区分开来。社会服务单元资源的优化配置和对居民的需求回应有密切联系。资源的投入从原先的强调设施建设转向专业化的社会服务。社区服务主体从居委会、义务工作者转向社会工作人才队伍。

其二，社会单元的共同体与居民的自组织。居民的身份相对应于居民委员会等的立法以及居住的位置。1989 年 12 月 26 日，第七届全国人民代表大会常务委员会第十一次会议通过了《中华人民共和国城市居民委员会组织法》，1954 年的《城市居民委员会组织条例》同时废止。这些条例的实施与调整使城市居民身份逐步从"单位人"转向居民。当单位制逐步解体之后，"单位人"转变为小区的居民，他们首先面对社区。居民自治的领域化则是确立自治的主体以及使社区制度化的过程。杨敏把这种社区建设定位为国家治理单元的建设，尽管在治理中国家承认市场社会中权力主体多元化，但党组织和街道办组织始终是居于领导地位的社区权力组织，主导社区建设的微观运作。① 社区治理单元运作机制在于"行政吸纳社会"，即将社区自治机制纳入行政体制，通过吸纳和整合社会资源来推进国家基层政权建设。② 何艳玲在对广州乐街的研究中，也发现了同样的逻辑，即国家权威的重构，她提出国家在后单位制时期通过"组织边界扩大化"与"组织去法团化"实现权威重构，认为国家依然可以将其力量渗透到街区乃至市民的日常生活。③ 缺乏有力的社区自治主体和服务主体、社区治理社会化不足是普遍存在的问题。但社区内部的微自组织却比较活跃。现阶段，对于居民自治来说，如何加强社区的公共性和参与成为核心问题。

近年来，基层政府希望通过新的建制或准建制激发社区活力，逐步形成新的制度；并在制度创新的基础上重新调配资源。不同街道和社区结合辖区内的实际状况，推广不同类型的治理机制，包括邻里互助协会、议事联盟等。这些创新希望将社区治理落实到社区居民需求的基础之上，将不同主体联结成为一个公共的平台，加强居民参与，从而驱动社区公共性的发展。强调对居民需求的回应，一方面将治理单元与需求单元相匹配，解决小区作为利益单元的问题；另一方面也强调不同的组织作为治理的合作伙伴参与到平台中来，解决社区公共性的问题。

其三，利益单元的划分与协商主体。伴随人口异质化而来的是利益多元化，业委会与物业公司之间的矛盾冲突、征地拆迁过程中的利益博弈、邻避冲突等问题都关乎利益多元化的问题，如何形成有序的社区秩序是社区管理的议题；社区内人口群体多元化，利益矛盾加剧。业主、业委会、物业管理公司等是社区内利益分化、冲突的主体。不同人群参与社区中的不同组织——居委会、业委会、志愿者联合会等，表达利益诉求的方式也不一样。④ 在社区中，邻避冲突触及社区居民的利益，进而影响了其对周围的认知、认同感等。⑤ 原本的行政单元划分与利益单元不匹配，使居委会难以完成利益协调的工作。2015 年，中共中央办公厅、国务院办公厅印发《关于加强城乡社区协商的意见》，强调"开展形式多样的基层协商，推进城乡社区协商制度化、规范化和程序化"，其中将不同的社区主体纳入协商主体之中，并强调拓展协商形式。对于社区协商来说，有效的协商空间与有效的协商主体相匹配，并与有效的利益单元相匹配。利益单元的构

---

① 杨敏：《作为国家治理单元的社区——对城市社区建设运动过程中居民社区参与和社区认知的个案研究》，《社会学研究》2007 年第 4 期，第 137 - 164、245 页。

② 吴清军：《基层行政吸纳社会的实践形态与反思》，第 36 届世界社会学大会会议论文，2004 年。

③ 何艳玲：《社区建设运动中的城市基层政权及其权威重建》，《广东社会科学》2006 年第 1 期，第 159 - 164 页。

④ 熊易寒：《从业主福利到公民权利：一个中产阶层移民社区的政治参与》，《社会学研究》2012 年第 6 期，第 77 - 100、243 页。

⑤ 何艳玲：《"中国式"邻避冲突：基于事件的分析》，《开放时代》2009 年第 12 期，第 102 - 114 页。

建产生了社区政体。① 社区冲突一方面影响了社区整合，有一定的消极影响，如对稳定的物业管理的破坏、伤害某些人群的利益等；另一方面，社区冲突成为公民性建构的路径依赖，② 成为社区公民教育的重要载体。

四、治理单元和社区主体的动态匹配：简要的讨论

可见，社区建设是国家在社区不同领域不断进行调整的过程，与此相伴随的是社区不同主体性的回应。社区正像复杂系统一般，层层嵌套，而不同单元对应着不同的主体，社区建设的政策变化正体现着这些单元的构建（主体的培育）、问题的产生（新主体的产生和发展、对抗）和重塑（主体的多元化）。归根到底，社区治理创新即在于治理单元和社区主体的动态匹配。

不同的政策的变迁对应不同的主体，但社区的变迁又导致原先主体的失败以及重新调整治理单元的需求。首先，社区服务一开始将服务单元设置为与居委会同一，居委会成为主要的服务主体，但居委会管辖的边界往往与基本公共服务需求的边界不一致，居委会作为行政主体又难以应对日益变化的居民需求。近期创新社会治理中社会工作服务的开展重新将服务单元与居民的需求单元相匹配，并且强调服务的专业主体性。其次，全面推进社区建设将社区与居委会管辖单元对应，社区建设构建了社区的空间单元；但居委会管辖范围与社区本身并不一致，社区是与社会心理学、归属感对应的概念，近期的微社区建设等重新将社区建基于共同体的归属感之上。最后，居委会的管辖单元与利益单元也不一致，现阶段的利益秩序的构建需要重新考虑利益单元的问题。社区建设是空间单元与社会单元交叠的社会运动，其中涉及三种不同主体的作用，国家通过对社区治理单元的重新划分、细分以及和社区主体建构的交互，推动城市社区向前发展。社区建设的方向为社区治理体系的构建与完善，而重点在于社区服务的弹性供给、社区公共性重建及有序的利益秩序构建。

从社会服务上来讲，社区服务的弹性边界与跨区域服务为现阶段的方向和重点。社会服务单元的边界厘定伴随着资源单元的匹配，主要落脚点在于不同单元的需求。跨管辖区域管理的能力、管理不同利益相关者的能力、管理执行的能力、渐进式管理的能力是跨部门合作网络管理的重要技能。③ 跨部门合作能力提升意味着要把不同主体培育壮大，将社会力量培育出来，再形成跨部门合作的网络。近年来购买社会服务政策将培育

① 陈鹏：《城市社区治理：基本模式及其治理绩效——以四个商品房社区为例》，《社会学研究》2016 年第 3 期，第 125－151 页。

② 闵学勤：《社区冲突：公民性建构的路径依赖——以五大城市为例》，《社会科学》2010 年第 11 期，第 61－67 页。

③ ［英］艾伦·劳顿著，冯周卓、汤林弟译：《公共服务伦理管理》，北京：清华大学出版社，2008 年，第 103 页。

社会组织作为重要内容，承接的社会服务组织是培育的对象，通过社会服务组织又培育新的一批社区社会组织，逐步发展壮大跨部门合作网络。跨部门合作能力提升需要具备客观要素和主观要素：客观要素包括管理层的正式合作协议，为合作完成共同任务配置的人力、物力、财力、设备、空间等；主观要素尤指个人对他人的期望。[①] 公共资源的投入逐步扩大，主观因素逐步跟进，如各个地方社区治理创新中的理念更新。对于中国基层管理者来说，跨组织边界管理意味着首先划定职能、权责，将边界理清，这样才有社会服务组织能力提升的空间，潜在的跨部门合作组织的能力很重要，[②] 反过来也才能促使跨部门合作能力的提升。从居民自治的方面讲，自治基础上的社区公共性重建是重点。居委会的培育和发展是治理单元的重要方面，居民自治是一个重要的领域。后续的发展过程中，社区建设出现了各种问题，而各个社区主体对居委会的参与是弱化的，但社区内部居民的参与相对活跃，如小区单元化、微社区建设等。社区治理创新体现了社区公共性发展的努力，进一步将不同的社区主体纳入新的治理空间之中。居民自治对应的自治主体，微社区发育与社区公共性重建成为创新的目标，自治主体的参与能力彰显成为重要的一环。从利益秩序而言，利益单元的收缩与有序的利益秩序构建成为社区治理创新的重点。社区治理在于统筹各方面利益关系，形成有序参与的社区秩序，而利益多元化给社区治理带来巨大挑战。人口流动带来管理的不确定性，难以达成稳定、有序的治理。当前我国社区建设缺乏社区治理精细化手段，将社区主体同质化，事实上不同类型的社区主体具有不同的利益诉求与社区需求。良性的社区秩序基础是不同利益主体之间的合作，政府要促成协商、谈判、互动、交换等的产生。社区议事会的构建是在社区分化、异质化的情境下重新建构"共识"的努力，其通过治理工具的重新设计与协商来达成治理目的。社区议事会回应的是利益区域化与分化的问题，替代了居民代表大会的部分职能。

通过社区建设，社区转变为介于公民和国家之间的中观单位，"政区"和"社区"在该治理单元中重合。初期，社区建设初步厘定了社区服务、居民自治和社区调解等不同的领域，但这些领域在社会经济结构发生变化之后，不能跟上社区需求的发展。社区服务主体专业性跟不上社区需求，居民自治主体行政化，利益协商主体单元化，新的社区问题开始产生。以往的政策也将社区构建成为"块"的治理单元，将不同的内容混杂在一起，清晰的边界要求与社区治理的模糊性相互冲突，导致了社区治理的"不可治理性"。

因此，城市社区建设的方向在于如何将这种不可治理的模糊性相对理清，对应的不

[①] ［美］尤金·巴达赫著，周志忍、张弦译：《跨部门合作：管理"巧匠"的理论与实践》，北京：北京大学出版社，2011 年，第 15 页。

[②] ［美］尤金·巴达赫著，周志忍、张弦译：《跨部门合作：管理"巧匠"的理论与实践》，北京：北京大学出版社，2011 年，第 15 页。

同社区主体将彼此的职责边界划清从而达致治理的实效性。在这三个治理单元中，社会（社区）服务单元对应居民的需求和专业服务主体，其中最重要的关系是服务提供者与服务使用者的契约关系；生活（自治）单元对应居民、社区组织和居委会等，其中最重要的关系是自然形成的共同体关系；利益（协商）单元对应业主（村民/居民）、楼宇议事会、社区组织等，其中最重要的关系纽带则是利益秩序。这三种治理单元在治理内容上相对独立，也要求将彼此的边界相对划清。

但问题在于，三种单元在社区层面上是交叉的。从社区治理创新上看，基层治理领域的模糊性与社区治理技术的清晰性相互伴随，治理单元和服务单元不断重构，将不同主体纳入治理领域中。社区治理创新在"模糊性"中获取"确定性"，以边界的不断突破和重构为特点。当进一步检视城市社区建设作为空间单元和社会单元互构的社区单元时，需以网络运作的视角去看待。从社区主体与社区环境之间的角度去分析社区发展，[①] 才能更好地纳入不同领域及不同内容，真正凸显社区建设的本质所在，也才能更好地定位城市社区建设的方向和重点。

【作者简介】

黄晓星，中山大学社会学与人类学学院副教授、博士生导师；蔡禾，中山大学社会学与人类学学院教授、博士生导师。

---

① Jim Ife, *Community Development: Community-Based Alternatives in an Age of Globalisation*, Forest: Pearson Education Australia, 2002.

公私观念与农民行动的逻辑[*]

贺雪峰

　　中国人的公私观念一直以来是学界讨论的热门话题。费孝通说，乡下佬"一说是公家的，差不多就是说大家可以占一点便宜的意思，有权利而没有义务了"[①]。梁漱溟说："西洋人是有我的，中国人是不要我的。……他不分什么人我界限，不讲什么人我界限，不讲什么权利义务，所谓孝弟礼让之处，处处尚情而无我。"[②] 无论是费孝通还是梁漱溟，他们的意思都可以用林语堂的话来概括为，中国的家庭"以'各尽所能，各取所需'的原则指导着自己的各项活动。互相帮助发展到了一种很高的程度。一种道德义务和家庭责任荣誉感促使他们要互相提携"[③]。即是说，在私的范围内，中国人是无私的，是"各尽所能，各取所需"的，而在超出私的公的范围内，中国人又是自私的，是只讲权利不讲义务的。公私观念构成了中国人行动逻辑的深层基础。问题是当前中国社会正处于快速转型之中，即使构成中国人的行动逻辑基础没有变化，中国农民对公私范围的定义也有了很大的变化。2004 年 8 月，笔者到陕西关中调查发现，关中农村与湖北荆门农村农民对公私范围的定义大有差别。荆门农民认为"兄弟伙也是平等的"，意思是兄弟关系也是具有平等权利和义务的公民间的关系，是按照现代的权利本位的法律进行规范的关系。而关中农村，兄弟之间的关系远非两个公民之间的关系，兄弟关系处于亲情、共同体内的感受、道德感以及由此形成的村庄舆论与道德力量的约束之中。或者说，荆门农村兄弟之间的关系是公的关系，而关中农村兄弟之间的关系是私的关系。私的关系使公的东西得以保持，使公共事务容易达成，使损公肥私难以发生。公的关系则

---

　　[*] 本文原载于《广东社会科学》2006 年第 1 期。
　　[①] 费孝通：《乡土中国　生育制度》，北京：北京大学出版社，1998 年，第 24 页。
　　[②] 梁漱溟：《东西文化及其哲学》，北京：商务印书馆，1999 年，第 157 页。
　　[③] 林语堂著，郝志东、沈益洪译：《中国人：全译本》（第 2 版），上海：学林出版社，2000 年，第 185 页。

正好反过来。① 2005 年 3 月笔者到荆门调查农村灌溉，再次感受到公私观念及其变动对农民行动逻辑的影响。本文试图从公私观念角度来解释当前诸如农村灌溉等公共物品供给中看似怪诞的农民行动逻辑的合理性。

一、关于灌溉的故事

H 村泵站为周边 10 个村民小组提供灌溉用水，因为灌溉用水的公共品性质，泵站无法为耕地很少且分散的单个农户提供灌溉用水，农田灌溉一般要以村民小组为单位进行。一个村民小组有三五十户人家，是由人民公社"三级所有，队为基础"的生产队演化过来的，这是一个相对于农户而言的公的单位。以村民小组这个公的单位为基础进行灌溉，就会有很多"有趣"的故事。2004 年春天大旱，H 村泵站周边 10 个村民小组都急于从 H 村泵站得到灌溉用水，抽签的结果是 H 村 3 组排到了最后。但其他村民小组从 H 村泵站抽水时，水要流经 H 村 3 组的渠道，H 村 3 组有些农户急于得到灌溉用水，便向那些正从泵站抽水的村民小组的管水员说情，将流经 H 村 3 组渠道的水分一些给 H 村 3 组。管水员经不住私人的求情，往往会同意或睁一只眼闭一只眼，让 H 村 3 组农户从水渠边扒一个口子，将本村民小组所抽之水白送给 H 村 3 组。结果，H 村 3 组竟然通过这种农户与管水员（从泵站抽水的各个村民小组的管水员）的私人关系，解决了 2004 年春旱抽水。换句话说，抽水顺序排在最后的 H 村 3 组，反而不需要花钱从泵站抽水，就解决了春旱灌溉。各个村民小组从 H 村泵站抽水，是按小时来计算灌溉费用的，一般一个小时 100 元左右，一个村民小组若要抽 20 个小时，即要花费 2 000 元抽水的钱，这笔钱要按田亩平摊到户，以一个村民小组有 40 户农户来计算，每户要承担约 50 元从泵站抽水的成本。

二、对故事的解释

H 村 3 组的农户凭私人关系向各个村民小组的管水员求情获得"人情水"。以每个村民小组有五分之一的水作为"人情水"流到 H 村 3 组，就相当于从泵站抽水的村民小组每户增加了 10 元抽水成本。换句话说，当 H 村 3 组农户向其他村民小组管水员求情放"人情水"时，这个管水员的个人利益也受到了损害。为了减少管水员私人利益的损害，请求放"人情水"的农户可能会买一包五元钱的香烟送给管水员。放"人情水"还增加了管水员与请求者之间的私人关系，落下了"讲义气，够朋友"的名声。也就是说，即使管水员放"人情水"，个人经济利益上受到损害，也可能因为人情收益

---

① 参见贺雪峰：《关中农村调查随笔（六篇）·公与私》，《天涯》2005 年第 4 期。

（增加了私人友谊、关系等）而得到好处，这样来理解普遍出现管水员放"人情水"的行为，就合乎理性行动理论预设的理性人逻辑。

不过，还是有些方面需要讨论。当管水员作为村民小组的代表去管水时，他却可能为了私人关系或一包五元的香烟，而公然放"人情水"，拿公家的利益作私人的交易？这种管水员放"人情水"的情况是普遍存在的，也是人所共知的，是一种地方性的共识。当管水员为了个人利益而放"人情水"时，他是否及如何消化本村民小组集体利益的压力？或者说，管水员所在的村民小组农户是否会对管水员放"人情水"的行为感到愤怒，从而减少管水员私人收益的预期，而较为恪尽职守？从以上个案来看，管水员显然只是受到了较少村民小组内部的压力，而在依从一个更为广泛的地方性知识行事，这个地方性知识，至少为 H 村泵站灌区所公认共有。这个地方性知识是什么呢？我们来看 H 村 3 组农户与管水员是如何说的。

H 村 3 组农户想从管水员那里得到"人情水"，他一定认为这样做不会违反地方性的知识，而如此普遍出现"人情水"，就说明的确存在着一种地方共识，使得 H 村 3 组农户认为可以向管水员提出"人情水"的要求而不会让管水员为难，相反，如果管水员不同意放"人情水"，则表明这个管水员不近人情。管水员都具备这个地方共识，因此会面对"人情水"的压力。在 H 村 3 组农户和从泵站抽水的其他村民小组管水员的共识中，他们都认为，从泵站抽水是公的水，是一个村民小组的水。既然是公的水，而不是管水员个人的水，H 村 3 组农户也面临天旱，就理所当然可以得到一些"人情水"。公的水，使想得到好处的 H 村 3 组有了提出"人情水"的理由，"又不是你一个人的水，放一点给我们又有什么关系！"公的水，使管水员无法拒绝"人情水"的要求，"又不是我一户的水，为何不做个顺水人情！"管水员所在村民小组的其他农户当然会觉得管水员放"人情水"损害了自己的利益，但他们也如管水员一样想，"又不是我一户的水，我何苦去干指责人、得罪人的事！"，因此管水员有损全组村民的行为不会受到强有力的指责。

这里的一个关键就是，水是公还是私。村民小组抽水，是公的水，因为村民小组超出了户的范围。在中国农村，户一般是一个基本的私的单位，一户构成一个最基本的经济社会单元。如果一个农户抽水，则其他农户不可能去找这个抽水农户中的一个成员来搭便车放"人情水"。其他农户不可能提出如此荒唐的要求，因为其他农户得一分好处，正是这个抽水农户失去的好处，除非提要求的农户比抽水农户更加需要用水。换句话说，如果户就是一个基本的私的单位，则这个按户来定义私的地方社会的地方性知识就不可能产生放"人情水"的想法，因为一户"人情水"所得恰是另一户所失。

三、进一步的讨论

作为私的基本单位的户，也是由若干个人构成的，因此，最为彻底的私是个体的私，是个人理性的经济算计，但在中国今天的语境下，在核心家庭内部，户是一个基本的私的单位，户内利益具有高度的共通性和可转移性，即具有高度的利益同一性。这个户对外计算利益时，不会以户内的个人来计算利益，而是作为一个整体的"私"来计算利益，户内成员具有高度的自己人意识，户内一些成员的利益与另一些成员的利益，都是自己人利益，是"我们"的利益。如果一户以内相互算计，则这个户就要出现问题。户是由一些具有独立意识的个人所组成的，不过，在中国的核心家庭内部，这些具有独立意识的个人，仍然认同于"户"这个私的单位，他们个人利益与户的利益无缝隙联结为一体，个人认同户的利益并将个人利益融入户的利益之中。以户为单位形成的私，有助于降低户内共同面对生产生活娱乐事务时的交易成本。这种以户为单位形成的私，逐步成为一种关于户内利益一致性的意识形态、一种政治正确观、一种身体无意识。

当户要面对较为庞大的家庭劳动，或家务合作对于解决户内生产生活娱乐十分重要时，户的单位会比较大。老田认为，中国大家庭的解体与打米机、织布机解放家务劳动，从而使大家庭的家务合作变得不重要，有相当重要的关系。[①] 老田的这个认识是极深刻的。较大户的户内管理成本与户作为一个基本的私的单位可以获得的合作好处达到均衡状态时，较大的户可以存在下去。因技术进步（如打米机、织布机使家务合作变得不重要），或因为市场经济原教旨主义的经济人理念（以及以个人权利为本位的现代法律）渗进户内个人，而使户的管理成本升高时，大户解体，核心家庭便建立起来。在大户解体，核心家庭建立的过程中，以及更为普遍的，一个大户因为人口的增多而分解为更多的大、小户，这些分解出来的大、小户便共有一些对这些户以外的人来讲的私，比如家族墓地、共同的生产工具，以及宗族祠堂、族产等等。

在大户分解为小户后遗留下来的对外人来讲仍为私的财产被外人侵犯时，具有私的身体无意识的家族或宗族会强有力地团结起来，去与侵略者"作战"。而如果这个私的身体无意识开始被理性经济人的理念所质问和侵蚀，则这个家族或宗族的团结就会出现麻烦。在传统社会，较少的流动、强有力的传统文化、较少的自外而内的市场强制力量及较少现代个体主义意识形态教育，使个体被户、联合家庭、房支、宗族所淹没，大规模宗族械斗可能因为争夺一块很小的山头而发生。或者说，在中国传统社会的个人—户—联合家庭—房支—宗族系列中，每一个层面都相对于另一个层面构成了公与私的对立。户是基本的私，因为个人不被突出，个人被户所淹没和掩盖。联合家庭、房支、宗族均有一部分私的因素，虽然对内也有公的因素。宗族对宗族以外，则宗族内部就是一个私。对于私的利益，是不会允许被外来力量所侵占，也不会允许由内部成员去出卖

---

① 老田：《中国农村传统大家庭制度的解体过程》，载贺雪峰主编：《三农中国》（总第 5 辑），武汉：湖北人民出版社，2005 年，第 125 – 127 页。

的。如果在家族内有成员出卖家族利益，则整个作为一个私内群体的家族是不能容忍的。

人民公社时期的"三级所有，队为基础"试图在中国传统公私范畴外另建一个强有力的建制，这个建制基础的生产队往往以自然村为单位，但即使自然村也完全不同于以户为基础建立在农户以上逐层展开的联合家庭、房支和宗族这样的公私范畴。中国传统文化并不认识生产队这个东西，生产队无法纳入中国传统社会认识中的公私观念之中。生产队是一个行政建制，正是生产队这个行政建制演变成为今天的村民小组。在人民公社时期，生产队是一个生产单位，也是一个生活和娱乐单位。人民公社时期的教育，也是突出"大公无私"的公的教育，与市场经济逻辑中突出个人主义恰恰相反。国家为了借用人民公社体制来提取工业化的资源，也就不得不更进一步地强化大公无私的意识，要求农户认同集体的宣传教育，比如学习雷锋、做老实人的教育。改革开放以后，强有力的公的教育没有了，由生产队演化而来的村民小组内的作为"大私"亦即公的意识迅速解体。村民小组内部的农户作为一个私的单位突现出来，而生产队的"大私"即"公"因此解体。生产队虽然只是三五十户农户组成的一个单位，却不再具有传统中国农村宗族所可以获得的共同利益认同，理性经济人的算计及对这种算计的预期，使得村民小组内屡屡出现无视公益（这只是一个极小范围内的公益。但这个村民小组内的村民面对本村民小组的利益，与面对更大得多的范围比如国家一级的利益，都表现出了强烈的麻木，这是与集体行动的逻辑非常不同的逻辑）的行为，集体公益因此破产，公然违规因此出现，乡村社会失序因此难免。

当我们在以市场经济的个人主义逻辑来瓦解传统的公私逻辑，瓦解联合家庭、房支、宗族，更不用说是村民小组这个行政性建制的公私逻辑时，我们其实并不能给农户现代的以个人权利为本位的秩序基础。农户的收入太少，他们无法获得高昂的现代法律救济。

四、农民行动的逻辑

回到 H 村泵站灌区的"人情水"，如果我们用经济人的理性去理解管水员的行为，也未尝不可，因为管水员虽然个人物质所得仅仅是一包香烟，失去的个人物质利益更多，但管水员却得到了友谊、好关系以及没有背上"不够朋友"的坏名声。这个管水员的理性行动，在 H 村泵站灌区的地方性知识中，是很容易理解的，也是人所共知的。在这个地区，公私观是确定的，村民小组这个单位已被户这个基本的私定义为公，因此，替私谋公的行为不仅不会受到强有力的指责，而且可能得到好评。这种好评混淆了事实上作为一级私的村民小组的界限（关于村民小组是私的意识形态无法建立），而使村民小组内部的公益行为难以达成，村庄社会一致行动能力因此下降。

在中国人的行动逻辑中，人的行为是以私为前提的，作为私的利益，很容易为社会认可，如果不是私的利益，则这种行为会受到强有力的压力，典型的话就是"关你什么事！"就是说，当一个人为非私的事情"出面"时，中国人的行为逻辑就会认为这种"出面"不可思议，缺乏利益基础及道德理由。另外，因为社会上需要有公的利益，需要有超出我们定义的私以外的利益，因此这个社会便不断地制造出路见不平拔刀相助的义侠形象，不断地提倡"大公无私"的精神，从而平衡掉一些中国社会中强有力的发自于私的行动逻辑。

考察当今处于转型时期的中国农村社会，一个关键是看地方性知识如何定义私。在当今中国农村乃至整个社会，深层的以私作为合理性的行动逻辑变动很小，但对私的定义却在快速发生变化。一般来说，户依然是一个最基本的私的单位，在最高层次上，在某些地区如福建、江西农村，宗族还具有部分私的特征，在较多的地区，如黄淮海地区，以小亲族为基础的兄弟、堂兄弟关系也构成了一定程度上的私，当一个地区的地方性知识所定义的私的利益被侵犯时，这个私的单位的成员会强有力地反抗，而不是仅仅从经济上去算计利益得失。由于这种对私利受损的强有力反抗，则构成私的单位成员不会出现像 H 村泵站灌区管水员一样的行为，因为管水员放"人情水"，不仅侵害了私的利益，而且深深伤害了这个私的群体的情感，管水员因此会受到强有力的指责。理性行为的管水员预期到这个强有力的指责，他就不会为了个人关系或经济利益而去放"人情水"，或者不认真管水而让其他人偷走了自己的水。维护私人利益的强大动力表现在宗族为争山争水而发生的大规模械斗上，以及当前农村普遍发生的农户之间为一寸有争议宅基地产生的十多年的长期纠纷和矛盾上。总之，只要是侵害了私的利益，人们就会产生强烈的感情，就会在打不过对方时或者"往死里忍"，或者采用极端措施来解决问题。陈柏峰将之称为农村纠纷中的"暴力与屈辱"，[1] 很有见地。而一旦涉及公利，则人们的行为逻辑会大大地不同。人民公社是一个自上而下的建制，这个建制缺乏建立在深厚中国传统私利行为逻辑上的基础。过去时代提倡大公无私，学习大寨，当然是一种平衡力量，这种平衡力量一旦取消，人民公社的解体也就十分正常了。

现代社会的一个重要方面是要将个人从个人的私的框架中解放出来，成为独立的人，个人主义逻辑不会承认建立在个人以上的一层又一层的私的行动逻辑，而以一般的普遍模式来建立个人之外的行动逻辑，这个行动逻辑被经济学家假设为经济人。这个假设具有西方个人主义社会中的理由，但这个假设在具有 5 000 年文明传统的中国，则要打折扣，因为这个假设难以理解当地方性知识将私定义在超出个人这样一个层次时个人的行动逻辑。另外，当中国人的行为被地方性知识的私所定义及规定时，公的方面就难以建立起来，尤其是现代的国家意识难以建立起来。鸦片战争以来，中国最大的困境是

---

① 陈柏峰：《暴力与屈辱：乡土社会的矛盾生成及纠纷解决》（未刊稿）。

以一个将私定义在超出个人规模上的传统社会来应对那些已经建立个人主义从而具备了民族 – 国家意识的现代社会。以个人主义及其基础上超强的国家意识，来对抗非个人主义及其基础上超弱的国家意识，其胜败不言而喻。毛泽东的功绩在于他用一个强有力的自上而下结构（不仅仅是人民公社，而且包括土改这类打破中国传统社会结构的措施）将中国人组织起来，逐步建立了强大的国家认同。中国当前的困境在于，一方面，个人主义及其基础上超强的国家意识是中国自立于世界民族之林的前提；另一方面，在中国农村社会，农民要解决他们所面对的诸如灌溉等公共物品的供给，却无法从公、私两方面获得救济。9 亿农民是中国的大多数，9 亿农民无法从公、私两方面获得基本的公共品供给，将是一个极大的问题。

小 结

对于 H 村泵站灌区管水员放"人情水"的讨论小结如下：

第一，中国人行为的深层逻辑是私利或私域的逻辑。私利的定义，与地方性知识有关系。在当前转型时期，不同区域农村对私利或私域的定义有所差异。其中最基本的私，大都是以核心家庭为单位的户，而非个人，其上还有可能有小亲族、家族、宗族等。私的实质是一种"我们"感，一种基本的内部人认同。

第二，人民公社"三级所有，队为基础"的生产队，演化为村民小组，是一个自上而下的建制，并没有进入私利的逻辑。所以，尽管人民公社之后，村民小组事实上成为一个具有强大共同利益（如土地、灌溉，乃至文娱，村民小组是当前中国农村社会真正的熟人社会）的基层建制，但这个基层建制是按照公的逻辑运作的。因此，当我们整个国家意识形态要取消先进，不要积极分子，将大寨边缘化而小岗村被凸显时，村民小组内部就缺少了以公的意识形态来平衡农民强有力内在私的行动逻辑的力量，私的力量被放大，结果是公共物品供给的内在基础瓦解，理性的农民个体共同选择了非理性的结果。市场经济力量及其背后的经济人假设和个人主义逻辑，伴随着市场经济的文化逻辑，不仅在瓦解村民小组这样的公的利益可能性，而且在强有力地瓦解中国传统社会中作为超出个人的私的利益：宗族正在解体，小亲族正在解体，甚至家庭也在弱化，夫妻财产需要公证。

第三，超出个人的大私，可以部分解决地方公共品的供给。越是需要地方公共品的地区，越是需要有较高层次的私域，比如由联合家庭上升到宗族。因此之故，需要集体灌溉的水稻种植区，比不需要集体灌溉的旱作物地区，宗族更为发达。超出个人的私往往会削弱个人对国家的认同。现代社会的一个重要前提是消灭个人对大私的认同，而建立对国家的认同。个人主义因此具有合理性。当前的困境是，当农村消灭了大私，又因为取消了平衡私的逻辑的公的意识形态宣传，允许市场逻辑的深入和个人权利本位的法律下乡，使农民陷于囚徒困境。在国家不能通过税收或转移支付来有效解决农村公共品供给的情况下，将农民从传统的私或过去时代的公中解放出来，是好事还是坏事？

第四，个人主义逻辑是以地球资源无限为假定前提的，一旦地球资源有限的话，中国传统的超出个人的私，及过去时代建立的公，其价值可能要被重新评估。

【作者简介】

贺雪峰，华中科技大学中国乡村治理研究中心教授。

经济社会学与政治社会学

分享经济是一种改良运动

——一个"市场与社会"的分析框架*

王　宁

引　言

分享经济或共享经济成为中国的一个热门词汇。讨论分享经济的论文和书籍也多了起来。总的来说，国内现有对分享经济的研究，大多从两个角度展开。一方面，学者们从经济学或管理学的角度出发，把分享经济当作一个新经济业态、新行业形态或新的盈利模式来加以研究。另一方面，针对分享经济中出现的问题，学者们从法学、公共管理或公共政策的角度对如何规制分享经济进行了探讨。总体来看，现有的研究依然聚焦于分享经济作为一个新兴行业的介绍以及如何"健康"发展的问题，从社会学理论层次来进行探讨的文献还比较少。本文的目的，就是试图对分享经济的性质及其形成进行社会学理论层面的分析。

对分享经济的讨论，必须放在"产权经济"与"使用权经济"，或"占有型消费"与"分享型消费"的关系结构中来进行。在现有的新古典经济学文献中，私有产权是市场经济的支柱，是市场效率和市场动力的源泉。但是，关于产权的讨论大多限定在生产领域，较少涉及消费领域。与产权相关的研究即使涉及消费领域，也往往是限定在公共消费领域。在学者眼中，共有产权的消费（如福利）不但会导致消费者对公共消费资料的不珍惜，进而导致浪费，而且往往会导致个体需求无限膨胀，从而导致供不应求，并进而导致财政危机。与私有产权相关的消费的研究，事实上大多没有把消费同私有产权联系起来讨论。例如，消费者行为的研究应该是与私有产权相联系的消费研究。但是，在这里，产权问题事实上被搁置了，它只是被当作一个缄默的前提。

* 本文系国家社会科学基金重大项目"发展分享经济的社会环境与社会问题研究"（项目号16ZDA082）阶段性成果。原载于《广东社会科学》2018年第2期。

事实上，与私有产权相联系的消费，同样也在一定程度上存在浪费的问题。这种浪费源于私有产权所导致的使用权垄断。这种使用权垄断的基本特征之一就是使用权排斥，即他人分享财物的需求遭到私有产权制度的合法排斥。与私有产权相联系的消费，就是"占有型消费"。它在所有权基础上，形成了对他人的使用权排斥。尽管人们常常拥有冗余、多余、不再有用或低度使用的财物，但由于"占有型消费"所具有的使用权排斥，使得他人无法分享该物品的使用权，从而导致这些资源的闲置和浪费。不仅如此，占有型消费模式还常常导致一些"主观效用"终结的物品（即虽然物品还能用，但拥有者不再喜欢了）被提早当作垃圾丢弃。这种行为不但使这些物品尚存的使用价值被浪费掉，而且增加了社区垃圾处理的成本，并加剧环境问题。可见，与私有产权相联系的占有型消费，在社会层面和环境层面上，存在负外部性。

只有相对于产权经济和占有型消费的负外部性这样的背景，分享经济的社会与环境意义才得以充分显示出来。分享经济实质上是一场针对产权经济和占有型消费的负外部性所展开的改良运动。通过这样的运动，分享经济打断了私有产权与使用权垄断之间的内在关联。它不牺牲私有产权，但它瓦解了使用权垄断。它不试图颠覆财产私有制，但它试图隔断私有制与使用权排斥的必然联系。分享经济不是一种产权革命，而是一种改良运动。由于这种运动不会牺牲与产权相关的既得利益集团的利益，使得它所遭遇的抵制不会像产权革命那样大。但同时，分享经济还给许多人带来增量收益，从而获得的社会支持不会比产权革命少。作为一种保留现存所有制下的使用权经济，分享经济的真正意义在于为人们找到了一条可持续消费的道路以及加强社会团结的生活方式路径。

正是这种折中和改良的特点，才能说明何以分享经济首先发源于资本主义国家。分享经济是一种从资本主义或市场经济中演化出来的改良运动。之所以是改良运动，一方面是因为它不去触碰私有产权这个资本主义或市场经济的支柱，另一方面是因为它试图对私有产权所导致的负外部性进行修正。改良运动的最大特征，就是折中、调和或融合，如市场与社会、经济与文化或理性选择与价值规范的融合。就市场与社会的关系来说，市场的支柱是私有产权，市场行为的逻辑是盈利最大化。而私有产权制度体现在消费上，就是占有型消费。与占有型消费相联系的消费特征，一方面体现为使用权排斥，另一方面体现为地位竞赛，如凡勃仑所说的"炫耀性消费"。这两种行为都具有某种负外部性或消极性。体现在消费领域，社会性就是消费行为中的公民性。它是与占有型消费所引申出来的使用权排斥和个体主义的地位竞赛相对立的，因为作为公民，消费者要时刻关注自己行为的外部性，并尽可能减少其负外部性或消极社会后果，如因为浪费而造成的环境问题，因为地位竞赛而导致的社会割裂问题，等等。因此，市场与社会的折中和融合过程，既包括市场行动者主动放弃自己的一些消极因素，并吸纳社会中的积极因素，也包括社会积极利用市场的一些积极因素（如效率和规模效应）。

那么，分享经济作为一种改良运动，究竟是如何实现了市场与社会，或市场逻辑与社会逻辑的折中和融合的呢？这就是接下来要分析的问题。下文将说明，分享经济是市场和社会互动演化的结果：一方面，市场在演化过程中，出现了市场向社会靠拢的情形，从而试图克服私有制的某些负外部性。另一方面，社会在演化过程中，出现了社会向市场靠拢的状况，从而试图克服以往道德精英主义者的社会运动覆盖面过小的问题。正是市场和社会的融合，催生了分享经济。

一、分享经济的演化：市场向社会的靠拢

尽管分享已经在人类历史上存在了几千年时间，[1] 分享经济却是在 2000 年后的头十年中期以后才出现的现象。马丁认为，分享经济之所以引起人们那么大的兴趣，主要是因为发源于硅谷的 Airbnb（爱彼迎）和 Uber（优步）取得巨大成功。这两个平台自创立后的短短几年时间就成为价值几十亿美元的国际性公司。[2] 博茨曼和罗杰斯也敏锐地觉察到，分享经济可以中断驱动资本主义经济的超消费实践。它使得人们可以从消费者追求"占有的文化"转向消费者与他人分享使用权的文化。[3]

分享经济究竟新在什么地方呢？理查森认为，它有三个新的特征。[4] 第一是信息技术革命所导致的数字化在线平台。互联网，尤其是 Web 2.0，不但促成了新的分享形式，而且也让旧形式的分享获得了更大的规模。这一在线平台可以减少把许多不同的潜在消费者和生产者连接起来的成本，并有助于增加供给和消费者选择，并因而降低价格。[5] 第二，分享经济大多采取点对点（peer-to-peer），或个人对个人的直接联系和交换，无须借助中介组织居中协调（但 Zipcar 和中国的共享单车不具有这个特点），从而提高了资源供给和需求之间的匹配效率和匹配精准性。[6] 第三，分享经济主要是立足于

---

① Belk R. , Sharing, *The Journal of Consumer Research*, Vol. 36, No. 5, 2010, pp. 715 – 734; Widlok T. , *Anthropology and the Economy of Sharing*, London: Routledge, 2017.

② Martin C. J. , The Sharing Economy: A Pathway to Sustainability or a Nightmarish Form of Neoliberal Capitalism?, *Ecological Economics*, No. 121, 2016, pp. 149 – 159.

③ Botsman R. & R. Rogers, *What's Mine is Yours: How Collaborative Consumption Is Changing the Way We Live*, London: Collins, 2010.

④ Richardson L. , Performing the Sharing Economy, *Geoforum*, No. 67, 2015, pp. 121 – 129 .

⑤ Botsman R. & R. Rogers, *What's Mine is Yours: How Collaborative Consumption Is Changing the Way We Live*, London: Collins, 2010; Belk R. , You Are What You Can Access: Sharing and Collaborative Consumption Online, *Journal of Business Research*, No. 67, 2014 b, pp. 1595 – 1600; Schor J. B. , E. T. Walker, C. W. Lee, P. Parigi & K. Cook, On the Sharing Economy, *Contexts*, No. 14, 2015, pp. 12 – 19; Richardson L. , Performing the Sharing Economy, *Geoforum*, No. 67, 2015, pp. 121 – 129 .

⑥ Botsman R. & R. Rogers, *What's Mine is Yours: How Collaborative Consumption Is Changing the Way We Live*, London: Collins, 2010; Richardson L. , Performing the Sharing Economy, *Geoforum*, No. 67, 2015, pp. 121 – 129 .

对物品和服务特定时段的使用权的获取（access-based consumption），而不是立足于获得物品的所有权（但也有例外，分享经济也可以包括转让产权的物品交易，如 Etsy），从而有助于提高冗余闲置资源的社会利用率，并因此有助于遏制过度消费所造成的环境问题。① 有学者明确地区分了"分享"和"共享"的区别："共享"意味着产权共有，"分享"则只是使用权的分享。② 如果说，要成为分享经济，上述第二和第三项条件可以是二选一的条件，那么，第一项是必要条件。③ 也有一些学者只从狭义的角度理解分享经济，并把分享经济等同于在线平台。④

分享经济本身蕴含着明显的悖论。一方面，它可以被看作资本主义经济的一部分，是"吃了兴奋剂的新自由主义"。⑤ 另一方面，它又可以被看作对资本主义所导致的过度消费的一种改良办法。⑥ 或者说，分享经济既是资本主义商业模式的延续，又是这种商业模式的替换物。分享经济是资本主义经济所蕴含的内在矛盾展演的结果。资本主义的发展创造了某种矛盾，它又试图去克服这种矛盾。分享经济就是一种试图解决资本主义内在矛盾的一种展演（performance）。⑦ 正因为分享经济所包含的内在矛盾，不同的学者对它有截然不同的评价。对有的人来说，分享经济是化解资本主义内在困境的一剂良药。⑧ 对另外一些人来说，分享经济将把我们带到灾难的深渊。⑨

分享经济所蕴含的这种内在矛盾性，意味着我们不能从单一的视角来审视它。分享

---

① Chen Yu, Possession and Access: Consumer Desires and Value Perceptions Regarding Contemporary Art Collection and Exhibit Visits, *Journal of Consumer Research*, Vol. 35, No. 6, 2009, pp. 925 – 940; Botsman R. & R. Rogers, *What's Mine is Yours: How Collaborative Consumption Is Changing the Way We Live*, London: Collins, 2010; Bardhi F. & G. M. Eckhardt, Access-Based Consumption: The Case of Car Sharing, *Journal of Consumer Research*, Vol. 39, No. 4, 2012, pp. 881 – 898; Richardson L., Performing the Sharing Economy, *Geoforum*, No. 67, 2015, pp. 121 – 129.

② 李文明、吕福玉：《分享经济起源与实态考证》，《改革》2015 年第 12 期，第42 – 51 页。

③ Richardson L., Performing the Sharing Economy, *Geoforum*, No. 67, 2015, pp. 121 – 129.

④ Wosskow D., Unlocking the Sharing Economy: *An Independent Review*, London: Department for Business, Innovation and Skills. available online at https://www.gov.uk/government/uploads/system/uploads/attachment_data/file/378291/bis-14 – 1227-unlocking-the-sharing-economy-an-independent-review.pdf, 2014.

⑤ Morozov E., The "Sharing Economy" Undermines Workers Rights, *The Financial Times*, October 14, 2013.

⑥ Schor J. B., E. T. Walker, C. W. Lee, P. Parigi & K. Cook, On the Sharing Economy, *Contexts*, No. 14, 2015, pp. 12 – 19.

⑦ Richardson L., Performing the Sharing Economy, *Geoforum*, No. 67, 2015, pp. 121 – 129.

⑧ Botsman R. & R. Rogers, *What's Mine is Yours: How Collaborative Consumption Is Changing the Way We Live*, London: Collins, 2010; Sundararajan A., *The Sharing Economy: The End of Employment and the Rise of Crowd Based Capitalism*, Cambridge: The MIT Press, 2016.

⑨ [美] 史蒂文·希尔著，苏京春译：《经济奇点：共享经济、创造性破坏与未来社会》，北京：中信出版集团，2017 年。

经济不是单纯的市场行为或资本主义现象，而是资本主义社会中的经济多样性中的一种。[①] 在一定的意义上，分享经济是市场（或经济）走向与社会（或文化）相融合的结果。为什么在市场经济国家，会出现某个部分的市场与社会相融合的现象呢？这源于数字技术领域的私有产权与技术创新之间的矛盾以及资本主义社会中私有产权与社会公共目标之间的矛盾。作为对这些矛盾的回应，数字技术领域首先发生了信息和知识共享运动。这种共享运动是与资本主义的私有产权制度相矛盾的。这就使得分享经济在一开始就具有了超越资本主义私有制的某些特性。在这个意义上，它是对当代资本主义社会的颠覆。[②] 但由于它不废除私有制，因此其实质还只是改良。

既然分享经济是技术/商业创新和社会创新结合的结果，那么，要了解分享经济的兴起，就要了解把技术/商业创新和社会创新过程黏合起来的黏合剂。这个黏合剂，就是私有制下的所有权与使用权之间的分离以及使用权分享。而使用权分享的改良运动，一开始并不是源于市场交换、市场逻辑，而是源于社会逻辑。可以说，在一定范围内，使用权分享不但是一场技术和商业领域的生产革命，而且也是发生在社会领域的一场消费革命（协作消费）。它们所共同针对的对象，是私有产权所具有的使用权排他性。

在技术和商业领域，使用权分享是对私有产权所隐含的一些弊端的超越。不可否认，在技术和商业领域，私有产权有助于形成创新的动力，鼓励人们参与竞争，并在总体上提高经济效率。但私有产权是一把双刃剑。它在鼓励创新和竞争的同时，也可能增加合作成本。例如，一些有助于实现共善的合作，由于客观上会导致某些个体的产权收益减少，就无法达成。正是在这样的背景下，技术和商业领域发生了分享的革命，如数字技术领域的开放源代码、知识生产领域的维基百科等。[③] 在这些领域，由于私有产权妨碍了合作，人们强调共有产权，或把私有产权模糊化，从而减少合作成本，通过共享行为，增进技术创新主体之间的相互合作，达成共赢的目的。

分享经济所依赖的技术平台源于美国硅谷的技术革命。尽管美国硅谷的创新经济本质上是建立在私有产权基础上的，但硅谷地区却形成了一种超越私有产权约束的文化，即硅谷文化，它在某种意义上就是共享文化。尽管人们之间分属于不同的私有产权的公司，但技术员却可以在一些特定的领域达成知识共享。例如，一旦技术员向其他公司的

① Richardson L., Performing the Sharing Economy, *Geoforum*, No. 67, 2015, pp. 121 – 129.

② 吴晓隽、沈嘉斌：《分享经济内涵及其引申》，《改革》2015 年第 12 期，第 52 – 60 页。

③ Hamari J., M. Sjklint & A. Ukkonen, The Sharing Economy：Why People Participate in Collaborative Consumption, *Journal of the Association for Information Science and Technology*, Published online in Wiley Online Library（wileyonlinelibrary.com）, 2015；Martin C. J. & P. Upham, Grassroots Social Innovation and the Mobilisation of Values in Collaborative Consumption：A Conceptual Model, *Journal of Cleaner Production*, No. 30, 2015, pp. 1 – 10.

技术员请教，被请教者基于这种文化，会无私地让请教者分享自己的经验。① 可见，硅谷之所以超越美国东部的 128 公路地区而异军突起，部分原因在于硅谷地区所形成的一种合作文化或信息共享文化。这种文化促成了某些信息在硅谷地区的高频率流动、循环和共享。硅谷的创新经济是嵌入在硅谷去科层化、扁平的关系网络当中，正是这种关系网络，导致了知识和信息共享文化的形成。而这种以关系网络为基础的共享文化，反过来有助于创新的出现。② 而共享文化的本质，就是在某些特定范围内把知识产权模糊化，强调在一定领域内的知识共享产权或使用权。

显然，在美国的硅谷地区，共享文化（社会）与技术创新（市场）达成了某种统一。一方面，知识的共享有助于创新的形成。另一方面，数字技术的创新一旦实现，客观上也有助于人们之间的进一步共享，因为它在客观上使得合作和分享的成本大大降低（如社交媒体）。可以说，数字技术领域出现的一些新技术（如互联网和社交媒体），本质上与使用权共享具有某种亲和关系，因为它客观上有助于人们之间的分享合作的达成。在硅谷地区，我们看到了技术/商业创新和社会创新的结合。技术/商业创新的结果是新技术产品（互联网、社交媒体等）的出现。而社会创新则是渗透在硅谷地区的共享文化，包括开放源代码以及关系网络中的知识共享过程。在这里，私有产权的区隔性在一定程度上被撇在一边。知识的私有产权被模糊化，人们强调的是知识的共享权。在硅谷地区，形成了技术/商业创新与社会创新的融合过程。

可见，在某种意义上，作为分享经济的技术支撑的数字化分享平台，本身就是信息技术革命与社会创新相结合的产物。哈马里等人认为，尽管分享经济的不同体现（开放源代码、在线协作、文件分享和人际金融）表面上看起来差异很大，但它们之间却存在一些相同之处。首先，它们都起源于技术驱动的硅谷文化，主要是起源于开放源代码和内容分享服务。这是过去几年中所出现的最成功的协作消费（或分享经济）。其次，所有这些分享经济的案例都具有在线协作和在线分享的特征。最后，这些协作消费都体现了某种深层的价值追求或观念形态，如集体目的或共善（a common good）。③

马丁和阿普翰也认为，伴随着数字技术革命而出现的赛博文化是促成分享经济产生的一个重要原因。赛博文化提供了另类的经济想象。点对点联系的互联网平台与传统的科层结构形成对立。于是，经济空间可以被想象为另外一种样子：一个有序的自组织系

① Saxenian A., *Regional Advantage*：*Culture and Competition in Silicon Valley and Route* 128，Cambridge：Harvard University Press，1994.

② Saxenian A., *Regional Advantage*：*Culture and Competition in Silicon Valley and Route* 128，Cambridge：Harvard University Press，1994.

③ Hamari J., M. Sj klint & A. Ukkonen, The Sharing Economy：Why People Participate in Collaborative Consumption, *Journal of the Association for Information Science and Technology*，Published online in Wiley Online Library（wileyonlinelibrary.com），2015.

统，它由具备自我发明能力和自我维系的个体组成，其结构会根据条件的变化而动态地变化。由于互联网使得人们之间的直接联系得以发生，它可以促成传统的经济模式的改变。与此同时，计算机领域的黑客及其黑客伦理，促成了代码分享文化的形成以及计算机资源的去中心化和开放可入性，从而创造了数字化公地。在某种程度上，赛博文化是对私有产权的挑战，它强调的是共有产权（ownership in common）。如果说私有产权是对资源的隔离，那么，赛博文化则强调资源在人们之间的连接和共享。而分享经济是这种赛博文化的一部分。[①]

不仅分享经济所依赖的技术创新可以部分地归因于技术领域的社会创新（即超越私有产权制度的社会合作），而且这些技术创新成果之所以被发展为分享经济，在一定程度也源于草根社会群体（具有公共价值关怀的群体）对这些信息技术成果的革命性利用。它们被用作促进某种公共目标的技术手段。[②] 赛方和斯密斯用"草根创新"来描述积极分子网络和组织为了可持续发展，自下而上地推行创新以解决资本主义所面临的矛盾。[③] 马丁等人认为，草根创新的兴起源于积极分子和社会经济组织的局外人地位。位于主流和市场经济之外的位置使草根阶层更易于提出激进的转型路径，奉行边缘化的价值、组织形式和制度逻辑。[④] 他们还认为，草根之所以发展分享经济，是要对市场经济的不可持续性和不公正、不平等后果发起挑战。他们认为分享经济具有把社会从超消费的实践中解放出来的潜力，并具有通往可持续性的新路径的潜力。不仅如此，资源分享还有助于人们在分享过程中建立社会资本，使得物品和服务以更平等的方式进行配置。在某种意义上，分享经济源于草根的社会创新。可以说，它是公民社会发展的产物。[⑤]

技术驱动的商业创新可以在价值驱动的草根社会创新的配合下，得到更广的推广。在这方面，生活风格运动对于分享经济的普及就发挥了重要作用。哈恩弗勒等人认为，在过去，生活风格往往被看成与社会运动是对立的：社会运动被认为是集体性的、政治性的、抗争性的，而生活风格被看成个体主义的、私人性的、情趣性的。但事实上，二者存在交集。他们认为，社会运动具有生活风格的一面，如环境运动、在家分娩运动等。这些社会运动是追求集体目标的，但以个体的形式出现，因而是个体化的集体行

① Martin C. J. & P. Upham, Grassroots Social Innovation and the Mobilisation of Values in Collaborative Consumption: A Conceptual Model, *Journal of Cleaner Production*, No. 30, 2015, pp. 1 – 10.

② Martin C. J. , P. Upham & L. Budd, Commercial Orientation in Grassroots Social Innovation: Insights From the Sharing Economy, *Ecological Economics*, No. 118, 2015, pp. 240 – 251.

③ Seyfang G. & A. Smith, Grassroots Innovations for Sustainable Development: Towards a New Research and Policy Agenda, *Environmental Politics*, No. 16, 2007, pp. 584 – 603 .

④ Martin C. J. , P. Upham & L. Budd, Commercial Orientation in Grassroots Social Innovation: Insights From the Sharing Economy, *Ecological Economics*, No. 118, 2015, pp. 240 – 251.

⑤ Martin C. J. , P. Upham & L. Budd, Commercial Orientation in Grassroots Social Innovation: Insights From the Sharing Economy, *Ecological Economics*, No. 118, 2015, pp. 240 – 251.

动。这种以促进社会变化为目的的生活风格运动其实就是一种特殊类型的社会运动。他们指出，生活风格运动有三个特点：第一，生活风格选择是一种促成社会变化的策略；第二，个人的认同营造扮演了中心角色；第三，生活风格运动具有一种弥散的结构。[1]拉恩曼门等人在哈恩弗勒等人的基础上，进一步从生活风格运动的视角分析了分享经济。他们认为，分享经济或协作消费（如时间银行）作为一种生活风格运动，是以追求社会的共同福祉为目标的。它是一种新的特殊的社会动员方式，意在对自由市场所引发的危机进行修正和改良。它所面临的政治风险比起集体抗争来说更小，并可以通过人们在日常社会中以微小而不断累积的改变而促成公共目标的实现。[2]

社会运动或社会创新参与者之所以利用信息技术的成果，是为了更高效地促进社会公共目标的实现。在西方社会的信息与通信技术革命之前，人们要把自己的冗余闲置资源以免费或折价的方式转让给他人使用，只能在线下进行（如跳蚤市场）。[3] 这使得供需之间的匹配效率低，匹配成本高。新兴的信息技术连同 Web 2.0 的发展，使得在线互联网平台得以形成。正是在线平台促成了用户生成内容、分享和协作。[4] 它使得冗余闲置资源的转让成本降低，供需之间的匹配效率和匹配的精准度大大提高，因为人们得以在平台上实现一对一的协商和合作。以信息技术革命为支撑的分享平台把消费者和供给者更紧密地连接起来，使得那些未被充分使用的资源，可以更为高效的方式和更低的成本（有时甚至免费），转让给他人使用或分享。[5] 正是由于信息技术革命，使得过去无法

① Haenfler R. , B. Johnson & E. Jones, Lifestyle Movements：Exploring the Intersection of Lifestyle and Social Movements, *Social Movement Studies*, Vol. 11, No. 1, 2012, pp. 1 – 20.

② Laamanen M. , S. Wahlen & M. Campana, Mobilising Collaborative Consumption Lifestyles：A Comparative Frame Analysis of Time Banking, *International Journal of Consumer Studies*, No. 39, 2015, pp. 459 – 467.

③ Belk R. W. , J. F. Sherry. Jr & M. Wallendorf, A Naturalistic Inquiry into Buyer and Seller Behavior at a Swap Meet, *Journal of Consumer Research*, Vol. 14, No. 4, 1988, pp. 449 – 470；Sherry J. F. Jr. , A Sociocultural Analysis of a Midwestern American Flea Market, *Journal of Consumer Research*, Vol. 17, No. 1, 1990, 13 – 30.

④ Hamari J. , M. Sj klint & A. Ukkonen, The Sharing Economy：Why People Participate in Collaborative Consumption, *Journal of the Association for Information Science and Technology*, Published online in Wiley Online Library（wileyonlinelibrary. com）, 2015.

⑤ Botsman R. & R. Rogers, *What's Mine is Yours：How Collaborative Consumption Is Changing the Way We Live*, London：Collins, 2010；Kaplan A. M. & M. Haenlein, Users of the World, Unite！The Challenges and Opportunities of Social Media, *Business Horizons*, Vol. 53, No. 1, 2010, pp. 59 – 68；Hamari J. , M. Sj klint & A. Ukkonen, The Sharing Economy：Why People Participate in Collaborative Consumption, *Journal of the Association for Information Science and Technology*, Published online in Wiley Online Library（wileyonlinelibrary. com）, 2015.

实现的分享模式得以产生（如 SourceForge、Github 和 Wikipedia 等）。[①] 这些技术使得物理或非物理形态的物品和服务的使用权分享变得简单易行了。

可见，从进化的源头来说，分享经济的出现是技术/商业创新走向了与社会（社会运动或社会创新）的合作。分享经济不是纯粹的市场行为，而是一种嵌入在社会中的，带有某种公共价值追求的经济行为。有学者指出，我们不能仅仅把分享经济的兴起看作技术革命的结果，而是同时要看到生态文明、价值观念和生活方式在其中的作用。[②] 分享经济具有社会嵌入性。在这个意义上，西方社会所出现的分享经济，是市场与社会互动的产物。尽管市场服从于盈利的目标，社会服从于公益的目标，但在分享经济中，这两种目标在一定程度上实现了融合。当然，分享经济作为一种新的经济模式一旦产生，也有可能被市场机会主义者所利用，并因此不惜牺牲其所具有的社会性，但这是另外一个问题了。

二、分享经济的演化：社会向市场的靠拢

社会与市场的关系并非总是和谐的。社会常常会对市场所带来的负外部性表示不满，并与之抗争。社会运动之所以要对信息技术革命的成果加以利用，也是为了更有效地抵御市场所带来的负外部性。在市场众多的负面后果中，收入分配领域的两极分化是最突出的后果之一。从收入分配领域的贫富分化矛盾还衍生出另外两个矛盾。一方面，富裕阶层和中产阶层出现了某些产品的过度购买和这些产品低度使用的矛盾。由于私有产权的排他性，这些低度使用的产品在未使用期间处于闲置状态（如某些时装）。其他还未购买这些产品的人，当需要使用这些产品时，便不得不去购买。但他们自己买了这些产品以后，同样也没有太多的使用机会。在此意义上，私有制或占有型消费是导致超消费的一个根源，而超消费加剧了环境问题。另一方面，由于私有产权的排斥性，收入分配的两极分化结果进一步导致了阶层之间的断裂和社会关系割裂。一边是富裕或中产阶层的许多产品未尽其用，另外一边是需要使用某些物品的低收入群体却无力获得这些产品。

那么，应该如何来解决这些问题呢？以往的解决方式包括自上而下和自下而上两种方式。前者主要是国家通过税收调节、社会保障和贫困救助的方式来为低收入群体的生活进行制度性"兜底"，后者则是通过宗教和慈善机构的募捐来为困难群体进行制度化

---

① Hamari J., M. Sj klint & A. Ukkonen, The Sharing Economy: Why People Participate in Collaborative Consumption, *Journal of the Association for Information Science and Technology*, Published online in Wiley Online Library (wileyonlinelibrary. com), 2015.

② 张孝德、牟维勇：《分享经济：一场人类生活方式的革命》，《学术前沿》2015 年第 12 期，第 6 – 15 页。

的社会支持。二者均是一种制度化的再分配模式。这两种再分配模式都遇到边际增长的瓶颈问题。应该如何来突破这个瓶颈呢？

分享经济所提倡的使用权分享为再分配的增长路径提供了一个新的突破口。使用权的分享不是新现象。① 早在几千年前，人类就开始对狩猎得来的猎物进行分享。② 因此，要把分享作为解决社会两极分化的一个路径，就有必要了解分享实践所依赖的条件。贝尔克对家庭分享进行了分析。他认为分享有两个原型：养育孩子（mothering）和家庭内的资源合用。贝尔克认为，分享既不同于礼物交换，也不同于市场交换，而是一种独特类型的人类行为。人们之所以要进行分享，是因为某些物品或服务在一个分享单位内部是无法进行分割的。分享行为是爱和照料的体现。因此，人们往往只与"扩展的自我"进行分享。由于家庭成员是"自我的扩展"，因此属于可与之进行资源分享的对象。这种与"扩展的自我"（如家庭成员）所进行的分享，就是"内部分享"（share in）。与陌生人之间进行的分享，则是"外部分享"（share out）。③ 在他看来，我们今天所说的"分享经济"中的分享，其实不是严格意义上的分享，而是一种"伪分享"。它本质上属于租赁经济。④

既然人们只与"扩展的自我"进行分享，那么，陌生人之间的分享如何可能？依照贝尔克的分享理论，很难得出陌生人之间能够进行分享的结论。但是，根据各种史料记载，在传统社会，存在着大量陌生人之间分享的现象。例如，对远道而来的陌生人，究竟是否免费招待（食物和住宿分享）？学者们发现，在历史上，就大部分传统社会来说，人们对陌生人采取的是好客的态度。人们之所以这么做，是因为人们相信"他是神力或神性的代表，是神秘宗教权力的来源，或者甚至就等同于神"。⑤ 穆浩门也发现，在古希腊和古罗马，好客与招待陌生人是受到宗教鼓励的。⑥ 中世纪的修道院往往会给旅行者提供食宿招待。⑦ 希尔也发现，在早期英格兰，人们把好客分享当作是一种社会义务。⑧ 在对1160—1200年法国宫廷好客的研究基础上，布拉克勒也发觉法国宫廷社会

① 董成惠：《共享经济：理论与现实》，《广东财经大学学报》，2016年第5期，第4－15页。

② Widlok T. , *Anthropology and the Economy of Sharing*, London：Routledge , 2017.

③ Belk R. , Sharing, *The Journal of Consumer Research*, Vol. 36, No. 5, 2010, pp. 715－734.

④ Belk R. , Sharing, *The Journal of Consumer Research*, Vol. 36, No. 5, 2010, pp. 715－734；Belk R. , Sharing Versus Pseudo-Sharing in Web 2. 0, *Anthropologist*, No. 18, 2014a, pp. 7 －23.

⑤ Bolchazy L. J. , *Hospitality in Early Rome：Livy's Concept of Its Humanizing Force*, Chicago：ARES Publishers, 1977.

⑥ Muhlmann W. E. , Hospitality, in E. R. A. Seligman, ed. , *Encyclopaedia of the Sacial Science*, New York：Macmillan, 1932.

⑦ Wood R. C. , Some Theoretical Perspectives on Hospitality, in A. V. Seaton, ed. , *Tourism：The State of Art*, Chichester：John Wiley, 1994.

⑧ Heal F. , The Idea of Hospitality in Early England, *Past & Present*, No. 102, 1984.

把招待骑士旅行者和女士当作是美德和优越社会地位的体现。[1] 在这里，招待陌生人就是让陌生人免费分享自己的食物和住房。传统社会具有与陌生人进行分享的文化传统。可见，仅仅用"扩展的自我"并不能解释人们与陌生人之间的分享。与陌生人进行分享源于传统的文化观念，包括宗教观念。

但是，随着资本主义和市场经济的兴起，市场交换及其自利文化逐步取代了传统的分享文化而取得支配地位。好客招待（如酒店和餐馆）不再是主人慷慨地让陌生人来分享自己的食品和住宿，而是一种去情感化的金钱交易。好客"分享"变成了市场行为，顾客必须为之付费才能获得。正如布拉克勒所说的，资产阶级的好客是"离开即付钱"的好客。[2] 更具体地说，商业性的好客分享是在"交钱即得"的基础上获得的。[3] 虽然当代好客也体现了"高度个人化性质"，[4] 这一类好客分享的性质却与传统好客分享不同。它是一种算计过的、以利润为驱动力的、商业化的好客。它不再是传统那种真实的、地道的、文化性的好客分享。可见，在现代社会，商品化逻辑摧毁了传统的好客文化，使得分享行为只能发生于家庭和熟人之间，而难于发生在陌生人之间。陌生人之间的传统分享，被现代市场交换和金钱交易所取代了。换言之，有利于陌生人之间进行分享的（传统）社会被市场化和商品化过程所替代。这样的过程，用波兰尼的话说，就是市场的脱嵌过程。[5] 在这个过程中，传统社会所容许的陌生人之间的分享，在很大程度上变得行不通了。

但是，正如波兰尼所说的，市场的脱嵌化过程到了一定的阶段和程度，社会就会对过度扩张的市场化进行反制，并试图在市场和社会之间划界，以防止市场的逻辑渗透到社会领域。这样的过程，就是社会针对市场所展开的反脱嵌过程。[6] 在反对市场脱嵌的过程中，宗教和慈善机构功不可没。在一定的意义上，公益慈善事业就是社会所采取的反制市场逻辑过度扩张的过程。与此同时，国家部门也自上而下地建立了社会保障与福利体系，以再分配调节的方式，维持社会的边界不受市场逻辑的侵蚀，并用分配正义的逻辑来取代市场的逻辑。可以说，福利体系和公益慈善都属于再分配的范畴。它们均属于社会分享的实践。但这样的分享是一种制度化的陌生人之间的分享。它们对于市场的

① Bruckner M. T. , *Narrative Invention in Twelfth-Century French Romance：The Convention of Hospitality*（*1160 – 1200*）. Lexington：the French Forum, 1980.

② Bruckner M. T. , *Narrative Invention in Twelfth-Century French Romance：The Convention of Hospitality*（*1160 – 1200*）. Lexington：the French Forum, 1980.

③ Bruckner M. T. , *Narrative Invention in Twelfth-Century French Romance：The Convention of Hospitality*（*1160 – 1200*）. Lexington：the French Forum, 1980.

④ Wood R. C. , Some Theoretical Perspectives on Hospitality, in A. V. Seaton, ed. , *Tourism：The State of Art*, Chichester：John Wiley, 1994.

⑤ Polanyi K. , *The Great Transformation*. Boston：Beacon Press, 1957.

⑥ Polanyi K. , *The Great Transformation*. Boston：Beacon Press, 1957.

初次分配效应（如贫富两极分化）具有一定的弥补功能。

就国家福利制度来说，它所促成的陌生人之间的匿名性分享是一种通过制度而强制实行的分享，显然不同于传统社会的陌生人之间的基于文化和宗教观念的分享。就公益慈善制度来说，它所促成的陌生人之间的匿名性分享源于人们的自发行为和文化观念。但它所满足的分享对象，仅仅限于底层阶层和困难群体，无法覆盖到其他阶层和群体。而真正意义上的分享，应该是全社会范围内的陌生人之间的相互的自发性分享。因此，国家福利制度所实行的陌生人之间的分享是制度化强制的分享，缺乏自发性和自愿性。而公益慈善制度所实行的陌生人之间的分享虽然是基于人们的自觉自愿的动机，但它却是小范围分享，覆盖范围有限。同时，二者均面临边际增长的瓶颈问题。这样的制度化再分配（分享）到了一定的水平以后，要继续增长就面临困难。如何突破陌生人社会的分享增长瓶颈，并使得这种陌生人之间的分享具有自愿性（即文化性）和广覆盖的特征呢？

突破口之一，就是使用权分享。就社会保障与福利体系所促成的陌生人社会的分享来说，它的维系是建立在公民纳税的基础上。然而，纳税的边际增长是有瓶颈限制的。就公益慈善来说，由于捐赠品是货币转让或物品产权转让，同样面临边际增长受到瓶颈约束的问题。但是，使用权分享就不受这种边际增长瓶颈的约束。当然，这里所说的使用权分享，是那些冗余闲置资源的对外分享，而不是自己需要频繁使用的、未处于闲置状态的资源的对外分享。

使用权的分享有两种不同的情况。一方面，物品拥有者只是把物品的使用权转让给陌生人，但并没有把其所有权转让出去。例如，房主把多余的房间或沙发转让给陌生人（如"沙发客"）住几天，车主在自己开车上班途中搭乘几个陌生人，并没有损害到房主或车主的所有权。另一方面，对于物品所有者来说，一些物品的使用价值是有特定的时段限制的。例如，当小学生升入初中以后，对他们来说，小学课本就不再具有使用价值了。在这个时候，由于小学课本对自己没有使用价值，小学课本的所有权也显得没有意义了。尽管转让小学课本意味着转让所有权，但这种所有权乃是可放弃的所有权（或不具占有价值的所有权）。这样的物品如同垃圾。把多余无用物品当垃圾丢掉，会增加社区处理垃圾的成本。而把这些物品转让给陌生人使用，不但可以减少社区在垃圾处理上的成本，而且有助于增进社区福祉，因为社区成员相互转让冗余闲置的物品降低了彼此的生活成本。

使用权分享，尤其是那种免费转让的分享，其实也是一种再分配模式。但这种再分配与福利制度和公益慈善制度的再分配不同，它不是一种损益性再分配，而是非损益性再分配。所谓损益性再分配意味着，物品转让给他人了就意味着自己的利益损失（尽管是出于自愿），如缴纳了税收意味着自己可自由支配的收入的减少；金钱或物品的捐赠意味着自己具有使用价值的资源的减少（当然，这种损益是捐赠者自愿接受的）。所谓非损益性再分配意味着，个人把自己的冗余、闲置或无效用的资源让陌生人来分享，并没有给自己造成实质性的损失。一方面，资源的对外分享并没有造成所有权的损失。另一方面，所分享出去的资源，往往是冗余闲置的资源，或对自己而言失去了效用的资源（如小学课本之于初中生）。这样的非损益性再分配意味着其边际增长的空间，远远大于国家福利分享和公益捐赠品分享的边际增长空间。可以说，使用权分享是福利体系和公益慈善之后的一种新的再分配模式（见表1）。这样的再分配与其他两种再分配一样，有助于在一定程度上实现分配正义。与此同时，它还有助于实现可持续消费的目标。通过使用权的分享，本来可能被当作垃圾丢弃的物品，被延长了使用寿命。同时，那些拥有一些低使用率产品的人，通过让陌生人来分享该物品的使用，不但提高了该物品的社会使用率，减少其使用价值的浪费，而且也导致他人因为可以分享这些物品而无须额外购买这些产品，从而遏制超消费对环境造成的负面后果。

表1　初次分配与再分配的不同形式

分配形式	分配内容	分配主体	实现途径	分配关系
初次分配	工资收入	市场	市场交换	零和关系
制度化再分配	福利	国家	税收与福利	损益关系
志愿性再分配	捐赠品	第三部门	慈善与义工	损益关系
生活风格化再分配	冗余闲置资源	线上虚拟社区	分享经济	非损益关系

如果说，福利制度是一种制度化再分配，慈善活动是一种志愿性再分配，那么，使用权分享乃是一种生活风格化再分配（见表1）。制度化再分配是自上而下实行的强制性再分配，志愿性再分配是一种基于慈善组织中介作用的自愿的再分配。生活风格化再分配则是一种基于点对点合作而实现的风格化再分配。这样的再分配是通过线上分享平台而实现的。数字分享平台的出现，导致了再分配的革命。它既不是基于国家的强制，也不是基于第三部门的中介作用，而是基于分享平台而实现的无中介的、一对一的再分配性协作消费。

驱使人们把冗余闲置资源转让给陌生人分享的动力机制，与志愿性再分配的动力机制类似。但是，这两种再分配的对象不同。志愿性再分配的主体是中产阶层，而再分配对象是低收入阶层和困难群体；而生活风格化再分配的主体和对象均可以来自各个社会阶层。前者的覆盖范围小，后者的覆盖范围大。

一些具有环境主义和社群主义价值情怀的草根群体，利用数字技术的发展成果，建立了各种各样的线上分享平台，如发源于英国的 Freecycle 和 Freegle。这种分享平台把线下的公益慈善事业搬到线上来做，从而扩大了资源动员的效率和规模。这些平台动员人们把冗余闲置或对自己而言失去使用价值的物品捐赠出来，并借助分享平台与需求者实现一对一的捐赠。由于是在网上合作，捐赠者和受捐者的覆盖面都扩大了。把本来要当作垃圾而丢弃的物品转让给（线上的）陌生人，不但满足了他人的需要，而且有助于减轻环境压力。这种分享不仅对自己没有利益的损失，而且对他人有正面的功用，对环境的改善也有益处。因此，这样的分享就是一种多赢、共赢的分享（再分配）。

可见，就冗余、闲置或不再有主观效用的物品来说，陌生人之间的分享是不存在阻力的。将那些本来要当作垃圾丢弃的物品（占有价值为零）转手送给陌生人，对自己并没有造成实质性的利益损失。这种分享模式就突破了传统的福利体系和线下公益慈善所面临的边际增长空间的瓶颈问题。分享作为一种使用价值的再分配，具有无限的空间，因为大部分人始终都会有一些失去主观效用或冗余闲置的物品。这些物品如果要被当作垃圾处理，不但可能增加个人的利益损失（交垃圾处理费），而且也给社区环境造成负面后果。许多人把这样的转让和分享活动当作表达这种情怀的生活风格。这样的分享实质上是一种生活风格化的再分配。

但是，这样的分享依然存在两个方面的问题。一方面，就那些具有冗余、闲置或主观效用终结物品的居民来说，把这些物品转让给陌生人，存在时间成本。如果没有足够的环保意识，他们或许就会选择用时间成本最低的方式来处理这些物品——直接把它们当作垃圾丢弃，以便省时省力。这意味着，这样的公益性分享，对居民的参与提出了较高的道德要求，他们必须有环保意识。但并非所有人都能达到这种道德要求。另一方面，就分享平台来说，平台的运作是需要成本的。如果平台不能从居民的分享活动中获得收益，那么谁来承担平台的运作成本？这对于公益分享平台来说，是一个很现实的问题。对于大的平台来说，它们可以从收费性的平台那里拿出一部分收益，来资助自己在大平台下面所建立的小的公益分享平台（如京东公益）。但是，对于那些规模不大的专业性公益分享平台来说，所面临的最大挑战就是生存压力。

因此，要使得冗余闲置的物品在陌生人之间的社会分享成为可能，坚持公益目标的分享平台是其中的关键。而分享平台要能够存在，仅仅靠理想和热情是不够的，还必须解决自身的运营成本的问题。换言之，它必须解决自身的生存问题。如果这些分享平台缺乏一定的创收能力或融资能力，它就很难维持下去。史密斯通过对草根联合会的生命周期的研究发现，草根联合会经历了从非营利目标向商业化目标的转变。[1] 之所以如此，既有组织的复杂化、科层化、等级化和专业化（如开始支付志愿者薪水）方面的原因，也有外部压力的原因。他把这种外部压力称为"同型压力"。它包括两种：第一，强制压力。它所依附的组织对它施加了强制的压力，如法律要求、政府调节、潜在的资助者的要求。这些强制压力迫使它向商业化取向转型。第二，间接压力。由于它面临不确定性和生存危机（认同危机），为了应对这些压力，它不得不模仿更成功的商业组织。于是，随着时间的推移，草根联合会的目标也发生了偏移，变得越来越商业化。

---

[1] Smith D. H. , *Life Cycle Changes. Grassroots Associations. Thousand Oaks*，CA：SAGE Publications，Inc，2000.

组织生存和谋取收入成为组织的核心目标，并逐步用它取代了公益目标。在史密斯的基础上，马丁等人通过对 Freegle 这个草根组织的个案研究，揭示了草根组织是如何越来越趋向于商业化的动力机制。外在的压力和间接的压力迫使它为了自己的生存而不得不趋向于商业化，但也因此逐渐偏离了原来的价值目标。①

上述社会组织的生命周期理论揭示了，社会在追求自己的价值目标（公益目标）的过程中，常常会迫于外部压力而逐步向市场靠拢。为了维持自己的生存，以社会公益目标为价值追求的分享平台（社会组织），常常会走向追求盈利的目标。在分享平台要收费的情况下，分享物供给者也不得不向分享物获取者收费。不过，从网上通过支付一定费用获取他人转让或出租的物品依然比购买新产品便宜，因此，人们依然热衷于参与这样的收取一定费用的分享活动。分享不再仅仅是免费的公益活动，而且在一定程度上变成了经济活动。但这样的经济活动与纯谋利的商业活动依然存在一定的区别（当然，不排除这样的平台会被只有纯商业化动机的人所利用）。

从免费分享到收费分享意味着本来意义上的社会公益行为在一定程度上转变成市场交换行为。尽管如此，它依然具有正外部性。一方面，它促成那些主观效用终结的物品在被转让者那里延续了使用价值，使那些本来要被当作垃圾丢弃，但事实上还能用的物品，延续了产品的"寿命"，这客观上减轻了物品过早垃圾化所造成的环境保护压力；或者，它使处于闲置状态的资源得到了再利用，冗余、闲置资源通过循环和分享，得到最大限度的使用，这客观上有助于遏制超消费的负面后果。另一方面，它为分享者带来经济福利（即消费者剩余）。对于那些转让冗余、闲置物品的人来说，分享给他们带来了额外的收入。本来处于冗余和闲置状态的资源，借助分享平台，可以转换成收取费用的资源。这为居民在职业收入之外提供了另外一条增加收入的渠道。由于借助分享平台而让闲置资源资本化，这就导致了大众资本主义的形成。② 对于那些物品接受者来说，尽管他们是通过付费得到这些物品，但依然比购买新物品减少了费用，因此也变相获得经济收益。

更重要的是，由于经济动机的引入，居民参与分享活动的道德要求或道德门槛降低了。在社会公益动机之外，居民的分享活动又添加了经济动机。这使得社会性分享变成了经济—社会性分享。经济动机的引入，让分享活动从边缘性活动变成了主流活动，从而有助于扩大分享参与的社会范围。分享不再是少数道德精英主义者的"无私奉献"的公益性活动，而是一种利人利己的双赢活动。只有让分享变成一种大规模社会参与的活动，才能在环境治理和社会再分配等公益目标上带来规模效应。而经济动机或市场因素的引入，让分享活动从小众现象变成了大众现象，从公益性社会分享变成了分享经济。

---

① Martin C. J., P. Upham & L. Budd, Commercial Orientation in Grassroots Social Innovation：Insights From the Sharing Economy, *Ecological Economics*, No. 118, 2015, pp. 240 – 251.

② Sundararajan A., *The Sharing Economy：The End of Employment and the Rise of Crowd Based Capitalism*, Cambridge：The MIT Press, 2016.

但是，需要警惕的是，分享经济的市场化有可能再次导致脱嵌的后果。换言之，我们很难避免一些分享经济的参与者完全抛弃公益的目标，利用分享平台来实现带有负外部性的私人收益。例如，在美国纽约的 Airbnb 平台，就有不少这种职业性的整栋房屋出租者，他们不过是利用分享平台来规避传统酒店业所应交付的税收以及所应履行的责任（如消防、消费者保护等），并不惜为了更高的短租收益而驱逐老弱病残等长租客。①这样的分享经济并不是真正意义上的分享经济，而是"脱嵌"的租赁经济。分享经济中社会向市场靠拢的过程，必须避免用市场逻辑来完全取代社会逻辑的结局。因此，分享经济的市场化，只能是一定程度上的市场化，只能是嵌入于社会之中的市场化。可以说，分享经济并不是市场经济，而是社会经济，因为它是社会和市场相结合的产物。

综上所述，分享活动从公益性分享转变为分享经济的过程，体现的是社会向市场靠拢，但并没有被市场所取代的过程。可以说，分享经济是社会和市场相互作用、相互交织的产物。它不是纯粹的社会活动，也不是纯粹的经济活动，而是二者的混合。分享经济既是市场向社会靠拢的结果，也是社会向市场靠拢的产物。它是一个市场和社会相互嵌入彼此的过程。在这个意义上，分享经济是一种混合经济。

三、分享经济的类别分布与生态

尽管在总体上，分享经济是社会逻辑与市场逻辑相混合的产物，但在这种混合体中，市场成分和社会成分所占的比例大小会依据分享经济类型的不同而不同。我们可以依据市场成分和社会成分各自的占比，来对分享经济进行分类。有的类型的分享经济更偏向社会这一端（社会的成分更多），在更大的程度上奉行社会逻辑（公益与利他逻辑）；有的类型的分享经济则更偏向于市场这一端（市场的成分更多），在更大的程度上遵循市场逻辑（效率与盈利逻辑）。但不论是哪一种，它们的共同特征都是与占有型消费模式（使用权垄断）相对立的使用权分享。其差异只是在于究竟是免费分享、付费分享，还是物物交换的分享。

依照是更偏向社会逻辑，还是更偏向市场逻辑的标准，以及分享平台是个人对个人的交易方式（peer-to-peer），还是公司对个人的交易方式的标准加以交互组合，我们可以把分享经济划分成四个类型：募捐型分享、社群性分享、准用型分享、交易型分享（见图 1）。第一种类型的分享经济叫作"募捐型分享"。在这种类型的分享中，平台负责收集来自线上的各种募捐，然后由公司派送到有需要的人那里（如京东公益）。公司承担了平台的运营费用。它不过是把线下的募捐搬到了平台上来做。在这个意义上，它是公益慈善和分享经济（协作消费）的交集。

---

① ［美］史蒂文·希尔著，苏京春译：《经济奇点：共享经济、创造性破坏与未来社会》，北京：中信出版集团，2017 年。

第二种类型的分享经济叫作"社群性分享"。分享平台的作用在于让人们在线上实现一对一的分享物（如住房里的多余房间或沙发）的供需匹配（如"沙发客"分享平台）。分享供给方之所以提供冗余、闲置物品（如沙发或房间）给陌生人使用，不是为了追求经济回报，而是为了获得社交体验，① 或追求社会团结。史蒂文·希尔称这一类分享经济为"团结经济"（solidarity economy），并认为它才是真正意义上的分享经济。②

第三种类型的分享经济叫作"准用型分享"（access-based sharing）。它指的是由公司提供分享物，借助线上分享平台，让人们以付费的方式获得对公司所提供的分享物在特定时段的使用权（如 Zipcar 和中国的共享单车）。人们只要注册加入该分享平台（需要交付会员费），就可以成员身份以折价的方式短期租用该公司所提供的分享物（如汽车和单车）。③

第四种类型的分享经济叫作"交易型分享"。人们通过分享平台实现一对一的交换，交换的形式既可以是物物交换，也可以是劳务交换（如时间银行），还可以是货币交换［向他人出租冗余、闲置的有形物品（如晚礼服）或空间（如停车位）在特定时段的使用权，或向他人提供劳务和技能，以收取一定的费用］。④ 分享平台则对每一笔成交收取一定的费用。

在这四类分享经济中，前两类更偏向于遵从社会逻辑，坚持公益的、非营利的目标。后两类则更偏向于遵从市场逻辑，把盈利当作一个目标，或至少当作参与分享经济的一个激励因素。史蒂文·希尔把后两类分享经济叫作"伪分享经济"，并认为它们可能给社会带来破坏性后果。但笔者认为，他所抨击的，主要是那种"脱嵌"的分享经济（市场成分排挤了社会成分）。就作为市场与社会混合体的分享经济来说，市场的逻辑并不是分享经济所奉行的唯一逻辑。例如，在准用型分享中，公司的宗旨包括了社会公益的目标。在交易型分享中，交易双方不但追求物品的使用价值的分享，而且也会附带获得互动性的社交体验，它是一种非经济回报（如 Airbnb 中主人和客人的人际互动，Uber 中司机和乘客的交谈等）。⑤

---

① Hellwig K., R. Belk & F. Morhart, Shared Moments of Sociality：Embedded Sharing within Peer-to-Peer Hospitality Platforms, in Anthony Ince & Sarah Marie Hall, eds., *Sharing Economies in Times of Crisis*. New York：Routledge, 2018, pp. 125 –141.

② ［美］史蒂文·希尔著，苏京春译：《经济奇点：共享经济、创造性破坏与未来社会》，北京：中信出版集团，2017 年。

③ Bardhi F. & G. M. Eckhardt, Access-Based Consumption：The Case of Car Sharing, *Journal of Consumer Research*, Vol. 39, No. 4, 2012, pp. 881 –898.

④ Botsman R. & R. Rogers, *What's Mine is Yours：How Collaborative Consumption Is Changing the Way We Live*, London：Collins, 2010.

⑤ Hellwig K., R. Belk & F. Morhart, Shared Moments of Sociality：Embedded Sharing within Peer-to-Peer Hospitality Platforms, in Anthony Ince & Sarah Marie Hall, eds., *Sharing Economies in Times of Crisis*. New York：Routledge, 2018, pp. 125 –141.

偏社会逻辑

| 1. 募捐型分享 | 2. 社群性分享 |

1. 募捐型分享
    如：京东公益物资
    募捐平台

2. 社群性分享
    如：Couchsurfing,
    Timebank, Freegle

B2C ——————————————— P2P

3. 准用型分享
    如：Zipcar,
    共享单车

4. 交易型分享
    如：Uber, Airbnb

偏市场逻辑

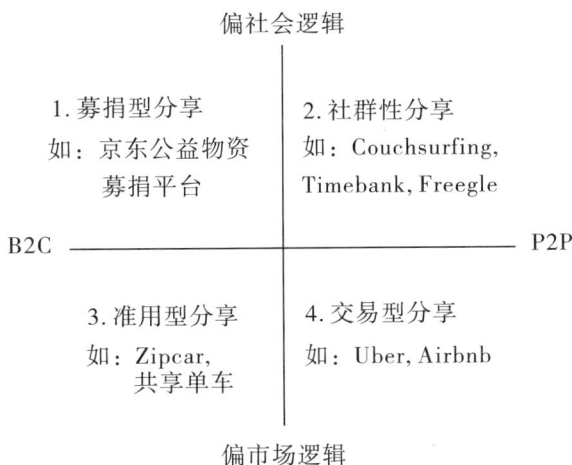

图 1　分享经济的四种类型

注：B2C 是 "business-to-customer" 的缩写，指的是公司向个人提供分享物；P2P 是 "peer-to-peer" 的缩写，指的是个人与个人之间的直接协商、交易和合作。

　　从理想的角度看，之所以说分享经济的参与行为并非纯粹的经济行为或市场交易行为，是因为分享经济的参与者或多或少夹带着以社会性目标（如环境保护、社区整合、可持续生活风格）为追求的价值动机。即使对偏市场逻辑的分享经济的参与者来说，他们无疑具有经济动机，但经济动机只是促使其参与分享经济的动机之一。除此之外，他们或多或少还具有其他动机，包括奉行环保主义价值以及马费索利所说的 "部落主义" 社交价值。① 对于使用 Airbnb 的分享者来说，他们不但从住宿供给者那里获得住宿需求的满足，而且有可能获得一种本真性体验，甚至获得与主人进行互动交谈的附加性的社交体验。②

　　更重要的是，即便人们参与分享经济是要追求经济利益（经济动机），这种经济利益的获得也是有条件的。首先，分享经济涉及分享物的供给者与陌生人的互动，这必须以社会信任为条件。如果脱离社会信任的支撑，人们参与分享经济就会有风险，为实现分享所付出的交易成本就会很高。其次，分享经济需要分享参与者的配合，履行各自应尽的义务和责任。如果人们不履行这些义务和责任，分享经济就无法维续下去。例如，共享汽车的使用者在还车之前必须加汽油，否则就会给下一个租车者造成不便。共享单车的使用者不能随意乱停车，否则不但会妨碍公共交通秩序，而且会让共享单车的运营

　　① Maffesoli M., Don Smitn, trans., *The Time of the Tribes*：*The Decline of Individualism in Mass Society*, London：Sage, 1996.

　　② Hellwig K., R. Belk & F. Morhart, Shared Moments of Sociality：Embedded Sharing within Peer-to-Peer Hospitality Platforms, in Anthony Ince & Sarah Marie Hall, eds., *Sharing Economies in Times of Crisis.* New York：Routledge, 2018, pp. 125 –141.

难以维续。就 Airbnb 的租用者来说，离开前必须把自己所产生的垃圾清理出去。可见，分享经济的发展离不开公民精神的发展。分享经济的发展是以特定的社会环境为前提条件的。如果缺乏这些前提条件，直接复制西方的分享经济模式往往会造成"水土不服"。

结论与讨论

分享经济是资本主义演化到一定阶段的结果。它发源于资本主义或市场经济的内在矛盾。其中的一个矛盾就是所有权与使用权的矛盾。私有产权所导致的占有型消费衍生出使用权垄断以及使用权排斥。这客观上造成了资源的不合理使用，在环境和社会层面上造成负外部性。分享经济试图克服和修正这种负外部性，但不去牺牲私有产权。在这个意义上，分享经济具有折中、调和、融合的特征。它是一种改良运动。

作为一种在市场和社会之间进行折中和融合的产物，分享经济既不是纯粹的经济现象，也不是纯粹的社会现象，而是经济现象和社会现象的混合体。分享经济是市场逻辑与社会逻辑相互作用和相互渗透的产物。在二者的相互作用中，市场放弃掉自己的一些消极因素，吸收了社会的积极因素，社会也借用了市场的经济因素（如效率逻辑、规模效应等）。作为一种经济现象和社会现象的混合，分享经济构成真正意义上的后现代经济。如果说，在现代经济中，市场与社会是分化开来的，其边界是清晰的，那么，在后现代经济中，市场与社会的边界变得模糊了，市场与社会在一定程度上相互交织在一起。更具体地说，分享经济的形成过程既涉及市场向社会靠拢的过程，也涉及社会向市场靠拢的过程。市场之所以要向社会靠拢，是因为技术与商业创新需要在一定范围内和在一定程度上超越正统的市场经济模式，以及私有产权制度所带来的负外部性。社会之所以也向市场靠拢，是因为社会需要进行资源动员，以促成社会目标的实现；而市场是进行资源动员更为有效的方式。但市场和社会向对方的靠拢，并不意味着二者之间的一方取代了另外一方。相反，双方都保留了自己的特征，但与对方交织在一起。

分享经济的出现，解决了传统再分配模式的边际增长空间的瓶颈约束问题。它开辟了一个新的再分配领域：私人的冗余、闲置物的使用权的分享或再分配。这样的分享在实现分配正义的同时，并没有伤害所有权，从而在保护私有制所带来的市场竞争动力的同时，遏制了私有制的负外部性。因此，分享经济以一种改良主义或折中主义的方式，实现了效率与公正在一定程度上的统一。同时，由于使用权分享也可以让中下收入阶层出租自己处于闲置状态的资源（如自己的劳务），这也为他们开辟了增加收入的新途径。当然，作为一种颠覆性创新，分享经济也对传统行业（如传统酒店业和出租车业）和传统的治理模式（如税收）造成挑战。但它所带来的对社会整体福利的提升作用，是不容忽视的。我们所要做的，是进行治理的创新，以最大限度利用分享经济所带来的好处，同时克服它所带来的问题。

参考文献

［1］凌超、张赞：《"分享经济"在中国的发展路径研究：以在线短租为例》，《现代管理科学》2014 年第 10 期。

［2］汤天波、吴晓隽：《共享经济："互联网＋"下的颠覆性经济模式》，《科学发展》2015 年第 12 期。

［3］张新红、于凤霞、高太山等：《中国分享经济发展现状、问题及趋势》，《电子政务》2017 年第 3 期。

【作者简介】

王宁，中山大学社会学与人类学学院教授、博士生导师。

经济快速增长时期的社会发展战略：
日本的经验与教训[*]

谢立中

一、社会发展战略制定过程中的一个难题：社会和谐与经济增长之间的平衡

19 世纪中后期至 20 世纪前期，由于单纯市场经济体制本身所具有的内在局限，随着经济的不断增长，发达资本主义国家中的经济、社会与精神危机也日益增强。为了缓和或者消除这些危机，稳定资本主义制度，第二次世界大战前后，发达资本主义国家先后从体制上进行了一系列重大改革。这些改革在内容上涉及发达国家经济、社会与组织的方方面面，但综合起来最主要的内容是三个方面：一是建立"大政府"；二是建立福利国家；三是建立所谓的"社会伙伴关系"。这些改革措施一方面在很大程度上克服了 19 世纪以来西方社会一直存在并日益尖锐的两极分化趋势，从而逐步缓和了经济社会危机，使社会进入一个相对和谐的状态。但另一方面，这种体制转变也带来一些不可忽视的弊端，其中最重要的一个弊端就是它导致西方发达国家企业活力下降和国际竞争力降低：政府对经济社会运作过程的各种规制总是不可避免地要降低社会的活力和效率；福利国家建设不仅降低了国民财富中可用于投资的那部分财富的比重，也降低了社会成员为生存而努力的积极性；通过劳资双方有组织的谈判来确定工资增长率，也是对企业自主权的一个很大限制，使企业家不可能根据企业的生产、销售状况随行就市地对人力、物力和财力资源进行最有效的配置。从整个社会来看，市场经济运作的条件被破坏掉了。在发达国家里不仅造成了不同企业之间工资增长率和价格变化率的拉平化趋势，而且还造成了"能上不能下"的刚性工资结构和价格结构，使产品成本日益上升，最后导致的结果就是企业在国际市场上的竞争力逐步下降。

当然，如果发达国家相互之间都是封闭的，不同国家的企业之间没有相互竞争，或

* 本文系教育部人文社会科学重点基地重大项目"经济快速增长条件下的社会发展战略：国际比较及其启示"（项目号 05JJD840142）成果。原载于《广东社会科学》2008 年第 5 期。

者虽然各个发达国家之间的市场是相互联系的，各国企业之间存在着相互竞争，但各个国家在政府干预、福利提供和劳资谈判结果等方面都是协调一致的，那么上述所谓"弊端"并不会成为真正的"弊端"或问题。因为无论在哪种情况下，参与相互竞争的企业都是一样的低效率，不会有太强大的挑战者出现。但实际情况是：一方面，发达国家之间的市场是相互联系的，不同国家企业之间的相互竞争是不可避免的；另一方面，发达国家向干预主义政策转变的程度是不平衡的，虽然都不同程度地实现了这种转变，但政府介入程度不同、福利化程度不同、社会伙伴关系的形态及对企业家自主权的限制程度也不完全一样。这就导致在发达国家之间市场运作机制受到限制的程度不一样，企业活力降低程度也不一样。其中，那些干预程度相对较低因而企业活力相对较强的发达国家就将形成较强的竞争优势，进而将那些干预程度相对较高因而企业活力相对较弱的发达国家从国际市场上淘汰出局。这样，如何在干预性经济社会发展政策的使用与市场经济效率的维护之间保持平衡就成为这些国家的一大难题。在这些发达国家当中，日本似乎曾经是在这一难题的处理方面做得较为成功的一个国家。

和其他发达国家一样，战后的日本也采用了包括上述三项基本政策在内的经济社会发展战略，但在这三个基本方面日本的做法都独具特色。正是这种特色使得日本在"二战"以后的岁月里蓬勃发展，成为欧美发达国家的强大竞争者和挑战者。当然，日本在这些方面的做法是既有经验也有教训的。本文将对日本在上述三项政策方面所具有的特点以及所形成的经验和教训做一简单的归纳和分析。

二、战后日本经济社会发展战略的主要特点

日本是最早顺利走上资本主义发展道路的亚洲国家。在"二战"之前，日本和英国、法国等欧洲发达资本主义国家一样，采取的也是一种自由主义发展战略。"政府在经济生活中起的作用基本上是作为'守夜人'，其工作的重点是通过确立与加强产权，从重商主义与中世纪行会组织的羁绊中将市场力量释放出来。政府推行了一系列的民法与商法法案来对个人及法人之间的关系进行管制和调节。维持稳定的责任是由市场或私人的规划来担任的。"[①] 在这种自由主义发展战略的推动下，一方面，日本的资本主义经济迅速发展起来，另一方面，社会两极分化现象也日益尖锐起来。据相关资料，从1890 年到 1940 年，日本的收入分配不平等程度日益上升。基尼系数已高达 0.641。[②] 另一份资料则表明，在 20 世纪 30 年代，日本某制造业企业内部厂长的工资为普通工人工

---

① ［美］高柏著，刘耳译：《日本经济的悖论——繁荣与停滞的制度性根源》，北京：商务印书馆，2004 年，第 65 页。

② ［日］橘木俊诏著，丁红卫译：《日本的贫富差距：从收入与资产进行分析》，北京：商务印书馆，2003 年，第 39－40 页。

资的 17.27 倍（而 20 世纪末只有 3~4 倍）。[①]

和在其他发达资本主义国家中所发生的情况一样，严峻的两极分化给日本经济的进一步发展带来了巨大的负面作用。"在 1929—1931 年，日本的国民生产总值（GNP）下降了 18%，出口总额下降了 47%，家庭消费下降了 7%，厂房与设备投资下降了 31%，股票市场也告崩盘。如果以 1921 年月股票平均的市场价为 100，到 1930 年这一指数便下降到仅有 44.6。此外，在这一经济困难时期，劳资纠纷也更为频繁。1930 年日本发生了 2 289 起劳资纠纷，共有 195 805 人次的工人参加；其中罢工发生 906 起，共有 81 329 人次参加。"[②] 在某种程度上甚至可以说，日本从 20 世纪 40 年代开始对外发动的系列侵略战争正是为了摆脱国内经济与社会发展的不平衡状态所带来的困境。"二战"期间，日本开始放弃以往的自由主义发展战略，代之以国家干预为特点的新发展战略。"二战"结束之后，在美国主导下，这种干预主义的发展战略得到了进一步的发展。这和战后西方各发达资本主义国家发展战略的转型趋势在方向上是一致的。但尽管如此，总的来看，战后日本实行的干预主义发展战略与西方发达资本主义国家所实行的干预主义发展战略相比，还是有一定差异或自己的特点。

首先，和欧美发达国家一样，从功能上看，战后日本政府也是一个抛弃了传统自由主义理念的"大政府"。政府采用了各种不同的手段（如运用财政金融手段来调控经济社会过程、制定产业政策引导经济发展等）来对经济社会发展进程进行直接或间接的宏观调控。但是，与欧美发达国家相比，日本政府的介入方式有着相当的独特之处。其最重要的一个特点就是：与通常更喜欢采用财政手段来调节经济社会发展的欧美政府相比，日本政府相对而言更为喜欢采用货币—金融手段来对经济社会过程进行调节。这种差异的结果之一就是：相对欧美发达资本主义国家而言，日本政府的财政开支在 GDP 中所占的比重一直都是比较低的，从而使得桥本寿朗等人认为，如果不是单纯从政府的功能而是从政府的开支方面看，那么人们就会发现，战后的日本政府其实也可以被称为"小政府"。从表 1 中可以看到，1960 年至 1986 年间，在世界上七个主要发达国家中，日本政府的开支占 GDP 的比重一直是最低的。而使得日本政府开支始终低于其他发达国家的主要原因，一是政府消费开支低，二是政府承担的转移支付费用也始终相对最低。日本政府开支中相对欧美国家政府较高的那一部分主要是用于投资的费用。而这些投资，如桥本寿朗等人所说，"重点大都集中在产业基础设施建设、港湾建设以及道路建设方面"，因为"经济快速增长本身随着景气的不断升温出现了'瓶颈'。……运输、

---

① ［日］橘木俊诏著，丁红卫译：《日本的贫富差距：从收入与资产进行分析》，北京：商务印书馆，2003 年，第 39 - 40 页。

② ［美］高柏著，刘耳译：《日本经济的悖论——繁荣与停滞的制度性根源》，北京：商务印书馆，2004 年，第 64 页。

能源供应等基础设施的供给机能出现了短缺。由于港湾设施属于公共物资，需要政府投资"。[1]

表1 1960—1986 年政府开支占 GDP 的比重

单位:%

国别	政府消费	投资	转移支付	总计
美国	18.2	1.9	12.3	32.4
日本	8.8	7.3	10.3	26.4
西德	17.3	3.9	19.2	40.4
法国	14.3	3.9	24.4	42.6
英国	19.2	4.2	18.0	41.4
意大利	16.3	4.2	20.3	40.8
加拿大	18.3	3.7	15.3	37.3

资料来源：Eccleston B.，*The Stateand Society of Japan*，Cambridge：Polity Press，1989，p.92.

其次，虽然和欧美发达国家一样，战后日本政府也建立了由国家来向国民提供福利的福利国家体系。但与欧美发达国家相比，战后日本的福利国家体制建设也是颇具特色。这一特色最主要的一点就是：战后日本所建立起来的福利体系是一种以家庭和企业提供的福利为主、以国家提供的福利为辅的福利制度。1965—1966 年日本和欧美主要发达国家社会保障支出占 GNP 的百分比分别是：日本 5.8%、法国 15.6%、西德 16.8%、意大利 15.2%、英国 12.4%、美国 7.2%。[2] 从中我们可以看到，与欧美主要发达资本主义国家相比，日本政府支出中用于社会保障的费用在国民生产总值中所占的比重也是最低的。

表2 则显示了 1973 年日本不同规模的公司向其员工所提供福利项目的百分比。从中我们可以看到，在雇佣 5 000 人以上的大型公司中，向其员工所提供的福利项目确实是多种多样的，几乎可以和中国计划经济体制时期的"单位福利"相媲美。但在雇佣员工数目少于 100 人的小型公司中，向其员工所能提供的福利则比大型公司少了很多。

---

① ［日］桥本寿朗等著，戴晓芙译：《现代日本经济》，上海：上海财经大学出版社，2001 年，第 57 页。

② International Labour Office，*The Cost of Social Security*，Geneva：ILO，1972.

表2　1973 年日本不同规模公司福利项目的比重①

单位:%

福利项目		大型公司 （雇佣 5 000 人以上）	小型公司 （雇佣员工少于 100 人）
住宿	家庭	93.9	42.2
	单身	89.9	28.8
	购屋奖助	96.5	28.2
	购屋贷款	93.9	10.8
医疗和 健康照顾	住院	31.3	2.2
	门诊	74.3	3.8
	家庭医疗体检	37.4	1.1
生活支持	理发店与美容院	50.3	1.3
	设备场所	70.2	4.1
	托儿所	12.0	0.8
文化、运动、 娱乐	体育馆	84.5	5.0
	海边、山上的度假小屋和滑雪设施	73.3	9.8
	复健设备	95.6	9.4
	旅游活动	64.3	91.5
其他	附加劳动补偿金保险	93.6	23.8
	附加健康保险	98.8	14.8

　　最后，和欧美发达国家一样，战后日本的工人阶级和资产阶级在政府的监督下也建立了"社会伙伴关系"，但和欧美发达国家有所不同的是，战后日本劳资双方所建立的"社会伙伴关系"其运作和效力范围主要被限制在各个企业内部；在战后日本劳资两大阶级之间，不存在像战后欧美发达资本主义国家中所存在的那种跨企业、跨行业、跨地区甚至全国性的"社会伙伴关系"。根据有关资料，"三分之一以上的日本工会会员属于企业工会，即属于只在一家公司内部组织起来的工会。在其余会员中，约三分之一属于日本工会总评议会（总评），最后三分之一又分为另外两个工会团体，即全日本劳动总同盟（同盟）和全日本中立工会联合会（中立劳联）"。"然而，即使同全国工会联合会存在联系，行动也只限于个别公司内的企业工会：这是日本人独有的一种现象。……会费主要用于维持公司工会，极少用于支持全国总部。""在日本，工会谈判者一般只

---

　　① Stevens R., The Japanese Working Class, in Tsurumi E., *The Other Japan*, New York：Sharpe, 1988. 转引自 Arthur Gould 著，吴明儒、赖雨阳译：《资本主义福利体系：日本、英国与瑞典之比较》，台北：巨流图书公司，1997 年，第 91 页。

关心一家公司——他们自己的公司。他们在公司目前力量所及的范围内提出要求，并着眼于对公司远期繁荣的后果。"① 尽管在日本存在着每年一度的全国性"春季斗争"，但在这种斗争中，全国工会联合会也只是"制定增加工资的基本目标和斗争时间表。至于实际的'提高基数'方案以及谈判的步调和方式则由一些公司和工厂各自的工会处理。于是大产业中的较新的工会对其他工会来说，起着带头人的作用。但是差不多在所有情况下，定调子的还是各家公司中的企业工会"。② "像在美国所发生的，全国总部下令停止它们的分会接受工资让步，在日本是不可想象的。"③ "社会伙伴关系"的这种企业化特性，使得资方在谈判过程中能有更大的主动性，"使日本公司有可能顺利进行涉及大量缩减工人的计算机化或机器人化，而不致引起像在美国和其他地方因这些革新而产生的那种爆炸性反应"，④ 进而也缩小了日本工人的反抗空间。"在日本由于劳资争端每年所损失的天数仅为美国的若干分之一。在 1979 年，美国工业因劳资争端而损失 3 300 万人日，然而日本工业仅损失 93 万人日。在 1977 年，相应的数字各为 3 582 万人日和 151.8 万人日。即使在劳资关系统计上属于较坏年份的 1974 年，日本非常高的损失数字 966.3 万人日远比美国的 4 799.1 万人日少得多。"⑤

三、战后日本经济社会发展战略之特点与日本的经济优势

战后日本在经济社会政策方面所具有的上述特点，对于日本的经济社会运作过程来说能够产生以下积极效果：①政府开支规模较小，这意味着较低的税率水平和较高的市场化程度。这一方面使得日本企业可以将利润当中相对更多的比例作为投资，从而使日本经济可以保持一个相对更高的投资率，更快地实现技术进步；另一方面也使得企业可以相对更为灵活地按照市场经济要求来合理地配置各种资源，从而使得整个国民经济具有相对更高的经济效率和增长速度。②以企业为主体的福利制度，使得日本企业之间的福利开支不必像欧美企业一样被拉平化，而是可以由各个企业根据自己的经营状况来自主地加以决定。这也在相当程度上保留了市场经济机制对企业的调节作用，使企业可以按照市场经济机制的要求来相对更为合理地分配自己的资源，使之被利用得更有效率。

---

① ［美］弗兰克·吉布尼著，吴永顺等译：《日本经济奇迹的奥秘》，北京：科学技术文献出版社，1985 年，第 104 - 106 页。

② ［美］弗兰克·吉布尼著，吴永顺等译：《日本经济奇迹的奥秘》，北京：科学技术文献出版社，1985 年，第 113 页。

③ ［美］弗兰克·吉布尼著，吴永顺等译：《日本经济奇迹的奥秘》，北京：科学技术文献出版社，1985 年，第 119 页。

④ ［美］弗兰克·吉布尼著，吴永顺等译：《日本经济奇迹的奥秘》，北京：科学技术文献出版社，1985 年，第 111 页。

⑤ ［美］弗兰克·吉布尼著，吴永顺等译：《日本经济奇迹的奥秘》，北京：科学技术文献出版社，1985 年，第 104 页。

③分散化的（非全国性的、局限在各个企业内部的）"社会伙伴关系"及其家族化的企业管理，也降低了日本企业家在处理劳资关系问题上所面临的强大压力，使得日本企业可以在比欧美企业相对更高的劳动强度、更低的工资报酬条件下使用劳动力，从而使得日本企业可以具有相对更低的劳动成本。对于这一点我们稍微多做些解释。

战后日本企业组织管理模式具有以下主要特点：第一，它能够更充分地利用工人的劳动时间。1979 年日本工人年均劳动时间 1 966 小时，比欧美工人要多 200～300 小时。这主要来自对工人假期加班的高度利用和较低的旷工率（严格的劳动管理制度使日本工人甚至不能使用自己的假期来休病假）。第二，它能够更灵活地安排工人的工作任务。日本工人并非像欧美工人那样只被要求承担单项的固定工作，而是被期待着承担多种不同的工作任务。企业管理人员可以在需要的时候重新灵活地安排工人的工作任务，并且只需要很短的提前通知时间即可。第三，劳动分工的低分化度。许多欧美汽车企业一般都维持着一支与生产管理人员相分离、数量庞大、费用昂贵的质量控制队伍，日本工人则不仅被要求执行生产任务，还被要求由他们自己来同时执行产品质量监督和修复方面的任务。其结果是大大减少了企业内部非生产工人的数量。第四，较高的工人努力程度。企业用各种方法鼓励工人参与企业管理，根据需要灵活地转换工作任务、尽量完善工作执行过程等成为工人自己的自觉目标。第五，充分开发工人的发明创造潜力。工人不仅被鼓励积极参与产品的质量控制过程，还被鼓励积极参与产品的完善、生产线的平衡、人员和生产设备的有效利用等过程。而在欧美企业中，这些活动传统上都是管理人员职责范围内的工作。与后者相比，日本工人的经验和才智能够得到更充分的利用。这种管理模式的形成与战后日本缺乏跨企业、行业和地区的工会组织是紧密相关的。它使得战后日本的企业与欧美发达国家的企业相比能够拥有相对更为低廉的劳动力成本和相对更为优秀的产品质量，从而具有相对更高的竞争力。

上述效果的综合效应，便是使得战后的日本在经济运作（当然主要是传统制造业方面）上与欧美发达国家相比更加具有活力。20 世纪 60 年代到 80 年代初，日本传统制造业的迅速发展及其强大竞争力对欧美国家形成了严重挑战。日本制造业蒸蒸日上，国际竞争力越来越强。导致这一局面的原因固然很多，但上述社会政策方面的主要特点则当功不可没。

四、20 世纪 90 年代之后日本经济出现衰退的原因

日本依靠比西方发达资本主义国家更加强劲的市场活力所获得的竞争优势（国内企业之间更激烈的竞争程度，相对西方国家而言更为低廉的劳动力成本、更高的劳动强度或劳动参与度，技术改进方面的某些优势等），再加上美国出于冷战的需要在相当长一段时期内对日本所采取的不对称贸易政策，使得日本在 20 世纪 60—80 年代的国际市场上占据了较大份额，对西方其他发达资本主义国家（尤其是美国）形成了重大挑战。

日本制造业蒸蒸日上，国际竞争力越来越强，对外贸易（尤其是对美国的贸易）顺差越来越大，以美元计算的货币储备额也越来越多。在这种情况下，欧美制造业部门的企业家开始考虑自己的出路。其中一条出路就是改行，把工厂关闭，转到别的行业如服务业、金融业以及正在兴起的一些新技术产业里去。另一条出路就是从工资成本比较高的地方转移到工资成本比较低的地方（或是转移到本国比较落后的地方去，或是转移到发展中国家去，而正在逐渐形成的物资与信息高速传递技术则为此提供了必要的条件），从而给一些相对而言具有较好投资环境的经济落后国家（如东南亚国家以及中国、印度等国家）带来一个高速工业化的机会，并逐步导致了新的经济全球化浪潮。这两种行为的直接结果是在欧美国家引发了一轮"去工业化"的浪潮，进而导致了一系列正反面的后果。正面后果是促进了西方发达国家由于劳动生产率的提高而正在展开的向"后工业社会"转变的进程，负面后果则是在一段时期内引发了一些严重的经济与社会后果，例如政府的税收和财政受到了严重影响，国家提供的福利水平难以维持，以及传统制造业部门工人大量失业，等等。

在这种情况下，欧美国家在一段时期内都面临新的危机，它们的政府调节机制、福利国家体制、"社会伙伴关系"都受到了挑战。大家开始对干预主义战略及其体制进行反思和批评，认为它限制了市场经济的运行条件，限制了企业家的个人自由，降低了整个社会运作的活力，降低了本国企业的国际竞争力。因此，20 世纪 80 年代，在美国总统里根和英国首相撒切尔夫人带领下，发达国家又开始了新一轮改革，在一定程度上重新向自由主义体制方向转变。改革的主要内容：一是降低国家对社会经济运作过程的干预程度，包括通过将原有的国有企业大量出卖给私人等措施来降低国有企业的比重，减少政府对经济的管制，以及降低税率等；二是改革福利国家体制，包括降低福利支出在政府财政支出中所占的比重，减少以平均主义形式给付的福利种类等；三是减少对工会组织的支持，增加资方的权力和鼓励资方"灵活使用劳工"，等等。这样一个转变的结果是西方发达国家又进入了一个新阶段。

欧美国家所做出的上述反应在一定程度上改善了其投资环境，提高了这些国家的市场化程度，提升了这些国家企业运作的效率及其国际竞争力，从而使日本在制造业方面获得的国际竞争优势又逐渐地被抵消。具体说来：第一，投资向服务业、金融业等行业（尤其是新技术产业）的转移极大地推动和促进了欧美国家（尤其是美国）产业结构的升级。20 世纪 90 年代中期美国以高新技术产业为核心内容的所谓"新经济"的成型就是这样一个过程的初步产物。"新经济"的成型使得美国这样一些西方发达国家通过技术创新方面的优势重新获得了在国际市场中的竞争力，使得日本在传统制造业方面所获得的竞争优势被逐渐抵消。第二，制造业向经济落后国家和地区的转移以及西方发达国家内部进行的以"新自由主义"为方向的体制改革，则从降低政府规制、减少企业税负、增加企业经营自主权以及降低企业劳动力成本等方面提升了包括传统制造业部门在内的各种企业的活力，通过为传统制造业企业松绑，又在传统制造业内部逐步抵消了日本在传统制造业方面曾经具有的竞争优势。

由于上述两方面的原因，再加上美国在日本等国的挑战面前逐步放弃曾经给予日本的不对称贸易政策，并要求日元逐步升值以减少日本对美国的巨额贸易顺差，日本一方面在传统制造业领域的竞争优势逐渐丧失，另一方面在高新技术产业领域又落在了美国的后面，最终引发了自 20 世纪 90 年代起延续至今的经济衰退。日本企业最终也不得不和美国等企业一样，将投资向传统制造业以外的行业转移，以及向经济落后国家与地区转移。20 世纪末期以来，在日本也同样引发了一轮"去工业化"（或称"产业空洞化"）过程，以及向新自由主义政策转变的过程。

结 论

综上所述，我们可以从日本经济社会发展的历史中得出以下几点结论：

（1）干预主义（政府介入、福利国家、三方协商等）乃为弥补市场经济体制的内在缺陷所必需；19 世纪以来的历史表明，无论喜欢还是不喜欢，要使市场经济能够顺利运转，一定程度的干预主义政策是不可避免的。

（2）在经济过程（包括原材料采购、生产过程和产品销售等环节）已经全球化（世界化），但整个世界的经济、社会和政治治理在很大程度上仍然以民族国家为基本单位、由民族国家来加以实施的情况下，各国干预程度的不平衡、干预方式的不协调不一致必然在具有竞争关系的国家之间产生一种"鞭打快牛"或"劣币驱逐良币"的竞争效应，最终使整个世界的干预主义程度竞相下降。

（3）资本从干预程度高的国家（或地区）向干预程度低的国家（或地区）转移是世界经济体系内部运行过程中的必然趋势。这种趋势总是在不断地向那些干预程度较高的国家或地区发出挑战。中国最终也不得不面临这种趋势所带来的挑战。为了应对这种挑战，我们需要未雨绸缪，尽早从各方面做好准备。

（4）在未做好充分的应对准备之前，作为一个以追赶型现代化为其发展战略之基本特征的发展中国家，我们必须采用一种"紧盯"战术（盯紧发达国家看它们需要什么，盯紧其他发展中国家看它们在与我们竞争什么），注意维护我们与其他发展中国家或地区的竞争优势。

【作者简介】
谢立中，北京大学社会学系教授、博士生导师。

进入贫困生涯的转折点与反贫困干预[*]

朱晓阳

一、反贫困战略的转型及干预活动的问题

中国的反贫困作为一种战略被提出是在 1984 年。反贫困的主流模式到今天已经改变过数次。从扶贫的模式来看，经由救济式扶贫、开发式扶贫到今天的扶贫到户和以人为中心[①]的过程。而从针对的单位来说，则经历了以县为单位到以村为单位的变化。从扶贫的主体来说，则从国家和国际援助机构等外部组织通过自上而下的介入为主，变为多元主体的参与式扶贫为主的模式。还有一种变化是大规模的贫困人口聚集于某个地理区域的现象已经越来越少[②]，贫困人口的大多数变为以地域分散的"插花贫困"和社区内的个别贫困为主[③]。在此过程中有三个特征正在日益突显出来，它们是：扶贫干预措施及其活动越来越精细化，越来越以农户/个人为中心，越来越强调被扶持对象的主动参与。

本文提出的问题正是基于上述反贫困战略的当前方向：以人为中心的参与式扶贫为背景，提出的问题和解决方式也是针对这一反贫困的新路径目前存在的问题而发的。例如，虽然强调自下而上和赋权的参与式扶贫已经成为主流的话语，但是在扶贫实际活动

---

[*] 本文原载于《广东社会科学》2005 年第 4 期。

[①] 国内同行中有人将 20 世纪 90 年代中后期扶贫政策的特点概括为"更倾向于以人为中心的扶贫方式"，并认为这是与 1985 年以前依靠总体经济增长缓解贫困、1986—1995 年前后靠政府干预的开发式策略扶贫相区别之处。见沈红《中国贫困研究的社会学评述》，中国扶贫基金会编：《中国扶贫论文精粹》（上），北京：中国经济出版社，2001 年，第 67 页。

[②] 世界银行认为中国当前的贫困人口仍然以集中分布于某些边远的地域为主，如西南的石山区等。见世界银行：《中国战胜农村贫困》。

[③] 按中国的统计数据，从 1994 年到 2000 年，贫困发生率从 9% 降低到 3%，贫困人口减到 3 000 万的水平。也就是说，实现了中国政府"在 20 世纪末基本解决农村贫苦人口的温饱问题"的目标，见何道峰主编：《社会扶贫中的政府行为比较研究》，北京：中国经济出版社，2001 年，第 49 页。

中，自上而下的路径仍然是主要的操作模式。另外，强调以人为中心的干预活动更经常体现为以现代性假设和工具理性为价值的规训和管制穷人的措施。[①] 这些干预措施的实际效果经常体现为管制穷人，而非帮助穷人脱离贫穷（如果将贫困当作一种社会地位来理解的话）。我们意识到以上问题的出现是与反贫困/发展领域一直是多种知识话语和不同利益群体争战的地方有关。简单地说，在实践层面的问题经常是由于不同的中介或操作者根据自己的行动事项（agendas）选择和决定的结果，这种选择不一定是反贫困知识－政策的制定者所期望的。但是在撇开反贫困作为意识形态和权力利益纷争的状况不谈，我们认为，在实践层面，即使是强调以人为中心，以规范的参与式为范式的反贫困活动也有着干预活动非动态的和信息滞后的毛病。

概括起来讲，以下几点是一般的反贫困活动普遍存在的问题。其一，贫困户确定的准确率不高。[②] 其二，贫困指标是外部性指标，不能反映贫困的个别性和地方性特征。这种以统计性的纯收入/支出指标来衡量贫困的做法，不能反映当前贫困的地方性和相对性特征，更不能反映贫困的社会地位性特征。其三，反贫困措施的滞后补偿。贫困户的确定和反贫困干预措施一般都给人以非历史的印象，好像贫困是永远如斯的社会结构的一部分，因此不关注"时间"因素。在实践层面也是贫困户/贫困地区经常一定就多年不变，而且干预经常是马后炮式的，不能反映和应对贫困发生的动态性，因此措施和干预活动的到位也常常是滞后的。贫困户确定的错位在一定程度上是由这种马后炮式反贫困引起的。其四，引发贫困而非减轻贫困。一些反贫困干预起到与反贫困目标相反的作用。[③]

二、贫困生涯转折点干预：假设和验证

1. 贫困生涯转折点的提出：学术背景及假设

我们根据多年的反贫困经验，总结和反思过往的反贫困路径和模式后，不仅发现以上提出的问题，而且开始思考针对这些问题的可能解决办法。贫困生涯转折点干预的设想就是这种经验反思和理论探寻的结果。

贫困生涯转折点的说法虽然以前没有理论提到过，但它的提出绝非空穴来风。"转折点"及其对贫困生涯建构意义的灵感可以说是来自人类学和社会学领域关于生命历程（life course）建构与转折点研究的启示。例如，社会学家 Glen Elder 在 20 世纪 70 年代首先运用生命历程分析的概念来研究 30 年代大萧条一代人的人生生涯。后来人类学家

---

① 如理想的小额信贷活动便具有以工具理性为语境的规训色彩。

② 例如，丽江的政府登记贫困户与通过社区参与评估的实际贫困户之间的错位率为 20% ~ 30%。

③ 这方面比较明显的是 20 世纪 90 年代中期以前比较流行的将扶贫贷款供给企业，然后由企业雇佣穷人打工。此外，一些地方采取的以落实草原承包责任制为中心的措施也有诱发贫困的后果。以管制穷人为核心的反贫困措施则具有固化和建构贫困的社会控制效果。

Caroline B. Brettell 用 Elder 的方法来研究人生建构与转折点的关系。她在研究性别建构与人生转折点的关系时，讨论移民、结婚或成家和财产继承这三种人生转折点对于葡萄牙人（特别是乡下人）性别建构的意义。笔者最近对一个云南农村社区的研究则将个人生活历程与社区事件和宏观社会背景相结合，讨论以村落社区为生活框架的家庭和家庭成员的生活历程。笔者的讨论将该社区内一些人的贫困生涯（以经济性和社会边缘性的双重贫困者为例）建构与其家庭—社区事件的历程与历史时间的交汇相联系。此外，我们注意到，英国的一个研究小组最近也提出了从生命历程的路径来研究贫困和社会排斥的建议。①

基于以上这些研究和发现，我们假设：贫困（指个人/家庭层面）是一种与特定人生转折点相联系的人生建构过程。贫困生涯的建构与其他的人生历程：如女性生涯、成功者生涯、英雄生涯甚或盗贼生涯等的建构相似。也就是说，个人/家庭的贫困生涯也是由特定的历史时间、社会时间②和家庭时间等因素的交汇而建构的。如果套用 Elder 关于人生历程研究应该注意的"三个时间性交互依赖的重要方面"的话来说，贫困生涯的建构也有类似的三个重要方面：第一，在贫困生涯建构中，个人/家庭/社区的事件经常作为步入贫困生活的转折点出现。第二，特定社会语境下的人对人生的转变（包括贫困的进入）有着规范性的界定和预期。这种界定和预期具有建构贫困生涯的作用。换句通俗的话来说，人们总是将某种特定转变的出现定义为"贫困"，然后以规范性的预期来再定义和解释贫困生涯。第三，贫困生涯的建构是由特定历史时间、社会时间和家庭时间等因素交汇而成的。

以上关于转折点对人生历程（包括贫困生涯在内）建构的影响意义，如果用通俗的话来表述则很好理解。例如，我们所说的转折点其实就是一些人生的"坎儿"。一般人在评价别人遭遇这种人生的"坎儿"（转折）时会说："不知道他/她这回能不能越过这道坎儿。"而中国古话说：三十而立、四十不惑，就是讲人生的转折点与规范的或社会期望的人生建构的道理。一个人在三十岁时，应该成家立业了，这是传统社会期望中一个人（特别是男人）成熟的转折和标志。贫困可以说就是越不过人生遭遇的"坎儿"，就是其生命历程中的转变不符合规范的"做人"预期。

除了可以从生命历程建构与转折点关系来看转折点与贫困生涯步入的关系外，社会学中关于越轨生涯建构的研究也能得出类似的假设。从社会控制研究的意义上说，贫困就是一种社会越轨。社会学社会控制理论中的标签学派从符号互动论出发，提出越轨是社会控制本身的产物。参照这一理论，我们可以将贫困的建构视为首先由"个人/家庭/

---

① 这一从生命历程路径来研究社会排斥和贫困的建议与本文的观点平行相通。见 Caroline Dewilde，A Life-course Perspective on Social Exclusion and Poverty，*British Journal of Sociology*，Vol. 54，No. 1，2003，pp. 128。

② 社会时间是指特定社会或社会语境下对人生转变时间的规范性预期。Elder，Families and Lives：Some Developments in Lifecourse Studies，in Brettell，*Gendered Lives*，op.，cit.，p. S47.

社区事件遭遇"而步入的状态（相当于初级越轨），然后在个人/家庭与其他人和条件因素的互动中进一步牢固化或标签化（相当于次级越轨阶段）的社会地位。

以上关于贫困生涯的建构和贫困"标签化"过程的假设有两方面的意义。第一，贫困是一种复杂的生涯状态的建构。在贫困建构中体现了多重权力、利益和文化关系的相互介入、对话、斗争和适应。其中有全球性的发展工业话语及其系统的进入，有特定地区或国家的行动者为政治/经济利益而做出的回应和相应的对属地内某些居民的状态定义、分类、确认和解释，也有特定的地方性和特定个人为了生存而做的选择。第二，贫困建构虽然是如此复杂的生涯建构过程，但总是体现为一种内于时间的"进入"和"步出"的状态（从一定意义上说是相对的和社会性的状态）。因此，贫困生涯（对于一般人来说）是经由某种人生的"转折点"进入的。由此，可以将"转折点"作为进入贫困和贫困生涯建构的一个重要变量提出来。这种转折点既可能是个人的偶然性遭遇，也可能是个人/家庭在特定历史时间下遭遇的事件。总而言之，从站在反贫困项目设计和操作者的立场来说，针对转折点的适时干预应该是一个比较有效的避免许多人/家庭/社区转入"贫困"陷阱（标签）的计划。我们因此将这种贫困生涯建构和相应的干预设想称为贫困转折点干预。除了以上学术研究的结果以外，我们在过去的反贫困实践中也发现扶贫对象——穷人及其所属的社区民众，对于贫困的建构和反贫困干预有着他们独特的理解，他们对于贫困的理解也与上述学术性的发现是相吻合的。

2. 人生转折点与贫困的建构：参与性贫困评估的发现

在对中国扶贫基金会在丽江的母婴项目区进行贫困评估时，我们发现农民在解释贫困户确认不准确的原因时，除如一般想象的那样会抱怨基层官员"照顾关系"之类的"腐败"外，认为另外一个主要原因是国家的贫困登记一定就是数年，例如在丽江，最近一次确认是1999年，不能反映农民生活动态变迁的实际。例如，一个村的村主任是登记的贫困户，此人被选为村主任是2000年。自从当上村主任，他的个人月工资就有450元（为国家发给），一年便有5 400元农业收入之外的收入。

农民自己是如何评估贫困呢？我们发现，农民在评估贫困时，往往采用一种动态的"影响预测"式和确定人生转折点式的评估来描述贫困。例如，他们将可能在最近要生孩子者或可能将有孩子上学者未来可能的困难作为评估贫富的标准。在这种评估中，农民一般将这些家庭事件的出现当作一个家庭步入贫困的转折点。事实上贫困户也经常使用人生转折点的方式来描述自家的贫困原因和贫困历程。例如，在笔者最近主持的内蒙古科尔沁草原的贫困评估中，参与评估的穷人一般都将自己的贫穷描述为"自从××年家里××得病以后，日子越来越不好过"等等。

从表1农牧民参与制定的贫困指标系列也可以看出贫困与转折点的联系。例如，农牧民一方面将"疾病""家庭中不能劳动者多"和"其他需要大笔资金的家庭事件"等视为一个普通家庭"贫困"的标志，另一方面也将这些事件的出现当作一个家庭陷入贫困状态的转折点。类似的情况也发生在其他地区，例如在丽江和青海，一般农民都认为，穷的原因包括：家中出现上学（特别是上中学和大学）的子女，或出现生病老人，或新分家等。

表 1　社区性的贫困指标（根据在科尔沁草原的贫困评估资料）

指标	具体描述
1. 疾病	表现为家庭成员有长期疾病、残疾或突然性灾难
2. 极少牲畜	贫困户一般没有或者只有很少牲畜，如没有耕地大牲畜和其他大牲畜，只有 5 只左右的小牲畜
3. 没有浇地的水井	没有水井浇地，在普通年份年收成产量比有水浇地的低一半，在旱年则无收成
4. 家庭中不能劳动者多	家有上学的学生（特别是供养中学生，一个在旗里上学的学生需要 1 万元一年）或无劳力的小孩和老人多
5. 其他需要大笔资金的家庭事件	最近有婚丧嫁娶方面的家庭事件发生，如结婚要 2 万元钱
6. 不善于生产经营安排	
7. 懒惰	
8. 严重缺粮	调查地区约有一半农户缺粮，最穷者可能缺 8～10 个月
9. 缺劳力	
10. 住房比较差	
11. 欠高利贷	
12. 将地出租给其他人，自己出外打工	
13. 家庭人均年消费支出在 700 元以下	这一指标为外部性指标

注：指标 1—5 是贫困户和其他村民共同认定的贫困指标，可以看出主要是经济性的指标。指标 6 和 7 则是其他村民对一部分贫困户的看法。

3. 贫困指标、穷人的分类与转折点

在丽江，我们在进行贫困评估时，请农民对村落内的贫富排序后，将结果张贴上墙，请评估者和旁观的村民解释贫富的原因，并给出具体的指标。按照他们的意见，村中富裕户一般为家中有人在外当干部的，家人为村干部、老师或做生意的。穷人一般是家有上学子女或生病老人，或家人残疾，或自身残疾，或新分家者，或孤寡老人，或懒惰，或"老实"（不精明）者。有些农户符合其中一项条件，有些则兼有数种情况。由这种社区成员参与的贫困评估结果可以看出，乡村社区内的贫困可以分为两类：个人/家庭/社区事件遭遇性穷人——经济性贫困为主；社会结构性穷人——社会性的边缘人。

除这两类贫困外，我们发现农村社区内部还有另一类穷人：孤寡老人或残疾不能劳动者。他们是社会保障/福利的救助对象。用一句外来发展专家的话来说，他们是"非工作穷人"（non-working poor）。非工作穷人中既有经济性贫困者也有社会性贫困者，或者两种特征都有者。

表 2　穷人的分类

分类	工作穷人指标	非工作穷人指标
经济性贫困	1、2、3、4、5、8、9、10、11、12、13	孤寡老人、长期患病
社会性贫困	2、3、6、7、10、13	或残疾者

将贫困分类与前表对照起来看，可以发现：个人/家庭/社区事件遭遇性贫困的指标包括了除 6 和 7 以外的其他指标；社会结构性贫困的指标首先主要是 6 和 7 这两项指标，此外还包括一些其他指标，如 2、3、10 和 13 等。

值得指出的三点是：其一，指标 6 和 7 是社区中其他人对另一部分人的看法。这两项指标带有社会歧视的意味，它们标志着这部分人是社区内的边缘人。其二，其他贫困指标更多的是与经济性困境相联系，而且与其标签相关联，个人/家庭/社区事件遭遇性贫困是与贫困转折点相联系或由某一转折点事件引起的。例如，家庭成员遭遇病祸（特别是长期疾病）是一个转折点。由于有长期疾病，家庭中不能劳动者增多，导致劳力丧失，粮食短缺，因此无力修缮房屋（在科尔沁草原，正常情况需要每年修一次）；由于需要大量资金，只好借高利贷（年利率 4% ~5%）。其三，社会结构性贫困的特征（以指标 6 和 7 为例）与其标签相关，看上去具有结构性或文化性背景。

但是值得指出的是，这种结构性背景的贫困特征经常是以偶然性的具转折点的因素为诱因的。要了解这种关系需要对一个农村社区做比较长时段，包括数十年和几代人的生活历程观察。[①]而从这种长时段观察可以发现，一些步入贫困的穷人家庭由于长期不能脱离贫穷，其余生只好"认命"为穷人，其子女由于这种贫穷文化的影响和教育机会缺乏等则更陷在贫穷之中不能自拔。因此，如果在步入贫穷的转折点之时，能够有适当的干预措施"拉人一把"，则有不少人将可免除贫困。

如果用以上关于贫困户的分类来对照的话，可以说丽江和科尔沁草原个案村（嘎查）的贫困户中有相当一部分（50% 以上）属于个人/家庭/社区事件遭遇性贫困。

以上贫困分类与卡罗琳·摩塞的脆弱性框架（vulnerability framework）有相当程度的一致性。摩塞认为贫困人口的问题主要是抵御风险的脆弱性。按照摩塞的定义，脆弱性是指在面临不断变化的环境时个人、家庭和社群生活的无保障性和敏感性，而其中也包含了他们在不利的变化情况下面对风险所持的应对力和活力。她认为脆弱性与"贫

---

① 朱晓阳：《罪过与惩罚：小村故事：1931—1997》，天津：天津古籍出版社，2002 年。

困"的不同之处在于"贫困"常常是静态的，而脆弱性则是动态的。脆弱性框架的研究重点是穷人抵抗风险和损害的资产能力。其基本评估框架包括五种指标：劳力，一般认为是穷人最重要的资产；人力资本，包括健康状况（影响到人们的工作能力）、技能和教育水平（决定其劳动的报酬）；生产性资本，土地、农业机械、牲畜对农民最重要，住房对城市贫困人口最重要；家庭关系，将收入集中、分担消费的机制；社会资本，依据社会关系产生的信任，社群内部和家庭之间进行的互助。

脆弱性框架与转折点的不同之处主要是：前者是外部专家的"远经验"的类型化表述；后者是基于社区成员的"近经验"和认知的类型化与远经验对话提出的。

结　论

以上研究和发现可以得出如下结论：第一，贫困是一种个人/家庭/社区的生活历程的建构过程。第二，贫困的生活历程的进入和步出体现为一些个人/家庭/社区事件与历史时间交汇的转折点。第三，一些（当然不是全部）步入贫困生涯的转折点是可以预测和避免的。第四，适当的反贫困干预措施和机制可以通过预先干预或及时反应，使个人/家庭/社区避免贫困转折点的影响，从而避免陷入贫困。

根据以上发现，我们可以设想一些适当的针对贫困转折点的干预措施。这些干预活动的适用范围和干预的可能特征如下：第一，反贫困救助的地区既可以是贫困人群集中的地区（在此社区性或更宏观的事件是贫困建构的主要转折点，如封山育林或退耕还草、禁牧等政策实施），也可以是"插花贫困"的社区（在此个人/家庭事件遭遇更可能是步入贫困的转折点）。救助的目标应该是以"个人/家庭/社区事件遭遇性贫困"为主的个人、家庭和社区。第二，干预机制应该反映出以社区为本的"预测性、灵活性评估"特征。例如，应该将贫困确定的权力交给社区，以确定贫困转折点和干预转折点为反贫困项目的主要关注，将反贫困干预行动从马后炮式和错位式干预变为预测性和及时反应的干预。

【作者简介】

朱晓阳，北京大学社会学人类学研究所博士后。

历史社会学

历史社会学的第四波思潮：
议题与趋势 *

严 飞

1959 年，赖特·米尔斯（C. Wright Mills）明确指出，"历史想象力"对社会学的研究十分必要。① 事实上，社会学的出现，正是为了回应和解释时代性的社会变迁——诸如资本主义的诞生、现代国家的起源、工业化与商品化的发展、社会制度的演进与更迭这样宏大的命题，无不是社会学关注的焦点。② 历史社会学也因此成为社会学学科领域里一个极为重要的研究分支，吸引了众多研究者投身其间。正如西达·斯考切波（Theda Skocpol）鼓舞人心的宣言所昭示的，"历史社会学已经从涓涓细流汇聚成了滔滔江河，流遍社会学领域的各个角落"。③ 历史社会学的发展自 20 世纪 60 年代迄今一共经历了三波发展的思潮。④ 然而 20 世纪 90 年代到今天，历史社会学领域内又延展出崭新的趋向和议题。本文将就这些趋向和议题，结合新一代历史社会学者的研究，进行分类和总结，并就历史社会学第四波思潮的发展路径进行剖析和展望。

一、历史社会学的三波思潮

历史社会学的三波发展思潮深深嵌套在社会学学科本身的演化中。第一波思潮发生

---

* 本文系教育部人文社会科学基金规划项目"历史社会学的本土化发展与创新研究"（项目号 19YJA840019）阶段性成果。原载于《广东社会科学》2019 年第 3 期。

① C. Wright Mills, *The Sociological Imagination*, New York: Oxford University Press, 1959, p. 145.

② 严飞：《历史、社会与历史社会学》，《清华社会学评论》2017 年第 2 期，第 5 – 14 页。

③ Theda Skocpol, *Vision and Method in Historical Sociology*, New York: Cambridge University Press, 1984, p. 356.

④ Julia Adams, Elisabeth S. Clemens & Ann Shola Orloff, Introduction: Social Theory, Modernity, and the Three Waves of Historical Sociology, in Julia Adams, Elisabeth S. Clemens & Ann Shola Orloff, eds., *Remaking Modernity: Politics, History, and Sociology*, Durham, North Carolina: Duke University Press, 2005, pp. 1 – 72.

于 20 世纪 60 年代至 70 年代，对政治转型与变迁背后的制度性动因表达出深刻的历史关切，提出要返回历史的大视野，去剖析现代性的形成。但这种关切，还是帕森斯式的结构—功能主义的一种递进，试图建立起一套严密的社会运行演化体系，将复杂的历史过程化约为无关时间的结构性变化，但忽视了社会变迁和转型过程中历史的动态变化和关键节点上的历史偶变性，在历史社会学理论层面，也缺少突破和创新。这一阶段代表人物和作品有巴林顿·摩尔（Barrington Moore）的《民主与专制的社会起源》（Social Origins of Dictatorship and Democracy）、艾森斯塔特（Shmuel Noah Eisenstadt）的《现代化：抗拒与变迁》（Modernization：Protest and Change）、李普塞特（Seymour Martin Lipset）和本迪克斯（Reinhard Bendix）的《工业社会中的社会流动》（Social Mobility in Industrial Society），以及查尔斯·蒂利（Charles Tilly）的早期作品《旺代》（The Vendée）。

第二波思潮发生于 20 世纪 70 年代至 80 年代，更加关注历史发展进程中的差异性，或者说是历史变量的差异性。研究命题依旧集中在宏观层面上，注重结构性分析，特别是内部结构与外部结构共力之下如何产生叠加的聚集效应，从而导致诸如革命爆发、国家建构、资本主义形态的不同历史演化轨迹。这一阶段的学者普遍忽略个体情感、文化制度这些重要因素，同时不再关注意识形态、思潮、观念或者是社会心理层面的变量如何影响国家、阶级的形成。

在方法论上，此一时期的一个突破性进展，就是历史社会学明确了自己的研究方法，它把历史比较研究方法纳入历史社会学的范畴中，达成了研究方法上的提升。[1] 譬如，斯考切波在其代表作《国家与社会革命》中，不仅论述了"国家自主性"这一核心观点，试图统筹结构和能动这一矛盾，而且结合大量史实加以论证，确立了历史比较研究方法的研究范式。

第二波思潮也在学科范式的探索中陷入困境——虽然学者们努力寻找历史学与社会学的结合点，但在实践中却受到社会学家和历史学家的双重批评，被指为制造出"社会学的四不像"（sociological unicorns）。[2] 一方面，社会学家批评宏观比较的历史社会学未能遵循标准的实证路线，必然导致事先选择有限的因变量，使得其解释的适用范围缩小，认为他们应当更加注重一般性、抽象性和科学性。另一方面，历史学家则批评历史社会学未充分关注个案的特定属性，未深入掌握相关的原始素材和第一手文献资料，放任自己做出缺乏根据的、叠加的抽象研究。与此同时，由于历史比较研究方法中的求同法和求异法在案例选择的时候，多是在横向时间维度上进行比较，而缺乏纵向时间维度的因果机制提炼，导致出现所谓的"有历史无时间"的问题。[3]

---

[1]　Craig Calhoun, The Rise and Domestication of Historical Sociology, in Terrence J. McDonald, ed., *The Historic Turn in the Human Sciences*, Ann Arbor：University of Michigan Press, 1996, pp. 305 – 337.

[2]　Lawrence Stone, The Revolution over the Revolution, *New York Review of Books*, 11 June 1992.

[3]　赵鼎新：《时间、时间性与智慧：历史社会学的真谛》，《社会科学》2019 年第 1 期，第 3 – 17 页。

第三波思潮则发端于 20 世纪 90 年代，其最重要的一大特点，即研究维度的文化转向（cultural turn）和对于行动者能动性（agency of actors）的强调。此一时期的学者们站在重塑现代性（reshape modernity）的立场上，将第二波思潮所忽视的诸多文化维度放在了研究前端。他们透过对微观情境中行动者主观行为和动机的分析，试图实现从社会结构到主体行动的转变。

首先，第三波思潮的学者试图用社会行动主体的能动性来对抗第二波思潮的结构主义路径，以及组织、社群、群体的理性选择对内在社会结构的冲击。理查德·莱赫曼（Richard Lachmann）就指出，"历史社会学解释应该区分出人们日常的不重要的行动和改变社会结构的稀有的行动"。[1] 当分析单位从宏观体系迈向个体的行动和社会互动时，学者重点关注社会关系如何反映在历史过程中，并生产出边界、身份、社会联系这些期然或非期然的社会结果。特别是身份认同，作为一个明确的文化指标，其如何被强化、转换和越界，进而点燃所有历史在场者（包括参与者、表演者、旁观者）的情绪，激发出譬如暴力、革命、社会运动等历史事件的规模性递进和扩展。[2] 诚如这一时期的蒂利（Charles Tilly）所言，"社会关系（而不是个人心理或社会整体）是最基本的现实"。[3] 其次，第三波思潮的学者对权力的分析不再从一个系统复杂的、宏观的视野出发，而是强调微观分析，深入细节和进程中去。权力被拆解为不同官僚层级之间的协商、共谋与冲突，以及自下而上视角中基层民众的动员和回应。[4] 同时，重新认识社会史的重要价值，并在人们日常生活的经验基础上对经济、政治和文化结构的演变进行解剖。[5] 最后，第三波思潮的学者除了聚焦政治、经济结构之外，重新关注情感、性别、身体、话语，乃至符号与剧目式表演这些要素，重点查看文化向度、情感变量是如何影响社会转型、城市发展、历史迭变、组织演化，以及现代性下的家庭与社会公共生活之间的互动。这当中，文化作为一个工具包（tool kit），被赋予了重要的意义。[6] 按照蒂利

---

① Richard Lachmann, *What is Historical Sociology*, New York: Polity Press, 2013, p. 10.

② Charles Tilly, *Identities, Boundaries, and Social Ties*, London: Paradigm Publishers, 2005.

③ Charles Tilly, *Popular Contention in Great Britain, 1758 – 1834*, Cambridge: Harvard University Press, 1995, p. 95.

④ 譬如 Mark R. Beissinger, *Nationalist Mobilization and the Collapse of the Soviet State*, New York: Cambridge University Press, 2002; Andrew Walder & Qinglian Lu, The Dynamics of Collapse in an Authoritarian Regime: China in 1967, *American Journal of Sociology*, Vol. 122, No. 4, 2017, pp. 1144 – 1182; Joel Andreas, The Structure of Charismatic Mobilization: a Case Study of Rebellion during the Chinese Cultural Revolution, *American Sociological Review*, Vol. 72, No. 3, 2007, pp. 434 – 458.

⑤ Wolfgang Knöbl, Social History and Historical Sociology, *Historická Sociologie*, Vol. 2013, No. 1, 2018, pp. 9 – 32.

⑥ Ann Swidler, Culture in Action: Symbols and Strategies, *American Sociological Review*, Vol. 51, No. 2, 1986, pp. 273 – 286.

的说法，"我将文化……视为社会行动发生的外在框架，将话语视为行动的主要手段"。①

在这三大框架之下，我们可以看到罗杰·古尔德（Roger Could）抛弃了传统的社会结构理论，揭示出阶级行动者的行动并不是来自共有的阶级意识，而是基于社区中的非正式网络，在相邻的社区中通过彼此的文化纽带而紧密团结在一起，形成动员的力量，从而凸现出各种网络、资源和文化建构的过程性关系。② 凯伦·巴基（Karen Barkey）从纵向与横向两个时间维度出发，考察了决定帝国延续的多重社会关系网络，以及国家与社会行动者之间的结构洞。③ 菲利普·戈尔斯基（Philip Gorski）舍中心取毛细，追溯各种主题概念形成的制度化谱系。④ 赵鼎新则强调在社会运动研究中互动双方的情感预期，从社会心理的角度去查看这样的情感预期如何影响运动参与者的情绪变动，进而影响运动的发展。⑤ 裴宜理（Elizabeth Perry）以情感的模式重新检视中国革命，发现情感治理是中国式治理术的重要组成部分，并在历史时间上得到延续和继承。⑥

历史社会学的第一波思潮重点解构现代性发展的政治过程，关注宏大的命题，缺少理论精炼。第二波思潮则撇去情感、心理、意识形态这些变量，主要看结构性的动因，并明确提出学科研究方法为"比较历史分析"。第三波思潮重新进行文化的转向，通过对微观情境的分析探讨第二波思潮所忽视的诸多文化维度，并在复杂的历史过程中，试图揭示出因果性的机制和逻辑。第三波思潮的学者实现了从社会结构到主体行动的转变，行动者的能动性以新的方式成为思考的焦点。

二、第四波思潮的潜在趋向

迄今为止，我们依旧处在历史社会学的第三波思潮之中。会不会有第四波思潮？什么时候会出现第四波思潮？对于这样的疑问，我们目前尚难以给出非常明确的回答，但至少有四点历史社会学发展的新趋向值得我们重点关注。

---

① Charles Tilly, *Popular Contention in Great Britain，1758 – 1834*, Cambridge：Harvard University Press，1995，p. 3838.

② Roger Could, *Insurgent Identities：Class，Community，and Protest in Paris from* 1848 *to the Commune*, Chicago：University of Chicago Press，1995.

③ Karen Barkey, Empire of Difference：*The Ottomans in Comparative Perspective*, New York：Cambridge University Press，2008.

④ Philip Gorski, *The Disciplinary Revolution：Calvinism and the Rise of the State in Early Modern Europe*, Chicago：University of Chicago Press，2003.

⑤ Zhao, Dingxin, Theorizing the Role of Culture in Social Movements：Illustrated by Protests and Contentions in Modern China, *Social Movement Studies*, Vol. 9, No. 1, 2010, pp. 33 – 50.

⑥ Elizabeth Perry, Studying Chinese Politics：Farewell to Revolution?, *The China Journal*, Vol. 57, 2007, pp. 1 – 22.

第一，在研究方法上，新一波历史社会学研究更加倾向于使用包括档案、口述史、信函、内部文件在内的第一手原始资料。在以巴林顿·摩尔和斯考切波为代表的早期学者研究中，囿于研究设计和数据质量，基本上都是基于已经公开发表的二手资料。这一时期有高达84%的学者仅仅依靠二手资料就完成了比较历史研究。[1] 尽管第三波思潮的学者已经愈发重视一手经验材料的使用，但根据一项针对1993年至2013年在美国比较历史社会学研究分会（ASA Comparative and Historical Sociology Section）获奖的32部作品的分析来看，尽管学者们在专著中更多地引用一手文献资料，但经验性证据的比例整体在下降，同时也没有明确的证据表明研究性论文更多地使用了一手文献资料。[2] 虽然使用二手文献资料是可以被接受的，但过多地倚重二手资料而缺乏一手经验材料的支撑，就会陷入"对于解释进行再解释"的双重建构之中，[3] 难免会出现断章取义、囫囵吞枣式的歧义和选择性书写。因此，越来越多新一代的比较历史研究学者深入田野、档案馆和案例所在地区，通过不断挖掘原始档案资料和口述史访谈，再现历史的情境。[4]

第二，在理论建构上，新一波历史社会学研究更加强调对于因果机制的探寻。对于历史图景背后的机制挖掘，其目的，一是运用通则性的机制解释更大的变异。研究者的旨趣，不仅仅停留在对于历史事实的机械还原或者把社会学的理论嵌套在史料之上，而是更进一步从复杂的历史叙事中理出非故事性的逻辑，掌握其内在的因果律。[5] 二是运用历史比较研究方法在比较的视域里扩展出对单一社会与政治现象的联动性解读，强调解释变量在不同时空脉络背后所发挥的预测性效应（predictive power）。可以说，社会科学研究的一个重要维度，就是强调因果律的可预测性与可重复观测性。[6] 研究者们通过一个具体的实证案例研究，挖掘出事件发生背后的社会机制，并将这一机制放置在另一个社会情境、国别体系之下检测是否依旧有其效度和解释力。只有经过这样的反复检

---

① Kenneth A. Bollen, Barbara Entwisle & Arthur S. Alderson, Macrocomparative Research Methods, *Annual Review of Sociology*, Vol. 19, 1993, pp. 321–351.

② Damon Mayrl & Nicholas Hoover Wilson, What do Historical Sociologists do All Day? Methodological Architectures in Historical Sociology, *Working Paper*, 2013.

③ John Goldthorpe, The Uses of History in Sociology: Reflections on Some Recent Tendencies, *British Journal of Sociology*, Vol. 42, No. 2, 1991, pp. 211–230.

④ 这一方面值得推荐的代表性作品可以参见 Wenkai He, *Paths toward the Modern Fiscal State: England, Japan, and China*, Cambridge: Harvard University Press, 2013; Xiaohong Xu, Belonging before Believing: Group Ethos and Bloc Recruitment in the Making of Chinese Communism, *American Sociological Review*, Vol. 78, No. 5, 2013, pp. 773–796; Yanfei Sun, The Rise of Protestantism in Post-Mao China: State and Religion in Historical Perspective, *American Journal of Sociology*, Vol. 122, No. 6, 2017, pp. 1664–1725。

⑤ 严飞：《历史、社会与历史社会学》，《清华社会学评论》2017年第2期，第5–14页。

⑥ Duncan J. Watts, Common Sense and Sociological Explanations, *American Journal of Sociology*, Vol. 120, No. 2, 2014, pp. 313–351.

验和比较，才可以形成一个更优越的"经过社会科学认证过的故事"。[①]

第三，在宏观议题上，新一波历史社会学研究更加重视量化技术分析。针对大跨度、长时段的历史纵贯变迁，学者们依托结构化的历史数据，或对已有的理论和模型进行检验，或通过定量研究发现新问题并建立新理论。早在20世纪70年代，蒂利就已经认识到数据收集的重要性，不再进行人工的手动编码，而是借助电子计算机，对国家缔造和资本主义诞生等宏大命题进行探索。[②] 最近十年里，历史社会学研究的学者们通过报纸杂志、简报文件、档案县志等资料开始系统收集历史维度的数据，对数据进行编码并建立数据库，用计量统计探讨全球范围内民族国家的诞生和蔓延，[③] 政治暴力的崛起和衰落，[④] 以及在空间维度上社会运动的扩散模式。[⑤]

尤其值得注意的是大数据在历史社会学领域里的应用和发展。传统定量研究中，一直占据主导地位的研究手段，是采用经典的线性或非线性计量模型进行变量关联的参数估算，但是这一方法却常常基于以年为单位的截面数据，忽视内生性问题（endogeneity），难以解答时空跨度极大的宏观社会学问题。[⑥] 大数据的出现和发展，为历史社会学者对宏观社会结构进行大历史、大时空的时间序列解读和预测提供了全新的研究前景。譬如，在"文化组学"（culturomics）的框架之下，[⑦] 学者们利用谷歌800万册电子化图书语料库进行大数据文本分析，并运用主成分分析和时间序列分析方法，探讨了社会公众的阶层话语和宏观经济指标在20世纪的因果关系。[⑧] 此外，又用同一方法，提取计算了中国294座城市在英语书籍中出现的热度，在300年的时间跨度上分析

---

① Charles Tilly, *Stories*, *Identities*, *and Political Change*, London: Rowman & Littlefield, 2002, p. 40.

② Edward Shorter & Charles Tilly, The Shape of Strikes in France, 1830 – 1960, *Comparative Studies in Society and History*, Vol. 13, No. 1, 1971, pp. 60 – 86.

③ Andreas Wimmer & Yuval Feinstein, The Rise of the Nation-state across the World, 1816 to 2001, *American Sociological Review*, Vol. 75, No. 5, 2010, pp. 764 – 790; Xue Li & Alexander Hicks. World Polity Matters: Another Look at the Rise of the Nation-state across the World, 1816 to 2001, *American Sociological Review*, Vol. 81, No. 3, 2016, pp. 596 – 607.

④ Andrew G. Walder, Rebellion and Repression in China, 1966 – 1971, *Social Science History*, Vol. 38, No. 3&4, 2014, pp. 513 – 539; Yang Su, *Collective Killings in Rural China during the Cultural Revolution*, New York: Cambridge University Press, 2011.

⑤ Michael Biggs, Strikes as Forest Fires: Chicago and Paris in the Late Nineteenth Century, *American Journal of Sociology*, Vol. 110, No. 6, 2005, pp. 1684 – 1714.

⑥ 陈云松、贺光烨、吴赛尔：《走出定量社会学双重危机》，《中国社会科学评价》2017年第3期，第15 – 27、125页。

⑦ Jean -Baptiste Michel, Yuan Kui Shen, Aviva Presser – Aiden, et al., Quantitative Analysis of Culture Using Millions of Digitized Books, *Science*, No. 331, 2011, pp. 176 – 182.

⑧ Chen Yunsong & Fei Yan, Economic Performance and Public Concerns about Social Class in Twentieth-century Books, *Social Science Research*, Vol. 59, 2016, pp. 37 – 51.

了都市治理体制变迁的内生性原因，以动态地测量城市文化的历史演变路径和形成机制。① 还有学者收集并构建了 800 余位唐代诗人的年龄、籍贯、科举、官秩等指标，及《全唐诗》《唐诗别裁集》《唐诗三百首》所录诗作数量，对"国家不幸诗家幸"这一传统观点进行定量分析，展现了如何利用大数据技术手段进行量化历史社会学的研究。②

第四，在微观议题上，新一波历史社会学研究更加侧重历史情境的模糊性（ambiguity）与偶变性（contingency）对于行动者的选择与行为的影响。延续第三波思潮的学者对于个体能动性的微观探讨，最近的研究则更进一步地追问在什么样的历史场域中和在什么样的历史转捩点上，行动主体会做出回应性选择（无论是理性的抑或是非理性的），改变行动，从而深度影响历史的进程。一般而言，当行为者处在历史的关键节点上，必然会面临选择。在这一关键时刻，行为者被置于某一特定位置，并且运用其个体判断力做出决定。③ 当被置于不确定性的政治环境中，就会迫使个体面临随之的选择，选择又反过来产生新的分化、利益和身份认同。

首先，"模糊"是相对于"确定"的一个概念，"模糊"意味着无法预测和不确定。在传统的结构性分析当中，个体的结构性地位是一个相对静态的衡量指标，在此基础上产生的选择推断是基于内在身份和地位利益，以及人们在正式组织中的社会关系，因此具有稳定性，更能适应对较长历史阶段的分析。但在历史图景风起云涌、政治情势变化迅速的情况下，行动者不再能够明确区分什么是对与错的意义，社会结构模型的解释力度就会减弱。语境的转变要求行动者迅速采取行动，并对外部的变动做出即时反应。对潜在机会和政治威胁不同的"感知概况"就会使得行动者朝着不同的方向发展。④ 行动者的决定性决策是深深嵌在不断变化的地方语境（local context）之中，但并不是所有的地方语境都处于模糊的状态。那么，模糊不清的地方语境什么时候会出现？有学者就发现，反复无常的外部信号会导致当地政治环境产生混乱，⑤ 因为它"可能构成一个障碍，阻止［有偏见的］人按照他们的偏见行事，或者相反，当地的互动可以把人们拉

---

① Chen Yunsong, Fei Yan & Yi Zhang, Local Name, Global Fame: the International Visibility of Chinese Cites in Modern Times, *UrbanStudies*, Vol. 54, No. 11, 2017, pp. 2652 - 2668; Chen Yunsong & Fei Yan, International Visibility as Determinants of Foreign Direct Investment: an Empirical Study of Chinese Provinces, *Social Science Research*, Vol. 76, 2018, pp. 23 - 39.

② 陈云松、句国栋：《国家不幸诗家幸? 唐人诗作与时代际遇关系的量化研究》，《清华社会学评论》2018 年第 2 期，第 77 - 106 页。

③ Ivan Ermakoff, The Structure of Contingency, *American Journal of Sociology*, Vol. 121, No. 1, 2015, pp. 64 - 125.

④ Mohammad Ali Kadivar, Alliances and Perception Profiles in the Iranian Reform Movement, 1997 to 2005, *American Sociological Review*, Vol. 78, No. 6, 2013, pp. 1063 - 1086.

⑤ Diego Gambetta, Signaling, in Peter Bearman & Peter Hedström, eds., *The Oxford Handbook of Analytical Sociology*, New York: Oxford University Press, 2011.

进他们以前可能没有计划的活动中"，[1] 从而阻碍置身于当地环境中的行动者做出可靠的判断以及一致、冷静的决定。一旦这个过程开始，它便可生成自身的动态性且无法停止。

其次，在模糊且持续变化的情境下，行动者的行为选择是一种应对外部冲击的回应性选择。回应性选择是一种认知机制，在此机制下，行动者会根据自己的理解对政治现实进行策略上的重新解释，并做出决策。在新选择之下，新的政治身份以及新的政治利益就会产生，并促使行动者在接踵而至的政治事件中策略性地适应自己的新身份。这些身份不再是静态的，也不再根植于既存的结构属性中。相反，它们是流动的、有弹性的、可塑的，并且可以进行重塑和转化。[2]

最后，还原历史的偶变性，就需要采用序列研究法（sequential method）去追逐事件发展的"过程"（process）。[3] 所谓过程，指的是"一系列特定的事件如何随时间进行变化"，是具有显著社会结果和效应的历史过程。[4] 历史景观之所以存在，正是存在于相互作用或相互关联的情境中。新一代学者更加看重构建并分析在时间序列上身处历史情境中的行动者不同的策略操纵、变革套路、互动参与（包括跨界互动、组间互动、组内互动）等关键过程和衔接行为。

总结与展望

以上从研究方法、理论建构以及宏观和微观研究命题四个维度梳理了历史社会学最近十多年大致的发展趋向。实际上，在很多精妙细微的层面，历史社会学也展现出了一些有趣的分支演进。譬如，历史社会学是否可以引入实验研究方法？社会科学发展到今天，当下最为流行的研究方法是基于设计的实验法。[5] 在政治学领域，实验法因为可以通过严谨的实验与控制的对照组设计，为研究者提供更为准确的因果效应估值，因此被广泛地应用在测量政治态度、政治行为、政治传播等研究领域。历史社会学因为其学科

---

① Stefan Klusemann, Micro-situational Antecedents of Violent Atrocity, *Sociological Forum*, Vol. 25, No. 2, 2010, pp. 272 – 295.

② Rogers Brubaker & Frederick Cooper, Beyond Identity, *Theory and Society*, Vol. 29, No. 1, 2000, pp. 1 – 47.

③ Tulia G. Falleti & James Mahoney, The Comparative Sequential Method, in James Mahoney & Kathleen Thelen, eds., *Advances in Comparative-Historical Analysis*, New York: Cambridge University Press, 2015, pp. 211 – 239.

④ Andrew Bennett & Jeffrey T. Checkel, Process Tracing: From Philosophical Roots to Best Practices, in Andrew Bennett & Jeffrey T. Checkel, eds., *Process Tracing: From Metaphor to Analytic Tool*, New York: Cambridge University Press, 2014, pp. 3 – 38.

⑤ Delia Baldassarri & Maria Abascal, Field Experiments across the Social Sciences, *Annual Review of Sociology*, Vol. 43, 2017, pp. 41 – 73.

本身的特殊性，没有办法专门设计出实验组和控制组的对照，所以可以尝试借助"历史自然实验"（natural experiment of history）进行研究。① 所谓"历史自然实验"，是挑选一些受到历史关键事件影响的个体和一些未受影响的个体组成对照样本，再通过测量比较他们受此历史事件所造成的长期冲击——譬如教育水平、政治态度、社会信任等，来进行长时段历史遗产的因果识别。② 历史自然实验面临代表性问题，同时因为涉及选取工具变量进行稳健性测试，要求研究者同时拥有计量分析技术和辨别历史史料的敏锐感。

再譬如，历史社会学是否可以和艺术、文学相结合？一方面，文学艺术的发展与嬗变，本身就是源自社会变迁与都会文化的发展。以 19 世纪中期的巴黎大改造为例，城市空间改造之前，巴黎在文学领域有浪漫主义诗人与小说家，之后则是严谨、精简而洗练的散文与诗歌。改造之前，整个社会盛行的是乌托邦主义与浪漫主义，之后则是现实的管理主义与社会主义。③ 从文化转移与知识生产的角度出发，文学艺术无疑是历史分析的最好载体。另一方面，从文学的文本出发，彼得·盖伊（Peter Gay）在《历史学家的三堂小说课》中展现出如何从小说的叙事切入，分析历史事件和社会变迁："小说在一个时代的文学和政治之中如何形成，以及小说作者如何赋之以生命形式。"④ 社会学领域里的最新研究，则利用社会网分析法，剖析了威廉·福克纳（William Faulkner）在其长篇小说《押沙龙，押沙龙！》（Absalom，Absalom！）中如何通过叙事构造出历史社会学的时间性问题。⑤ 小说家和历史学家都是在追寻一种"真实性"。

此外，历史社会学如何进行本土化的探索，实现理论自觉与方法自觉，也值得深思。⑥ 譬如前文提到的情感治理术，就具有非常鲜明的本土特色。在文化的维度，中国人更加强调情感上的共情共生。这样的共情应用到国家治理上，就将"国家"这样的抽象概念拟人化。诸如"忆苦思甜""两忆三查""送温暖"等情感性技术应运而生，被策略性地用于唤起民众的政治觉悟和政治参与，⑦ 值得我们结合本土经验进行深入研究。

---

① Benjamin Smith, Analyzing Natural Experiments：a Comparative Historical Approach, *Working Paper*, 2015.

② 马啸：《基于历史的因果识别设计在政治学研究中的应用》，《公共管理评论》2018 年第 2 期，第 3 – 12 页。

③ 陈映芳、伊沙白等：《城市空间结构与社会融合》，《读书》2019 年第 2 期，第 20 – 31 页。

④ ［美］彼得·盖伊著，刘森尧译：《历史学家的三堂小说课》，北京：北京大学出版社，2006 年，第 17 页。

⑤ John F. Padgett, Faulkner 's Assembly of Memories into History：Narrative Networks in Multiple Times, *American Journal of Sociology*, Vol. 124, No. 2, 2018, pp. 406 – 478.

⑥ 严飞、曾丰又：《历史社会学的本土自觉：革命、国家治理与教育再生产》，《学海》2018 年第 3 期，第 35 – 43 页。

⑦ 有关"送温暖"的情感治理研究，可参考 Yang Jie, Song Wennuan, "Sending Warmth"：Unemployment, New Urban Poverty, and the Affective State in China, *Ethnography*, Vol. 14, No. 1, 2013, pp. 104 – 125。

历史社会学发展到今天，已经充分获得了学科内的制度性认受，越来越多的学者回归到历史的视野，透过历史的脉络去洞察社会运行背后不断重复的机制性动因，寻找国家治理的历史线索。[①] 与此同时，新一代历史社会学学者也在不断成长，将跨学科视野和复合分析方法带入传统的比较历史分析中。米尔斯在阐释"社会学的想象力"时，曾以属于个人的生命经历（biography）与整个社会的历史过程（history）相对照，强调社会学的课题即在于取两者并观，互相阐发，因为"无论是一个个体的生命，或者一个社会的历史，若未得一并了解，则两者皆不可解"。[②] 于此，我们有理由期待，历史社会学的第四波思潮，将会以更加兼容并包的姿态，去审视历史的存续、绵延、自新和变革，并由此叩问现代性处境下的人心、文化与制度流变。

【作者简介】

严飞，清华大学社会学系副教授、博士生导师。

---

① 参见渠敬东：《返回历史视野，重塑社会学的想象力：中国近世变迁及经史研究的新传统》，《社会》2015 年第 1 期，第 1 – 25 页；应星：《略述历史社会学在中国的初兴》，《学海》，2018 年第 3 期，第 18 – 24 页；周雪光：《寻找中国国家治理的历史线索》，《中国社会科学》2019 年第 1 期，第 90 – 100 页。

② C. Wright Mills, *The Sociological Imagination*, New York：Oxford University Press, 1959, p. 6.

古典根源与现代路径：
作为总体视域的历史社会学 *

孟庆延

引 言

近年来，国内的社会学研究出现了历史转向的趋势。所谓社会学研究的历史转向，是指基于社会学视角的历史研究。相较于历史研究者以实证史学的路径来还原历史事实不同，社会学的历史研究更为关注基于史料的理论关怀与理论建构。① 与此相对应的，是历史社会学在国内的兴起。

从纯粹社会学分支学科的角度来看，历史社会学的主要范式是美国宏观比较历史分析，其代表人物包括巴林顿·摩尔和西达·斯考切波等。史密斯认为，作为社会学分支的历史社会学在美国的兴起实际上是"二战"后社会学家对现代性危机的回应，其核心在于探寻社会自身得以变化与延续的机制，揭示历史演进背后的社会结构要素。②

"二战"后兴起的历史社会学作为分支学科，自 20 世纪 60 年代开始随着美国国内的反战运动、学生运动等社会运动兴起，同时伴随着"二战"后美国学术界对帕森斯宏大社会理论的反思。拉赫曼将历史社会学研究的核心议题界定为"资本主义的起源""革命与社会运动""帝国的历史形态与社会基础""国家政权的形成""不平等的社会演进""性别与家庭的社会演进过程"等。③

但是，历史社会学究竟是否只是一门分支学问？在中国的历史与社会语境下展开历

---

　 * 本文系中国政法大学科研创新年度青年项目"历史社会学视野下的中国共产党农村调查传统再研究（1921—1943）"（项目号 10818444）阶段性成果。同时，本文受"中央高校基本科研经费专项资金"资助。原载于《广东社会科学》2018 年第 6 期。
　 ① 肖瑛：《社会学研究的历史转向》，《中国社会科学报》，2014 年 6 月 27 日第 A08 版。
　 ② ［英］史密斯著，周辉荣等译：《历史社会学的兴起》，上海：上海人民出版社，2000 年，第 1 - 4 页。
　 ③ ［美］理查德·拉赫曼著，赵莉妍译：《历史社会学概论》，北京：商务印书馆，2017 年。

史社会学研究，是否只有宏观比较历史分析这一传统与范式？应星认为，历史社会学并非一门新兴学问，而是对社会学创生形态的一种重返方式。[1] 渠敬东则强调社会学作为一门同时面对观念与经验、制度与民情、历史与现实的总体性学问，其实质是面对现代社会的诸多时代变迁而产生的总体性学问，从而指出了社会学在发端之际的历史面向。[2]

实际上，无论是斯考切波还是史密斯，都非常注重从社会学的古典传统中发掘资源。斯考切波将历史社会学理解为"一种持续的、一度复兴的研究传统。这种传统致力于理解大规模结构的和基本变迁过程的实质与影响，回答历史基本问题的旨趣"。[3] 史密斯认为历史社会学有两次浪潮，其中第一次浪潮就是从孟德斯鸠和休谟再到托克维尔和马克思最后到涂尔干和韦伯的古典时期。[4]

社会学自诞生之日起，便是针对时代与人类历史的总体问题而非专门针对"社会"而衍生的学问；对于当前渐渐兴起的国内历史社会学而言，在面对本土丰富的总体性社会事实之时，以何种方法、何种范式，围绕哪些问题展开研究便是值得深入讨论的问题。对这些问题的检讨，首先需要厘清历史社会学的古典理论传统，以及这些古典理论传统在学术发展与知识传播的过程中分别以何种形式进入有关中国社会与历史的研究中来。在本文中，笔者尝试重新勾勒历史社会学的古典理论根源，通过对社会学经典研究传统的梳理，在学术史与知识社会学的视域内，重新检讨历史社会学的古典理论基础及其流变，以此为基础检讨当前国内历史社会学发展可资借鉴的理论资源与基本范式。

一、历史社会学的古典根源：历史与社会的总体理论

（一）韦伯：身份群体、精神气质与文明起源

时至今日，已经很少有人将马克斯·韦伯看作历史社会学研究的先驱者，而是将其视作社会学、经济社会学、宗教社会学等领域内的知识专家。纵观韦伯的学术生涯，尽管其著述繁多、理论深厚庞杂，但是其核心问题意识却有着高度的内在同一性，即以资本主义文明为核心的现代性与其社会基础（尤其是宗教）之间的关联。从《新教伦理与资本主义精神》到《儒教与道教》，再到《古印度教》《古犹太教》等，韦伯似乎一

---

① 应星：《略述历史社会学在中国的初兴》，《学海》2018 年第 3 期，第 18 - 21 页。

② 渠敬东：《返回历史视野，重塑社会学的想象力：中国近世变迁及经史研究的新传统》，《社会》2015 年第 1 期，第 1 - 25 页。

③ ［美］斯考切波编，封积文等译：《历史社会学的视野与方法》，上海：上海人民出版社，2007 年，第 6 - 7 页。

④ ［英］史密斯著，周辉荣等译：《历史社会学的兴起》，上海：上海人民出版社，2000 年，第 2 - 3 页。

直致力于宗教社会学研究。但是这些研究本质上蕴含着具有古典意义的历史社会学命题，韦伯想要探讨的乃是世界主要宗教与文明类型之间的内在关联。韦伯的核心问题意识在于，为什么资本主义文明首先自西方产生？换言之，为什么其他地区没有产生资本主义文明？

进而，韦伯在其研究中广泛使用理想类型（ideal type）这一概念来对包括支配类型等在内的现代政治、经济与文明形态进行分类分析，同时使用"身份群体"的概念来分析各大文明起源过程中的重要"担纲者"。需要注意的是，韦伯的身份群体概念并非一种职业区分，也并非后来社会分层研究中的社会地位区分，本质上乃是对某一类型的人群的精神气质的强调。苏国勋曾指出，涂尔干论述的是社会在各种不同实在领域中的外部表现（社会事实），即关于发挥功能的社会的概念；而韦伯则不谈结构，主要探讨社会生活的本质，研究社会的精神气质，通过分析驱使人们行动的"动机"来把握社会行动的"意义"。[①]

韦伯在讨论文明起源的社会条件与伦理基础这一核心问题时，经由对宗教伦理生活形态的讨论，最后深入历史担纲者的精神气质中去理解制度与文明的起源问题——他所勾勒的宗教改革后的清教徒入世禁欲的精神气质，实质上构成了我们理解资本主义文明的一把核心钥匙。而对精神气质的关注，又同韦伯自身对社会行动本身的意义的探究有着密切关联。在韦伯看来，理念（idea）与利害（interest）是人类行为的不同面向，但前者实质上起着决定性作用：

> 直接支配人类行为的是物质上与精神上的利益，而不是理念。但是由"理念"所创造出来的"世界图像"，常如铁道上的转辙器，决定了轨道的方向。[②]

同时，韦伯早期有关罗马的研究，实质上是对其老师蒙森《罗马史》研究的继承。一方面，韦伯所开创的关于各类型文明起源的社会学研究具有强烈的历史取向，开启了有关文明与制度起源的社会学研究这一核心问题意识，构成了日后历史社会学研究的重要议题；另一方面，韦伯的理解社会学脉络，及其对精神气质与担纲者的强调，也对今天开启面向本土的历史社会学研究有着重要的启发意义。

（二）马克思：社会结构、阶级关系与焦点事件

社会学之所以是应对人类社会时代巨变产生的学问，是因为社会学古典传统中的重要理论家都在以各自的分析进路来回应现代性这一时代问题。马克思从生产关系与生产力角度阐释机器大生产这一技术与制度变革所带来的总体社会影响，并将其作为"自变量"来解释人类社会不同阶段的历史变迁。尽管马克思关于人类社会发展五阶段论的历

① 苏国勋：《理性化及其限制——韦伯思想引论》，上海：上海人民出版社，1988年，第281页。
② ［德］韦伯著，康乐、简惠美译：《韦伯作品集V：中国的宗教：宗教与世界》，桂林：广西师范大学出版社，2004年，第477页。

史阐释具有一定的意识形态色彩，但是人类社会发展的五阶段论本质上是对人类社会的历史进程在结构（生产关系与生产力）层面给出的社会学解释。单从这点上来看，马克思的核心关怀就带有历史社会学的古典韵味。

雷蒙·阿隆认为马克思受到了三种学术传统的影响，即英国的政治经济学传统、德国的哲学传统以及法国的历史学传统。① 除了对人类社会的历史演变做出总体的理论阐释之外，马克思还对于历史事件与历史人物有着深入剖析，这也是我们理解马克思历史社会学遗产的重要方面。马克思曾专门撰文对路易·波拿巴发动的雾月政变进行了鞭辟入里的分析。② 这篇文章实质上开创了事件社会学的基本分析脉络。他将结构史与事件史分析集中到焦点事件中，将结构、局势和行动者三个层面的分析维度在对同一个事件的分析中展开，从而使得雾月十八日政变呈现出不同层次的结构面相。③

如果我们将马克思对雾月十八日政变的分析放置在更为广阔的学术史背景下考察就会发现，该文呈现出的结构—局势—行动者的三重分析逻辑，一方面与后文笔者将要提到的法国年鉴学派的"结构—情势—事件"的分析框架有着内在的某种共同性，即都强调在更为宏大、层级结构更为多样的体系下去理解历史事件的发生机制；另一方面，这一分析进路实质上构成了日后休厄尔提出的以事件社会学的分析脉络考察历史与文明演进的研究进路的古典根源：休厄尔提倡以事件社会学的分析范式展开关于历史的社会学研究，强调要考察历史事件如何被制度与结构形塑，也要关注行动者本身的策略选择和现实局势如何引发事件本身的演化。④

由此，马克思不仅以历史唯物主义和人类社会发展的五阶段论给出了关于历史的总体社会理论阐释，同时也以其独特的分析策略为我们今天开展历史社会学研究留下了重要的理论资源。

（三）年鉴学派：结构—情势—事件与中长时段的古典传统

在 18、19 世纪学科分化尚不充分的情况下，无论是历史学还是社会学的理论先驱，实质上都面对着时代问题而非学科问题而展开研究。在法国的史学传统中，吕西安·费弗尔和马克·布洛赫于 1929 年创立了《经济与社会年鉴》杂志，并以此为基础形成了著名的年鉴学派。年鉴学派第一代学者的代表性著作是布洛赫的《封建社会》，在问题

① 李荣山：《共同体与道德——论马克思道德学说对德国历史主义传统的超越》，《社会学研究》2018 年第 2 期，第 37 – 61、243 页。

② ［德］马克思著，中共中央马克思列宁恩格斯斯大林著作编译局编译：《路易·波拿巴的雾月十八日》，北京：人民出版社，2015 年。

③ 应星：《事件社会学脉络下的阶级政治与国家自主性——马克思〈路易·波拿巴的雾月十八日〉新释》，《社会学研究》2017 年第 2 期，第 1 – 27、242 页。

④ ［美］休厄尔著，朱联璧、费滢译：《历史的逻辑：社会理论与社会转型》，上海：上海人民出版社，2012 年。

意识上，这部巨著处理的乃是从 9 世纪中叶到 13 世纪欧洲封建社会的形成、发展与变迁这一主题，并从社会结构变迁的角度考察了这一变化的社会逻辑；从视角上看，布洛赫针对以兰克史学为代表的旧史学展开全面批判，提出了新的总体历史理论，主张研究历史的全貌，包括经济、社会、思想、政治、文化、宗教等多个方面；在方法上，反对以叙事政治事件为主的旧史学，主张研究"结构的历史"。由此，布洛赫对封建制的考察涉及生产、生活方式、文化、政治体制以及包括政治行为等诸多层面，以依附关系的发展为主轴，勾勒了 9 世纪以来欧洲强有力的军事首领和武装追随者（封臣）之间形成的等级制度纽带，并用比较历史的方法探究了封建制度在欧洲社会中呈现的普遍特征与区域特征。[①]

年鉴学派所开创的长时段与比较历史的方法，实质上构成了后来作为分支学科的历史社会学的主要分析范式。但是，以往研究忽略的是，以布洛赫为核心的年鉴学派，在总体理论和问题意识层面主要受到了以涂尔干为代表的法国社会学传统的影响。涂尔干的社会学传统强调对"客观"的"社会事实"的研究，尤其侧重于探讨社会事实背后的结构与形式要素。无论是对于自杀的类型学研究，[②] 抑或是对现代社会分工形式[③]以及宗教生活的探讨，[④] 这一古典传统都强调挖掘社会事实的形式与结构要素。实际上，涂尔干有关宗教生活基本结构的研究以及现代社会职业分工的研究是在古郎治《古典城邦》研究的基础上，进一步在社会学（社会结构）的视域下围绕传统与现代这一现代性的核心议题展开的。

布洛赫在总体取向上继承了这一脉络，因而强调要通过"对一种社会组织结构及把它联为一体的原则进行剖析并作出解释"来体现"整体"史学的观念。[⑤] 同时，布洛赫在自身的研究中还借助涂尔干"集体意识"的概念，对早期君主神圣能力的形成给出了社会学取向的诠释。[⑥]

由此，涂尔干所开创的古典社会学传统，经由马克·布洛赫以及年鉴学派进入历史

---

① ［法］马克·布洛赫著，张绪山等译：《封建社会》，北京：商务印书馆，2017 年。

② ［法］埃米尔·迪尔凯姆著，冯韵文译：《自杀论》，北京：商务印书馆，2009 年

③ ［法］涂尔干著，渠东译：《社会分工论》，北京：生活·读书·新知三联书店，2000 年。

④ ［法］涂尔干著，渠东、汲喆译：《宗教生活的基本形式》，北京：商务印书馆，2011 年。

⑤ ［法］马克·布洛赫著，张绪山等译：《封建社会》，北京：商务印书馆，2017 年。

⑥ ［法］马克·布洛赫著，张绪山译：《国王神迹：英法王权所谓超自然性研究》，北京：商务印书馆，2018 年。

学研究的脉络中，构成了今天历史社会学研究的重要古典根源之一。① 综上所述，历史社会学实质上有着自己的古典传统，从马克思到韦伯，再到涂尔干，这些社会学的奠基者以不同的路径切入以现代性为核心的总体问题意识。在学科尚未充分分化的社会学的古典时代，他们在既有的史学与哲学学术发展基础之上，围绕新的问题意识与时代问题展开了一系列开创性的研究，一方面开启了西方学术史从古典史学研究到社会学研究的学科转换，另一方面也为我们今天在社会学的视野下处理历史问题提供了可资借鉴的理论资源。

二、历史社会学的现代路径

随着现代化进程伴随着商业贸易以及战争等在世界范围内的展开，"二战"前后的很多社会学家依然在古典社会理论家所开创的问题传统中展开自己的研究，包括福柯、埃利亚斯等社会理论家、年鉴学派第二代、第三代学者的史学家以及以摩尔、斯考切波为代表的美国历史社会家在充分挖掘历史社会学古典根源的基础上，围绕民族国家形成、现代社会中的权力技术等一系列问题，展开了各自的研究，构成了历史社会学的现代路径。

（一）福柯与埃利亚斯：身体技术与国家形成

"二战"期间的种族灭绝、大屠杀给人类造成了深深的震撼与创伤，同时，伴随着现代科学技术与工商业日益发展的另一个事实是，人本身越来越成为"被统治者"，越来越"异化"，面对这些问题，人们开始反思"现代文明"。其中，福柯和埃利亚斯分别围绕各自的议题，以身体技术和权力技术为起点，剖析现代社会中的国家形成与治理技术问题。

福柯与埃利亚斯对现代社会治理体系的剖析，都是以身体技术以及权力技术这一范畴作为切入点展开的。

福柯的著作《规训与惩罚：监狱的诞生》关注的核心议题在于现代刑罚体系是如何采用种种权力技术来规训、管理和控制人的身体的。他认为，权力技术通过现代社会

---

① 实际上，年鉴学派的中长时段研究理念对中国的历史人类学研究有着重要的启发意义。以郑振满、刘志伟、张侃、饶伟新等人为代表的"华南学派"的历史人类学研究，实质上受到这一传统很深的影响。他们以东南地域社会为核心研究对象，侧重揭示漫长的历史演进过程中社会层面的结构性变化，并以宗族、土客、圩镇、民间宗教为核心切入点，考察东南地域社会的结构性变迁。具体可参见下述著述与文章：郑振满：《清代闽西客家的乡族自治传统——〈培田吴氏族谱〉研究》，《学术月刊》2012年第4期，第129－139页；饶伟新：《生态、族群与阶级——赣南土地革命的历史背景分析》，厦门大学博士学位论文，2002年；刘永华：《墟市、宗族与地方政治——以明代至民国时期闽西四保为中心》，《中国社会科学》2004年第6期，第85－198、208页。

中冠以理性之名的刑罚与监狱体系对人的身体实行了持续而具有正当性的强制，以此对现代人做出区分，对那些违反理性原则的人以"全景敞视主义"的方式进行监督与规训，最终，现代社会中的权力技术驯服了肉体，可以使之被驾驭、使用与改造。① 福柯在其另一本著作《疯癫与文明：理性时代的疯癫史》中，以同样的视角揭示了现代医学体系如何以理性为标准，区分疯子与常人。② 从总体上看，福柯以其独特的视角揭示了现代社会体系中权力的运作机制，这样一种弥散于日常生活中的权力机制③与身体技术实质上构成了现代性的特征，并以"理性"为其正当性构筑了现代社会的历史基础。

埃利亚斯同样以权力技术为切入视角，讨论了西方社会自中世纪以来个体行为与心理控制机制的"文明化"进程，在其著作《文明的进程》第一卷中，埃利亚斯用了大量的篇幅，列举了丰富的资料去分析人的身体行为，如就餐（其中包括吃肉食、关于刀叉等的使用）、擤鼻涕、吐痰、卧室内的行为（性行为）等，并分析了这些行为在长时段内的细微变化，而整个"文明化"的过程也就浓缩在这些身体行为的变化之中。④ 尽管同样关注权力与身体技术规训之间的关系以及历史演进，但是与福柯不同，埃利亚斯同时关注的还有另外一层问题，即中世纪以来西方封建主义君主专制国家的形成。他将上述从个体文明化到民族国家形成的双重历史进程联系起来，对看上去毫无关联的历史现象给出了独到的历史社会学诠释——在这些现象背后，实质上是西方社会中伴随着人口增加、技术进步、社会分工细密化、商业贸易的发展所产生的一系列社会变化，即市镇的形成、骑士阶层从自由骑士到宫廷骑士的演化（骑士依附于宫廷）、君主通过越发细密的分工网络对税收与暴力的独占。上述社会层面的变化，一方面促进了个体行为与心理控制机制的形成，另一方面又构成了封建主义君主专制国家形成的社会基础。简言之，埃利亚斯对个体与国家形态的文明化进程给出了一个社会发生学意义上的诠释。⑤

概括来说，福柯的权力理论及其通过权力技术剖析现代社会运作特征的分析路径，构成了后来围绕革命的社会过程的历史社会学研究的理论资源；而埃利亚斯一方面受韦伯的社会学传统影响，在分析中尤其关注不同身份群体的独特性情倾向和行为方式，另一方面又尤其注重从现象背后"抽离"社会结构性要素，从而展开关于文明与国家形态的社会发生学研究，也构成了独特的历史社会学路径，为后来诸多历史社会学研究打

---

① ［法］福柯著，刘北成、杨远婴译：《规训与惩罚：监狱的诞生》，北京：生活·读书·新知三联书店，2003 年。

② ［法］福柯著，刘北成、杨远婴译：《疯癫与文明：理性时代的疯癫史》（第 2 版），北京：生活·读书·新知三联书店，2003 年。

③ 李猛：《日常生活中的权力技术：迈向一种关系/事件的社会学分析》，北京大学硕士学位论文，1996 年。

④ ［德］埃利亚斯著，王佩莉、袁志英译：《文明的进程：文明的社会起源和心理起源的研究》上海：上海译文出版社，2009 年。

⑤ ［德］埃利亚斯著，王佩莉、袁志英译：《文明的进程：文明的社会起源和心理起源的研究》上海：上海译文出版社，2009 年。

开了新的思考空间。

（二）年鉴学派的第三代学者：微观史学与叙事转向

"二战"后，法国年鉴学派进入了第二个阶段，即布罗代尔时期。他继承了年鉴学派第一代学者的"总体历史"传统，完成了《地中海与菲利普二世时代的地中海世界》和《十五至十八世纪的物质文明、经济和资本主义》等巨著，他在《地中海与菲利普二世时代的地中海世界》一书中，提出了长、中、短的历史时段理论，分别概括不同层次的历史运动，呈现了地中海世界社会变迁的不同维度，并提出了"结构—情势—事件"的经典分析框架。① 布罗代尔的研究确定了年鉴学派的基本研究路径：从主题上看，他进一步告别了过去纯粹"政治史"的历史叙事，将史学讨论的侧重点进一步扩展到总体史层面，包括气候、环境、经济、社会等方面的总体历史变迁成为其主要议题；从阐释路径上看，布罗代尔尤其注重挖掘历史现象与时代变迁背后的多层次要素，特别是他所提出的以"结构—情势—事件"为核心的分析框架，进一步成为日后历史社会学研究的重要理论资源。②

20 世纪 70 年代，年鉴学派的发展进入了第三阶段。以勒华拉杜里、雅克·勒高夫等人为代表的学者开始对年鉴学派的前两代学者的研究进行系统反思。在他们看来，无论是布洛赫还是布罗代尔，在提出总体史的历史理论与叙事书写的同时，也削弱了"人"在历史研究中的位置。在这样的情况下，无论是勒华拉杜里还是后来的戴维斯，都尝试将"人"重新带回史学研究中。但是，与兰克史学将重点放置在历史大人物和政治精英不同，年鉴学派的第三代学者尤其强调书写"普通人的历史"，也正是在这个意义上，我们才能理解后来历史研究中包括社会史、心态史以及家庭史等诸多新趋势的出现。

勒华拉杜里的巨著《蒙塔尤：1294—1324 年奥克西坦尼的一个山村》，一方面继承了年鉴学派的固有传统，从长时段考察了这个法国南部小村庄的"生态"，另一方面将着墨点放置在了以皮埃尔·莫里为代表的小人物身上，通过对他的深描，呈现出了丰富的普通人的生活世界与心态情感。该书运用了历史人类学的方法，告别了"宏大历史叙事"，描写的是一个小村庄中芸芸众生的日常生活，而这个村庄的历史就是在这样的点点滴滴中呈现出来。这样看来，如果皮埃尔·莫里的个人生命历程可以成为蒙塔尤村庄的"代表"的话，那么蒙塔尤这个小村庄也可以在一定程度上体现当时的法国文化。另外，这部作品告别了"英雄史观"的叙事，里面的主人公实际上都是"普通人"，也

---

① ［法］布罗代尔著，唐家龙等译：《地中海与菲利普二世时代的地中海世界：全二卷》，北京：商务印书馆，2017 年。

② 需要指出的是，布罗代尔的这一分析框架，实质上又和前文笔者所提到的马克思在《雾月十八日》一文中的分析框架有着内在关联，实际上，这可以看作马克思历史社会学分析传统的一种演化与延伸。

就是历史中的"无名者"。① 勒华拉杜里之后的戴维斯，同样推进了年鉴学派的这一微观史转向，其著作《马丁·盖尔的归来》讲述了 16 世纪法国乡村中的一个离奇的故事，作者通过对多种史料的分析与整理，并在此基础上进行了一定的历史想象，重述了马丁·盖尔这个不起眼的小人物的生活世界，从一个侧面展现出当时法国农村社会中的夫妻关系、亲属制度以及日常生活的习俗与法律程序之间的复杂关系。更为重要的是，戴维斯将民族志与历史书写结合在一起，开启了以历史人类学为代表的微观史学研究进路。

在这里讨论年鉴学派第三代以来的微观史转向，对于我们认识历史社会学的古典根源与现代路径有下述意义：

其一，这一微观史学的转向实质上与福柯的权力理论之间有着内在关联。福柯的权力分析不仅具有国家这一面向，同时亦包含普通人的权力运作问题——他尤其关注"无名者"的生活，② 这一取向实质上奠定了微观史学转向的理论基础。

其二，年鉴学派的第三代学者的这一转向，并没有弃绝既往的长时段传统，而是主张将普通人与日常生活放置在更长时段的结构与情势变迁中。换言之，如果说过去年鉴学派更为重视"结构—情势—事件"这一框架中的前两部分的话，那么第三代学者则更为重视后者。

由此，年鉴学派这一重要的史学传统，既影响了后来包括历史学、政治学、社会学在内的诸多学科的发展，同时又对中国研究领域中的微观转向有着潜在的影响，从而构成了我们今天检讨自身历史社会学发展的重要理论脉络。③

（三）美国宏观比较历史分析：社会结构与社会过程

宏观比较历史分析在"二战"后的美国社会学开始发展，经由巴林顿·摩尔、西达·斯考切波以及查尔斯·蒂利等学者发扬光大，作为分支学科的历史社会学也就此发展起来。从所处的时代背景上看，以宏观比较历史分析为代表的历史社会学是对帕森斯宏大社会学理论以静态的方式进行社会学分析的反动；从研究的主题上看，宏观比较历史分析最初以民主制度、革命运动爆发的社会基础与社会过程为核心议题；从研究的整体风格上看，与年鉴学派第三代学者的微观史学转向以及叙事的兴起不同，宏观比较历史分析更为侧重通过比较对历史变迁与社会现象给出理论性阐释，在"社会"的结构性要素中寻找现象背后的"最大公约数"。例如，摩尔的著作《专制与民主的社会起

---

① ［法］勒华拉杜里著，许明龙、马胜利译：《蒙塔尤：1294—1324 年奥克西坦尼的一个山村》，北京：商务印书馆，2007 年。

② ［法］米歇尔·福柯著，李猛译：《无名者的生活》，《国外社会学》2001 年第 4 期。

③ 在中国研究领域，从问题意识到分析范式乃至具体议题，也经历了一个从宏观政治史到微观社会史的转向。关于这一点，笔者曾专门撰文讨论，在此不再赘述。具体可参见孟庆延：《学术史视野下的中国土地革命问题——议题转换与范式变革》，《社会》2013 年第 2 期，第 208 - 232 页。

源》分析了三种不同国家形态的不同历史路径（法西斯主义、共产主义与资产阶级民主制），并从中归纳出了农业的商业化程度、贵族与农民关系以及农业秩序三个核心要素，指出上述三个核心要素在国家形态现代化演化过程中的重要作用。[①]

斯考切波则以比较历史分析对法国、中国与俄国的革命过程进行了社会学诠释，其核心问题意识在于究竟是什么引起了法国、俄国和中国的农业官僚制旧政权的垮台以及新政权建立的制度性结果是什么。同时，她提出了"社会革命"与"国家自主性"的概念，并以此为基础勾勒出了三个不同类型的国家革命爆发的社会过程与历史结果。[②]

总体上看，宏观比较历史分析的研究风格偏重直接的理论阐释而非叙事，即将不同的文明形态与历史过程置于同一可以比较的分析框架之下，这一研究传统也由此成为当下历史社会学发展的重要路径。

需要指出的是，美国比较历史分析并非无源之水、无本之木，它同样有其理论根源，这又分为结构分析与比较方法两个脉络：其一，韦伯所做的对世界诸文明类型与宗教体系的分析，实际上构成了比较历史分析的重要源头。韦伯思想在 20 世纪初经帕森斯传入美国之后产生了巨大影响，但是帕森斯却对韦伯思想进行了"去历史化"的改造，韦伯对现代性问题的复杂理解也被化约为工具理性色彩更重的现代化问题。[③] 其二，涂尔干社会学传统和马林诺夫斯基人类学传统的结构 – 功能主义一直是社会学的重要分析范式，尽管结构—功能主义在 20 世纪 60 年代中叶以后在美国社会学界引起了巨大的反思与反叛（美国比较历史分析就是其中之一），但是其对直接理论解释的追求、对普遍规则的诉求却在比较历史分析的传统中保存了下来。由此，美国比较历史分析并不注重历史的细节与枝蔓，而是追求不同文明类型之间的总体比较，以此抽象归纳一系列共同要素。

三、历史社会学的本土形态

社会学在清末民初传入中国并生根发芽，自民国以来产生了一大批卓越的社会学家与社会学研究，由于政治与社会局势的变化，社会学在改革开放后得到了重新恢复和发展，历史社会学也在最近成为重要的研究热点与趋势。需要指出的是，面对当前国内历史社会学的勃兴状态，我们需要进一步理清本土的历史社会学传统，并具体面对以中国社会与中国历史为基础的文明问题，进一步拓展历史社会学的理论视域。在本部分中，笔者将结合目前国内的历史社会学研究状况，讨论不同的研究传统本身的理论基础与问题意识。

---

① ［美］摩尔著，王茁、顾洁译：《专制与民主的社会起源》，上海：上海译文出版社，2013 年。

② ［美］斯考切波著，何俊志、王学东译：《国家与社会革命：对法国、俄国和中国的比较分析》，上海：上海人民出版社，2007 年。

③ 应星：《从宏观比较历史分析到微观比较历史分析——拓展中国革命史研究的一点思考》，《江苏社会科学》2018 年第 3 期，第 253 – 258 页。

（一）陈寅恪：被遗忘的历史社会学传统

一般而言，陈寅恪往往被作为杰出的历史学家加以认识，很少被社会学所重视。实际上，陈寅恪作为学贯中西的杰出历史学家，其受到社会科学特别是韦伯学术传统的影响极深。因而，如果从问题意识以及基本范式来看，陈寅恪的中古史研究，实质上是被今天的历史社会学研究忽略与遗忘的历史社会学传统。

陈寅恪在其制度史研究中明确提出制度源流这一有关文明研究的问题意识：

> 夫隋唐两朝为吾国中古极盛之世，其文物制度流传广播，北逾大漠，南暨交趾，东至日本，西极中亚，而迄鲜通论其渊源流变之专书，则吾国史学之缺憾也。兹综合旧籍所载及新出遗文之有关隋唐两朝制度者，分析其因子，推论其源流。[①]

在陈寅恪的制度史研究中，制度的渊源与流变构成了理解一种独特文明类型的核心。陈寅恪对制度源流的关注，实际上与埃利亚斯关于文明演进的社会发生学有着内在的相通之处，而所谓"历史因子"，又是不满足于单纯叙事的历史学研究，而要从历史现象背后提取包括"家族""地理""文化"等共同要素重新建构历史书写的基础逻辑。

进一步来看，陈寅恪的中古史研究，无论从问题意识还是从分析概念，又都和韦伯的理论传统有着密切关联。在问题意识上，陈寅恪关注中古史，是因为他试图通过对隋唐政治制度的考察回答下述基本问题：隋唐之际，一方面面对着外来游牧民族所带来的军事威胁，另一方面又面对着以佛教为代表的外来文化与宗教系统的冲击，在这样的局面下，华夏文明是如何将这些不同的传统纳入自身的文明系统中，从而使自身得以发展与延续的。这样一种问题意识，本质上和韦伯关于文明类型与宗教基础的讨论殊途同归。

在分析概念上，陈寅恪在其研究中大量借鉴"社会阶级"这一具有社会科学色彩的概念揭示制度背后的复杂社会历史要素。在对隋唐制度的研究中，陈寅恪尤其关注山东豪杰集团与关陇集团，并结合具体的政治情势变化，从社会阶级的角度讨论了科举制兴起与府兵制衰落的内在机理。[②] 实际上，陈寅恪的社会阶级概念，是一个混合了地域、血缘与文化的概念，他通过这一概念，重在呈现韦伯意义上的某一身份群体的独特

[①] 陈寅恪：《隋唐制度渊源略论稿》，北京：生活·读书·新知三联书店，2009 年，第 3 页。

[②] 具体可参见：陈寅恪：《论隋末唐初所谓"山东豪杰"》，载陈寅恪：《金明馆丛稿初编》，上海：上海古籍出版社，1980 年，第 217 - 236 页；陈寅恪：《论唐代之藩将与府兵》，载陈寅恪：《金明馆丛稿初编》，上海：上海古籍出版社，1980 年，第 264 - 276 页；陈寅恪：《唐代政治史述论稿》，北京：生活·读书·新知三联书店，2009 年。

精神气质，并以此为核心呈现制度源流及其发生过程。①

从问题意识再到分析概念，陈寅恪的中古史研究实质上都构成了对自身文明类型何以生成的历史社会学研究，从而构成了我们今天面对自身文明开展历史社会学研究的重要思想资源。

（二）礼制秩序与社会结构：关于差序格局的历史社会学研究

在中国社会学的发展过程中，费孝通的差序格局作为一个经典概念，从结构功能主义的角度深入剖析了传统社会的基础结构和原则，并成为学术史中关于传统社会研究的重要理论传统。随着历史社会学的新近兴起，越来越多的研究者从不同的角度，借鉴新的思想资源，从新的视角围绕差序格局背后的礼制秩序与社会结构问题展开了深入讨论。

周飞舟从中国传统社会的丧服制度角度对"差序格局"进行了更为深入的拓展。他指出，丧服制度实际上构成了差序格局的历史源头，因为差序格局的核心乃是"伦理本位"，在对有关丧服制度的相关经学文献进行解读的基础上，他指出"亲亲"与"尊尊"共同成为这一制度的基础原则，而两者的结合，从家族延续到政治，塑造了传统社会从政治到社会的一系列基本关系。② 林鹄围绕从春秋战国到两汉时期及至两宋时期的儒家宗族理论的核心部分进行了讨论，在对宗法、丧服等制度进行总体勾勒的基础上，跳出既往宗族研究中的单纯功能主义与理性主义阐释路径，重点讨论了这些制度安排背后的"制度精神"与人性基础。③ 安文研从丧服角度讨论了传统社会的基本结构与人伦原则，指出丧服制度中的属从服制是对亲亲之服的延伸，而徒从服制则是对尊尊之服的补充。④ 吴柳财则对《礼记·曲礼》这一经学文献进行了社会人类学解读，揭示了传统社会中礼制结构内在包含的复杂人伦结构与天人关系，认为礼所体现的情感与意义乃是社会生活之神圣感的源泉，所谓礼仪就是将任何社会带入这种境界的重要过程与机制。⑤

上述研究围绕传统中国社会结构这一经典社会学议题进行拓展性的研究，并将结构问题扩展至伦理层面展开深入讨论。表面上看，这延续了费孝通借用结构—功能主义这

---

① 参见孟庆延：《从"微观机制"到"制度源流"：学术史视野下口述史研究传统的力量、局限与转向》，《学海》2018 年第 3 期，第 44 – 51 页。

② 周飞舟：《差序格局和伦理本位：从丧服制度看中国社会结构的基本原则》，《社会》2015 年第 1 期，第 26 – 48 页。

③ 林鹄：《宗法、丧服与庙制：儒家早期经典与宋儒的宗族理论》，《社会》2015 年第 1 期，第 49 – 73 页。

④ 安文研：《服制与中国传统社会的人伦原理———从服服制的社会学考察》，《社会学研究》2018 年第 1 期，第 217 – 241、246 页。

⑤ 吴柳财：《日常生活的结构与意义：〈礼记·曲礼〉的社会学研究》，《社会》2018 年第 1 期，第 54 – 80 页。

一理论根源的基本范式和议题，但实质上却已经将研究推展到了"及心"的理念层面。[①]

（三）帝国形态与政治治理：关于传统政制与政治的历史社会学研究

在面对中国独特的文明类型与政治秩序这一社会科学核心议题时，目前社会学界诸多历史社会学研究分别依循不同的理论传统，从不同的角度展开了各自的研究。

周雪光以"帝国逻辑"为基本分析框架，重点讨论了帝国治理逻辑与传统官制[②]之间的内在关联，并重点发掘了魏晋以来的"官吏分途"这一制度的内在理念：它一方面是帝国面对的越来越大的治理规模的制度因应，另一方面也重新塑造了国家与社会之间、中央与地方之间的复杂结构性关系。[③] 曹正汉以"风险论"为理论视域，解析传统中国的集权与分权关系这一经典议题，他认为其体现了中央政府追求"统治风险最小化"的基本逻辑。[④] 赵鼎新则尝试运用社会科学理论对周代以来中国上千年的历史演化给出系统性的解释框架，他以国家、战争与历史发展为核心要素，对前现代中西历史演进模式进行了宏观层面的历史比较；归纳出了中国从春秋战国的历史发展中走向大一统局面的历史要素，并以此为基础归纳中西历史发展模式差异的原因。[⑤] 上述研究都有各自的理论诉求与传统，周雪光在其研究中更多借鉴韦伯官僚制的相关概念，讨论官吏分途的历史流变；曹正汉的风险论的背后乃是经济学的相关理论以及理性主义的基本预设；而赵鼎新的研究则明显带有美国比较历史分析的色彩。

除了上述研究之外，亦有学者围绕费孝通的"双轨政治"概念，对传统社会的政治制度与政治治理展开了研究。渠敬东将双轨政治放置在传统社会"封建"与"郡县"的总体框架之下进行理解，从而在利益冲突与权力结构之外更为总体的政治体系下理解封建与郡县之变。他指出，传统社会中的封建制既通过等级尊卑秩序建立了君统与宗统之间的关系，又通过以天命为核心的神圣观界定君主与民众之间的关系，由此将民众与

---

① 实际上，涂尔干的社会学研究可以看作结构主义的重要源头，但是涂尔干的研究同样涉及"及心"的层面，他对宗教生活基本形式的研究，核心在于讨论图腾作为社会神圣性的制度基础，而他对现代社会形成的研究，则涉及了职业伦理与公民道德这一"及心"的层面。

② 传统帝国的官制一直是历史学研究的重点议题，在这方面，阎步克对传统官制进行了大量研究，可参见阎步克：《品位与职位：秦汉魏晋南北朝官阶制度研究》，北京：中华书局，2002年；阎步克：《从爵本位到官本位：秦汉官僚品位结构研究》，北京：生活·读书·新知三联书店，2009年；阎步克：《中国古代官阶制度引论》，北京：北京大学出版社，2010年。

③ 参见周雪光：《从"官吏分途"到"层级分流"：帝国逻辑下的中国官僚人事制度》，《社会》2016年第2期，第1－33页；周雪光：《中国国家治理的制度"逻辑"：一个组织学研究》，北京：生活·读书·新知三联书店，2017年。

④ 曹正汉：《中国的集权与分权："风险论"与历史证据》，《社会》2017年第3期，第1－45页。

⑤ 赵鼎新：《国家、战争与历史发展：前现代中西模式的比较》，杭州：浙江大学出版社，2015年。

民生问题纳入传统政治的基础问题之内；而郡县制的推行，并不意味着封建制的终结，因为在郡县制的治理结构中已经植入了封建的精神内核，使行政与教化并存于道。[①]

在中国本土的社会学传统中，对于帝国体系下的政府行为与政治治理的研究也是一个重要议题。其中，瞿同祖关于清代地方胥吏行为与政治治理过程的研究是该研究议题的代表作品。[②] 周飞舟等人发展了这一研究传统，他们以官箴书这一独特的史料为核心文本，对郡县制之下地方政府的治理体系展开了研究。[③] 付伟通过对官箴书的分析，剖析了清代地方政府公文系统的理念与实践，尤其讨论了儒家"文以明道"的基本理念对清代公文系统的总体要求，以及在公文写作和传递中书吏和幕友所起到的特殊作用。[④] 王绍琛则以清代州县官莅任他乡所遇到的结构性困境为讨论对象，探讨了清代地方政治秩序的基本特征。[⑤]

（四）社会机制与制度源流：关于革命的历史社会学研究

有关共产主义革命的研究，一直是中国研究领域以及国内社会学研究的主要议题。其中，20世纪90年代中后期以孙立平、郭于华为代表的口述史研究传统围绕土地革命问题进行了研究。他们以福柯的权力理论为基本底色，通过对口述资料的搜集构建历史叙事。以共产主义文明为核心议题，从微观机制与运作逻辑的角度，揭示了宏大革命背后的社会进程与历史效果。这些研究或者侧重对土改历史进程的微观重建，[⑥] 或者以诉苦这一权力技术为核心，讨论其在国家观念形成以及形塑集体记忆中的实践含义。[⑦]

口述史研究传统一方面提出了重要的问题意识，即以共产主义文明为核心的问题传统；另一方面也提供了"过程—事件"这一重要的分析策略，形成了国内社会学界对

---

① 渠敬东：《中国传统社会的双轨治理体系：封建与郡县之辨》，《社会》2016年第2期，第1－31页。

② 瞿同祖：《清代地方政府》，北京：法律出版社，2011年。

③ 周飞舟：《论社会学研究的历史维度——以政府行为研究为例》，《江海学刊》2016年第1期，第103－109页。

④ 付伟：《文以明道：清代地方政府公文系统的理念与实践》，《社会学研究》2017年第6期，第189－210、246页。

⑤ 王绍琛：《新官上任：清代地方政治秩序研究》，《社会发展研究》2014年第2期，第170－207、245－246页。

⑥ 李康：《西村十五年——从革命走向革命》，北京大学博士学位论文，1999年。

⑦ 参见郭于华、孙立平：《诉苦：一种农民国家观念形成的中介机制》，载孙立平编：《现代化与社会转型》，北京：北京大学出版社，2005年，第383－407页；郭于华：《作为历史见证的"受苦人"的讲述》，《社会学研究》2008年第1期，第53－67页；方慧容：《"无事件境"与生活世界中的"真实"——西村农民土地改革时期社会生活的记忆》，载中国社会科学院社会学研究所编：《中国社会学（第2卷）》，上海：上海人民出版社，2003年，第282－371页。

革命的历史社会学研究的早期典范。① 这一研究传统一方面汲取了韦伯关于文明类型的研究传统；另一方面又充分挖掘了福柯的权力理论，以此洞察共产主义文明的具体微观机制与运作逻辑。

随着社会学与历史学的进一步融合，近年来国内社会学界亦有学者借鉴新的理论资源来对革命问题展开全新的历史社会学研究。应星、孟庆延等借鉴传统史学中的历史长编法，并借鉴韦伯、陈寅恪等人对制度源流的问题意识，通过将具体历史担纲者的社会行动放置在更为广阔的结构性背景中去理解行为的实质意义，并以此为基础，勾勒制度担纲者的精神气质与思想倾向，同时将宗族、土客、地缘等地域社会的民情状态带入研究中来，努力通过典型个案的研究，从政治文化的意义上重新理解共产主义文明。②

关于革命的历史社会学研究并非无源之水。这一研究脉络一方面实际上继承了口述史研究传统中的问题意识，即对共产主义文明的历史社会学探讨；另一方面又在口述史研究所依循的福柯理论基础上，拓展了自身的理论视域，将包括陈寅恪、韦伯以及埃利亚斯的理论传统纳入进来，进一步以制度源流这一发生学为问题意识，围绕具体担纲者的精神气质开展了新的研究。

（五）地域民情与士人传统：关于思想与民情的历史社会学研究

在目前的社会学研究中，从学术思想与伦理实践角度对清末民初的知识精英与政治精英的研究构成了一个新兴的研究论域。如果我们将历史社会学作为理解时代变迁的总体视域就会发现，这些研究都在处理中国在 19 世纪末 20 世纪初所发生的近代社会转型与国家建设中的核心议题。

杨清媚通过对民国社会学家吴文藻、费孝通、李安宅对知识社会学引介过程的比较，突破了既往社区研究的藩篱，将社区研究与知识分子研究联系起来：③ 一方面既对燕京学派进行了再检讨，另一方面也将社区研究这一学术史问题放置在更为宏大的现代

---

① 孟庆延：《从"微观机制"到"制度源流"：学术史视野下口述史研究传统的力量、局限与转向》，《学海》2018 年第 3 期，第 44 - 51 页。

② 关于革命的历史社会学研究，具体的代表性作品可参见应星：《苏区地方干部、红色武装与组织形态——东固根据地与延福根据地的对比研究》，《开放时代》2015 年第 6 期，第 53 - 81 页；应星：《学校、地缘与中国共产党早期组织网络的形成——以北伐前的江西为例》，《社会学研究》2015 年第 1 期，第 1 - 22 页；应星：《1930—1931 年主力红军整编的源起、规划与实践》，《近代史研究》2018 年第 2 期，第 4 - 25、160 页；应星、李夏：《中共早期地方领袖、组织形态与乡村社会——以曾天宇及其领导的江西万安暴动为中心》，《社会》2014 年第 5 期，第 1 - 40 页；孟庆延：《苏区革命与地方社会：查田运动之发轫新探》，《开放时代》2015 年第 6 期，第 82 - 103、6 - 7 页；孟庆延：《"读活的书"与"算死的账"：论共产党土地革命中的"算账派"》，《社会》2016 年第 4 期，第 40 - 75 页；孟庆延：《"深耕者"与"鼓动家"：论共产党早期乡村革命中的"农运派"》，《社会》2017 年第 3 期，第 180 - 214 页；孟庆延：《理念、策略与实践：毛泽东早期农村调查的历史社会学考察》，《社会学研究》2018 年第 4 期，第 1 - 27、242 页。

③ 应星：《略述历史社会学在中国的初兴》，《学海》2018 年第 3 期，第 18 - 24 页。

国家转型背景下加以理解。① 侯俊丹则从另一角度检讨了燕京学派的清河调查与清河实验，她将清河调查和清河实验放置在燕京学派的学术传统中进行理解，清晰地呈现出早期学者对 19 世纪末转型期中的中国现代社会形态的判断和理解。② 田耕以民国以来的社会调查运动为考察对象，揭示了这些社会调查所具有的在清末民初重新发现"社会"的历史意涵，并同现代国家转型进程密切联系在一起。③

知识精英与政治精英的思想形态与伦理实践构成了我们理解清末民初的近代社会转型和国家建设的重要途径。其中，魏文一将梁漱溟的学术思想放置在近代中国社会所面临的社会结构瓦解和人心困顿的双重危机这一总体背景下进行理解，呈现了在承担社会整合和道德教化职能的传统绅士没落的情况下，倾向于变革的知识分子采取的刚健有为的入世态度。④ 杭苏红则以许广平为例，讨论了民国以来以新女性为代表的中国现代个体本身所具有的群体观，以及这样一种"无根之群"的群体观念对现代社会转型与个体形成所产生的具体影响。⑤ 侯俊丹则将研究视域集中在晚清太平天国运动后浙江地区士人所推行的社会重建运动，以温州永嘉学派的保守主义路径为例，具体讨论这些士人重建社会的实践背后的伦理基础及其具体困境。⑥

小结与讨论

毫无疑问，历史社会学以这一名词出现在学术场域，并在现代专业分化体系下成为社会学诸多分支中的一支，乃是 20 世纪 60 年代战后美国社会学发展的历史形态。但是，这并不意味着历史社会学的理论传统仅限于"中层理论"层面。已有学者指出，从社会学诞生的历史背景看，社会学的出现实质上应对的乃是 19 世纪以来的时代剧变，它尝试将观念与经验相结合，将现实与历史相结合，将制度与民情相结合，形成对以往的学问形态的一次彻底的清算。⑦

---

① 杨清媚：《"燕京学派"的知识社会学思想及其应用：围绕吴文藻、费孝通、李安宅展开的比较研究》，《社会》2015 年第 4 期，第 103 - 133 页。

② 侯俊丹：《市场、乡镇与区域：早期燕京学派的现代中国想象——反思清河调查与清河试验 (1928—1937)》，《社会学研究》2018 年第 3 期，第 193 - 215、246 页。

③ 田耕：《"社会调查"的内与外：思考早期社会研究的两种思路》，《学海》2017 年第 5 期，第 87 - 94 页。

④ 魏文一：《"刚"的人生态度与新知识分子——梁漱溟早期论中国文化的路向》，《社会学研究》2016 年第 4 期，第 169 - 192 页。

⑤ 杭苏红：《无根之"群"：民国新女性的精神困境——以许广平及其经历的女师大潮分化为例》，《社会学研究》2015 年第 6 期，第 193 - 214、245 - 246 页。

⑥ 侯俊丹：《民情反思与士人的社会改造行动：晚清温州永嘉学派保守主义的实践及其困境》，《社会》2015 年第 2 期，第 1 - 28 页。

⑦ 渠敬东：《返回历史视野，重塑社会学的想象力：中国近世变迁及经史研究的新传统》，《社会》2015 年第 1 期，第 1 - 25 页。

　　由此，当我们今天尝试在社会学研究中纳入历史维度的时候，历史社会学便不应仅仅作为一门分支学问呈现出来。当我们面对近百年来中国社会从传统到现代、从制度到民情、从政治到社会、从思想到组织等多个层面的转型过程的时候，单纯的面向理论归纳以抽象某些共同要素的宏观比较历史分析以及侧重历史细节的纯粹叙事书写，都不足以帮助我们真正认识从传统社会到现代中国这一复杂的历史转换。因而，与其说历史社会学是一门分支学科，不如说是在重新拓展社会学的研究视域，进而拓展我们自身对中国社会加以理解的历史维度。

　　这样一种作为总体视域的历史社会学，则意味着我们要重新回到社会学的古典脉络中，从马克思、韦伯、涂尔干、年鉴学派以及陈寅恪、费孝通等一系列"古典"传统中重新挖掘理论根源。通过本文初步梳理我们也可以看到，这些古典根源直至今天也并未消失，而是在时代的变迁中发生了诸多现代转换，并形成了一系列具体的研究传统。我们只有充分认识当前学科分科体系下不同学术传统的理论根源，才有可能真正重新回到社会学诞生之时的时代使命中去，真正激活社会学的想象力，进而真正将历史社会学作为一种总体眼光纳入我们面对自身文明的科学研究之中。

【作者简介】

孟庆延，中国政法大学社会学院副教授、博士。

托克维尔的历史社会学 *

李钧鹏

19 世纪法国思想家亚历克西·德·托克维尔（Alexis de Tocqueville）是人类文化史上一颗耀眼的明星。时至今日，他的两卷本《论美国的民主》仍被公认为对美国民主制度最深刻的洞见。① 他的《旧制度与大革命》甫一出版便在祖国为他奠定了明星般的学术声望，并在最近几十年获得法国大革命研究者越来越多的关注，其先知般的评论更为人津津乐道。② 在中国，托克维尔对民主和自由的张力思考早在 20 世纪 90 年代便是知识界争论的热点。

在初版于 1965 年的经典教科书《社会学主要思潮》③ 中，法国杰出社会学家雷蒙·阿隆（Raymond Aron）将托克维尔作为社会学的主要奠基人专章加以介绍，但除了少数例外，④ 这一努力并未得到广泛回响。时至今日，托克维尔的专业阅读者集中在政治哲学界，他也被多数人视为政治思想家。他的社会科学思想，尤其是社会学思想，却

＊ 本文系国家社会科学基金一般项目"知识社会学的学术脉络与体系重建研究"（项目号 18BSH014）阶段性成果。原载于《广东社会科学》2018 年第 6 期。

① ［法］托克维尔著，董果良译：《论美国的民主》，北京：商务印书馆，1988 年。
② ［法］托克维尔著，李焰明译：《旧制度与大革命》，台北：时报文化，2015 年。
③ ［法］雷蒙·阿隆著，葛秉宁译：《社会学主要思潮》，上海：上海译文出版社，2015 年。
④ 参见 Raymond Boudon, *Tocqueville aujourd'hui*, Paris：Editions Odile Jacob, 2005; Robert Nisbet, *The Making of Modern Society*, New York：New York University Press, 1986, pp. 150 – 166; Claus Offe, *Selbstbetrachtung aus der Ferne Tocqueville*, *Weber und Adorno in den Vereinigten Staaten*, Frankfurt：Suhrkamp, 2004; Gianfranco Poggi, *Images of Society*：*Essays on the Sociological Theories of Tocqueville*, *Marx*, *and Durkheim*, Stanford：Stanford University Press, 1972, pp. 3 – 82; Whitney Pope & Lucetta Pope, *Alexis de Tocqueville*：*His Social and Political Theory*, Beverly Hills：Sage, 1986。理查德·斯威德伯格（Richard Swedberg）系统提炼了托克维尔的政治经济学与经济社会学思想，参见［瑞典］理查德·斯维德伯格著，李晋、马丽译：《托克维尔的政治经济学》，上海：格致出版社、上海人民出版社，2011 年。

长期没有得到应有的重视和系统研究。① 这里应该指出，托克维尔关于个人主义对人类社群和民主制度的负面影响曾启发了不少社会学研究，尤其值得一提的是美国社会学家罗伯特·N. 贝拉（Robert. N. Bellah）与其学生合作的两部经典著作，② 但这些研究的出发点仍然是托克维尔对民主制度的思考，且并未尝试对托克维尔的社会学思想作出系统的考察。类似情况同样存在于政治学界，至少在英文学界，就笔者眼力所及，在方法论和认识论上系统梳理托克维尔的尝试仅来自乔恩·埃尔斯特（Jon Elster）和英年早逝的萨吉夫·哈达里（Saguiv Hadari）等寥寥数人。③

笔者阅读托克维尔的最大感受是，即便放到今天，托克维尔的思想仍不过时。托克维尔写作于 19 世纪上中叶，终生未踏足中国，其著作中谈及中国之处也不过寥寥数句。那么，为什么中国读者会有如此感受？在笔者看来，关键原因并不在于托克维尔所分析的具体政治现象。无论是 18 世纪后半期的法国还是 19 世纪上半叶的美国，和当代中国都堪称天差地别。与其说这种感受来自托克维尔的哲学思想或政治理念，不如说来自他开创性的社会科学方法和视角，而这种方法和视角和我们今天所熟悉的历史社会学与比较政治研究有一脉相承之处。本文是笔者抛砖引玉之作，意在将托克维尔重新带回到社会学（尤其是比较历史社会学）的主流研究中。

一、作为社会学家的托克维尔

当代人阅读托克维尔，固然不难发现其论述中过时甚至错误之处，但往往会觉得托克维尔是自己的同时代人。这一论断并不适用于所有学者。与托克维尔大致同时代的历史学家弗朗索瓦·基佐（Franois Guizot）和埃德格·基内（Edgar Quinet）在当时的法国影响巨大，如今也不乏专业读者，却少有人关心其思想对当代人有何借鉴价值。社会学先驱奥古斯特·孔德（Auguste Comte）以及深受其影响的哲学家埃米尔·利特雷

---

① 惠特尼·波普（Whitney Pope）注意到，20 世纪早期的两部重要社会学理论教科书，即皮特林·索罗金（Pitirim Sorokin）的《当代社会学理论》以及哈里·埃尔默·巴恩斯（Harry Elmer Barnes）与霍华德·贝克尔（Howard Becker）合著的《社会思想：从传说到科学》，对托克维尔均只是一笔带过。参见 Whitney Pope & Lucetta Pope, *Alexis de Tocqueville：His Social and Political Theory*, Beverly Hills：Sage, 1986。埃尔斯特注意到，在当代社会学大师詹姆斯·科尔曼（James Coleman）雄心勃勃的理论著作《社会理论的基础》中，马克思、涂尔干和韦伯分别被提及 8 次、9 次和 16 次，而托克维尔只被引用 1 次。参见 Jon Elster, *Alexis de Tocqueville：The First Social Scientist*, Cambridge：Cambridge University Press, 2009, p. 2.

② ［美］罗伯特·N. 贝拉等著，周穗明等译：《心灵的习性：美国人生活中的个人主义和公共责任》，北京：中国社会科学出版社，2011 年；Robert N Bellah, Richard Madsen, William M Sullivan, Ann Swidler & Steven M. Tipton, *The Good Society*, New York：Alfred A. Knopf, 1991.

③ 参见 Jon Elster, *Alexis de Tocqueville：the First Social Scientist*, *Cambridge*：Cambrideg *University Press*, 2009；Saguiv Hadari, *Theory in Practice：Tocqueville's New Science of Politics*, Stanford：Stanford University Press, 1989 .

（Émile Littré）同样是思想史上的巨人，却难以给当代社会问题提供真正的启发。跳出法国，同时代德国哲学家黑格尔永远地塑造了人类思想史，但除了"承认"（reconnaissance）理论以及国际关系方面的思考，他的抽象且晦涩的著作很难直接用于分析当代社会。

托克维尔则不同，他对 18 世纪至 19 世纪法国和美国社会的诊断至今仍具有直接的价值。这种永恒性显然并非来自抽象的思维框架和概念。托克维尔并非一般意义上的哲学家，他分析问题从来不从抽象的概念和理念出发，也没有建立起严密的分析哲学框架。他对法国与美国社会的现实分析固然深刻，这种深刻性却并非敏锐的零星观察所偶得。在笔者看来，托克维尔最令人敬佩的地方是建立起了一种不同于前人的社会现象分析方法，这种方法和当代社会学极为接近。换言之，托克维尔的最伟大之处在于他的社会学思想和方法。

在 1852 年法兰西道德与政治科学学术院（Académie des Sciences Morales et Politiques，即法兰西人文院）院长职务接受致辞中，托克维尔明确指出，社会科学就是且应该是完整意义上的科学。① 他对当时盛行的各种体系性理论持强烈批判态度，在《论美国的民主》（上卷）中建立起了一种新的社会分析方法，并在《论美国的民主》（下卷）和《旧制度与大革命》中将这一方法予以完善。托克维尔具有强烈科学色彩和意识的方法与他所批判的重农学派、历史哲学、空想学派以及早期社会学大相径庭。这些在当时占主流地位的思潮倾向于追求宏大叙事，却忽略了作为行动者的个人在人类历史中的地位。托克维尔反其道而行之，试图将能动者引入扎根于特定历史情境的社会分析中。在这种意义上，他的当代性和超前性卓尔不群。

托克维尔对自己的创新性有清醒的认识。在《论美国的民主》（上卷）的绪论中，他宣称："一个全新的社会，要有一门新的政治科学。"② 尽管在书中没有明确提及，托克维尔这里很可能受到了意大利哲学家詹巴蒂斯塔·维柯（Giambattista Vico）的《新科学》的启发。③ 但这里值得指出的是，包括维柯在内，托克维尔对抽离具体情境谈论历史类型的做法抱以怀疑态度。在《回忆录》中，托克维尔对大开大合的历史哲学大加鞭挞：

> 我痛恨将一切历史事件视为建立在几个宏大的关键原因的绝对体系，这些

① Alexis de Tocqueville, Discours prononcé à la séance annuelle de l'Académie des Sciences Morales et Politiques du 3 Avril 1852 par M. de Tocqueville, Président de l'Académie, in Alexis de Tocqueville, *Oeuvres Complètes*, *Tome 16*, *Mélanges*, Paris：Gallimard, 1989, pp. 229–242.

② ［法］托克维尔著，董果良译：《论美国的民主》，北京：商务印书馆，1988 年。关于托克维尔的"新的政治科学"，参见 Saguiv A. Hadari, *Theory in Practice：Tocqueville's New Science of Politics*, Stanford：Stanford University Press, 1989；John C. Koritansky, *Alexis de Tocqueville and the New Science of Politics：An Interpretation of Democracy in America*, 2nd ed, Durham：Carolina Academic Press, 2010。

③ ［意］维柯著，朱光潜译：《新科学》，北京：商务印书馆，1989 年。

原因由一个不可避免的链条串接起来。这种绝对体系将作为个体的人排除于人类历史之外。我觉得这类理论看似宏大，实则狭隘；看似精密，实则谬误。[1]

这里所涉及的讨论和当代社会学（甚至整个 20 世纪和 21 世纪初的社会学）的核心理论张力有惊人的共通之处。在托克维尔看来，过去与未来的历史事件之所以不能看成是由"一个不可避免的链条"所主导，原因在于这种思路忽略了社会行动者的能动性和创新性，也没有考虑到意外和偶然的重要作用：

> ……我相信许多重要的历史事实只能通过偶然因素来解释，还有许多其他历史事件无法解释。归根结底，巧合（或者更准确地说，我们由于无法厘清而归因于巧合的次要原因的纷杂因素）在世界舞台上的任何事件中都扮演重要角色。但我同时坚信，如果事先没有铺垫好根基，巧合亦将无计可施。[2]

最后这句话值得我们深思。如果用更通俗的语言表述，托克维尔其实是在说，偶然事件的任何后果都不完全出自意外。初看上去，这似乎与前一句话自相矛盾，但这种对偶然性和必然性的同时强调其实正反映了当代社会学（尤其是历史社会学）的历史解释进路。和德国社会学大师韦伯观点类似，托克维尔既反对只看历史事件的偶然性，也不赞同一味强调历史的规律性甚至必然性。但托克维尔的立场绝非"骑墙"，他真正要强调的是个人能动性（尤其是思想）在历史进程中的关键作用。

在研究法国大革命时，托克维尔完全不否认结构因素的作用，承认到了 18 世纪中后期，各种结构性危机已经使得革命山雨欲来。然而，托克维尔从不认为革命与革命人物是历史的必然；换言之，结构性因素必不可少，但引发结构变动的事件和人物也不可忽视。《旧制度与大革命》详尽分析了法国大革命之前的社会状况，这些分析和马克思主义有共通之处，因为它们都强调贵族阶级、农民阶级和资产阶级之间的斗争；然而，托克维尔没有将解释的重心放在客观的阶级关系上，而是致力于考察这些冲突的主体与符号层面。[3] 例如，在首先爆发革命冲突的巴黎地区，客观意义上的阶级剥削和压迫其实比之前有所缓解，也低于其他地区，但在起身革命的群众眼中，他们的阶级负担持续恶化。托克维尔试图解释的是这种有别于客观结构的主体认知。正如雷蒙·阿隆所说，托克维尔始终是一位概率论者（probabilist），而从不是一位预言家。[4]

---

① Alexis de Tocqueville, Olivier Zunz, ed., Arthur Goldhammer, trans., *Recollections: The French Revolution of 1848 and Its Aftermath*, Charlottesville: University of Virginia Press, 2016, p. 45。译文为笔者所拟.

② Alexis de Tocqueville, Olivier Zunz, ed., Arthur Goldhammer, trans., *Recollections: The French Revolution of 1848 and Its Aftermath*, Charlottesville: University of Virginia Press, 2016, p. 45.

③ Jon Elster, Introduction, in Jon Elster, ed., Arthur Goldhammer, trans., *Tocqueville: The Ancien Régime and the French Revolution*, Cambridge: Cambridge University Press, 2011, p. xv.

④ 转引自 Saguiv A. Hadari, *Theory in Practice: Tocqueville's New Science of Politics*, Stanford: Stanford University Press, 1989, p. 48。

二、托克维尔的历史社会学

在《旧制度与大革命》的开篇第一段，托克维尔将自己的研究和历史学划分出明确的界限："我此刻发表的这本书并非一部大革命史，……本书是针对这场大革命所做的一项研究。"① 他在未完成的《旧制度与大革命》（第二卷）手稿中有类似的论述："我是在谈论历史，而不是重述历史。"② 在《论美国的民主》中，托克维尔也多次与历史研究和历史哲学划清边界。这里要指出的是，尽管对大谈历史阶段和历史趋势的历史哲学多有批评，但托克维尔的意图并不在于批判历史哲学本身，而是想强调自己的研究方法的创新性。对于托克维尔的研究方法和理念，虽然他本人并没有明确展开，但笔者将其简单归纳为三点：第一，基于历史情境的中层理论；第二，个案比较；第三，方法论个人主义。关于第一点，无论是对历史哲学的批判还是自身的经验研究，托克维尔的出发点不仅和美国社会学家罗伯特·K. 默顿（Robert K. Merton）在 20 世纪中叶所倡导并影响了当代社会学的中层理论（theories of the middle range）范式极为类似，③ 甚至和近二三十年来所涌现的社会机制（social mechanisms）理路有异曲同工之妙。④

托克维尔的社会学思想显然和孔德、马克思大不相同，后两位社会学家的思想和历史哲学有诸多共通之处。在他之前的社会学奠基者中，托克维尔最为认同的是孟德斯鸠（Montesquieu）和卢梭（Jean-Jacques Rousseau），并把他们共同视为"新政治科学"的

---

① ［法］托克维尔著，李焰明译：《旧制度与大革命》，台北：时报文化，2015 年。

② Alexis de Tocqueville，François Furet & Françoise Mélonio，eds.，Alan S. Kahan，trans.，*The Old Regime and the Revolution*，*Vol.* 2：*Notes on the French Revolution and Napoleon*，Chicago：University of Chicago Press，2001，p. 35. 译文为笔者所拟。

③ 参见《论社会学的中层理论》，载［美］默顿著，唐少杰等译：《社会理论和社会结构》，南京：译林出版社，2008 年，第 50 - 89 页。

④ 参见 Peter Hedström & Richard Swedberg，eds.，*Social Mechanisms*：*An Analytical Approach to Social Theory*，Cambridge：Cambridge University Press，1998；李钧鹏：《何谓社会机制？》，《科学技术哲学研究》2012 年第 1 期，第 14 - 20 页。关于托克维尔的社会机制思想，参见 Jon Elster，*Alexis de Tocqueville*：*The First Social Scientist*，Cambrideg：*Cambridge University Press*，2009.

先驱。① 然而，在社会学思想方面，他和孟德斯鸠与卢梭仍存在根本差别。孟德斯鸠主要关注"社会如何可能"，即制度的连贯性。他认为政治安排有其天然的、类似于"自然状态"的"必要关系"，从而试图寻找不同政体达成政治稳定的前提条件。但孟德斯鸠的作品中几乎看不到对行动者的讨论。托克维尔更看重的是他基于个案比较的经验研究。卢梭没有忽略行动者，但在托克维尔看来，他笔下的人完全脱离具体历史和社会情境。托克维尔构想中的个人是一种抽象度较低、更具社会学意义的行动者。

托克维尔对解释的偏好也值得一提。"解释"（explanation）和"解读"（interpretation）是社会科学中的一对常见概念，二者之间存在复杂的有机关系。简单说来，解读满足于自圆其说，并不寻求否定其他竞争选项，这导致了解读的多元性；解释则以推翻其他竞争选项为前提，强调可检验性和说服力。女性主义理论家朱迪斯·巴特勒（Judith Butler）的性别述行（gender performativity）理论即为解读的范例。② 作为一种解释的尝试，社会运动研究中的政治过程（political process）理论则寻求排他性。在回答人们为什么会走上街头参与社会抗议活动时，传统的集体行为（collective behavior）理论及其思想源头现代化理论认为，这与社会突变引起的广泛失范感有关。为了树立自己的理论合法性，政治过程理论通过经验研究证明社会结构变迁的速度与群体暴力爆发频率之间并不存在简单的线性关系，更关键的因素是抗争领袖和组织的群众动员以及政治机会的开放。③ 简言之，一种解释的成立以推翻其他解释选项为前提。

在19世纪末，德国学者威廉·狄尔泰（Wilhelm Dilthey）和海因里希·李凯尔特（Heinrich Rickert）把科学分成不同的类别，并将包括社会学和历史学在内的人文科学

① Alexis de Tocqueville, Discours prononcé à la séance annuelle de l'Académie des Sciences Morales et Politiques du 3 Avril 1852 par M. de Tocqueville, Président de l'Académie, in Alexis de Tocqueville, *Oeuvres Complètes*, *Tome 16*, *Mélanges*, Paris: Gallimard, 1989. 虽然当代社会理论教科书很少讨论孟德斯鸠和卢梭，但是他们对早期社会学的影响是不容忽视的，参见 Émile Durkheim, Ralph Manheim, trans., *Montesquieu and Rousseau: Forerunners of Sociology*, Ann Arbor: University of Michigan Press, 1960。关于孟德斯鸠的社会学思想，参见 John Alan Baum, *Montesquieu and Social Theory*, Oxford: Pergamon, 1979; Werner Stark, *Montesquieu: Pioneer of the Sociology of Knowledge*, London: Routledge and Kenan Paul, 1960。关于卢梭的社会学思想，参见 Peter Alexander Meyers, *Abandoned to Ourselves: Being an Essay on the Emergence and Implications of Sociology in the Writings of Mr. Jean-Jacques Rousseau …*, New Haven: Yale University Press, 2013。

② [美]朱迪斯·巴特勒著，宋素凤译：《性别麻烦：女性主义与身份的颠覆》，上海：上海三联书店，2009年；[美]朱迪斯·巴特勒著，李钧鹏译：《身体之重：论"性别"的话语界限》，上海：上海三联书店，2011年。

③ 参见 Charles Tilly, Does Modernization Breed Revolution?, *Comparative Politics*, Vol. 5, No. 3, 1973, pp. 425-447.

归入解读的科学，认为它不同于能够抽离出因和果的自然科学。① 与这种观点相反，韦伯认为人文科学也是一门解释的科学，因为它同样可以（并且应该）以找出因果关系为主要目标。② 与之相类似，在讨论社会科学和自然科学的关系时，维柯认为社会科学在解释力方面更具优势，因为自然科学只能停留在记录表面，而社会科学可以观察历史过程的延续与断裂，从中探知类型与意义。③

在关于解释的基本立场上，托克维尔和韦伯与维柯基本一致；他称《旧制度与大革命》为关于法国大革命的研究而非历史，也正是要强调它的解释色彩。但托克维尔进一步强调，要想作出有说服力的解释，相关概念和事实必须得到清晰的界定；如果研究的对象过于宏大或相关概念难以界定，解释很可能要让位于解读。例如，"解释法国大革命"就近乎一个不可能完成的任务；作为整体的法国大革命只能加以解读，这也是这场革命的历史不断被重写的原因。这里的关键在于，"法国大革命"本身就是一个模糊的概念。它何时何地开始？1789 年 5 月 5 日的三级会议，还是 7 月 14 日攻占巴士底监狱事件？它又于何时结束？1793 年，1799 年，还是 1848 年？直到 1852 年，托克维尔仍然坚信法国大革命尚在进行中，④ 而法国这时已进入拿破仑三世时期。他想要解释的是一系列特定事实，都是从清晰界定的概念和问题入手，例如，为什么和同时代的英国人相比，法国人如此痴迷于理念？为什么 18 世纪末的法国盛行"燕隼"（hobereau）这一比喻？为什么 19 世纪上半叶美国人的宗教热情高于英国人，英国人又高于法国人？为什么同源的法语单词"贵族"（gentilhomme）和英文单词"绅士"（gentleman）含义大相径庭？为什么法国哲学家对法国历史进程的影响远大于英国哲学家对英国历史进程的影响？为什么相比英国，法国的小城市分布如此密集？

在很大程度上，这种对因果解释的执着将托克维尔和其他社会学（或更宽泛意义上的社会科学）的先驱人物区分开来，包括孟德斯鸠、亚当·弗格森（Adam Ferguson）和大卫·休谟（David Hume）。正是在这种意义上，埃尔斯特宣称托克维尔是人类历史

① Wilhelm Dilthey, Ramon J. Betznzos, trans., *Introduction to the Human Sciences: An Attempt to Lay a Foundation for the Study of Society and History*, Detroit: Wayne State University Press, 1988; Heinrich Rickert, Guy Oakes, ed. and trans., *The Limits of Concept Formation in Natural Science: A Logical Introduction to the Historical Sciences, abridged edition*, Cambridge: Cambridge University Press, 1986.

② 参见 [德] 韦伯著，李荣山译：《罗雪尔与克尼斯：历史经济学的逻辑问题》，上海：上海人民出版社，2009 年；Guy Oakes, *Weber and Rickert: Concept Formation in the Social Sciences*, Cambridge: MIT Press, 1988.

③ 参见 Robert J. Tristram, Explanation in the New Science: On Vico's Contribution to Scientific Sociohistorical Thought, *History and Theory*, Vol. 22, No. 2, 1983, pp. 146–177.

④ Alexis de Tocqueville, Discours prononcé à la séance annuelle de l'Académie des Sciences Morales et Politiques du 3 Avril 1852 par M. de Tocqueville, Président de l'Académie, in Alexis de Tocqueville, *Oeuvres Complètes*, Tome 16, *Mélanges*, Paris: Gallimard, 1989, pp. 229–242.

上第一位社会科学家。①

三、个案比较

上文列举的一系列研究问题呈现出清晰的比较视角。托克维尔当然想知道本土哲学家为何在 18 世纪的法国拥有举足轻重的社会影响力，但这个问题本身过于宽泛，因而更适于解读。他也想知道为什么法国爆发了惊天动地的革命运动，但认为必须同时知道为什么德国和英国没有爆发同类运动。为了得出可以验证的解释，托克维尔采取了个案比较的策略，将同时期的法国与英国和德国进行对比，并侧重于具体的、清晰的事实。在《回忆录》中，他哀叹自己的朋友在谈论社会现象时的"文学思维"（literaryspirit），批评他们将精巧和新意置于真实和解释之上。② 而要破除这种文学思维，就必须对所观察的个案进行系统比较。在《旧制度与大革命》中，托克维尔强调："我们必须看一眼法国之外的状况。我敢说，无论是谁，如果他只研究或考察法国，就永远不能真正理解法国大革命。"③ 除了国别比较，他还在法国内部不同区域进行对比，分析革命为何率先在首都巴黎爆发，而不是其他区域。下面是托克维尔在个案比较方面的两个例子。

托克维尔注意到，相比欧洲大部分国家，法国拥有更多的城市，尤其是小城市密度较高；不同于英国，法国的地理分布体现为一个大城市周边分布大量的小城市。④ 其中一个重要原因是这些小城市住着富裕的有产阶级，他们为了逃避军役税（taille）以及获取公职而离开自己的土地。由于法国行政力量的庞大，政府职位具有极大的吸引力，而这些职位又往往可以通过金钱买卖，这就诱发土地所有者移居小城市："谁一旦觉得自己拥有一笔小资金，就会立即用来购买一个职位，而不是用这笔钱去做生意。这微不足道的野心对法国农业和商业的发展带来的危害比行会师傅和军役税本身带来的危害更大。"⑤ 不仅如此，土地所有者离开自己拥有的土地，将其交给不拥有土地的人耕种，这严重阻碍了农业进步，因为耕种者没有与所有者同等的能力和动力进行创新。托克维尔指出，正由于此，法国的农业现代化程度落后于英国，尽管重农主义者在当时具有广泛的政治影响力。反观英国，由于政治集权化程度相对较低，官职数量较少。相比法国，英国中央政府的权力较小，公职人员的权力、声望和影响也不如法国，从而政府职位并不那么有吸引力。在英国，一个土地所有者如果要发挥政治影响力，他往往会试图

---

① Jon Elster, *Alexis de Tocqueville：The First Social Scientist*, Cambridge：Cambridge University Press, 2009.

② Alexis de Tocqueville, Olivier Zunz, ed., Arthur Goldhammer, trans., *Recollections：The French Revolution of 1848 and Its Aftermath*, Charlottesville：University of Virginia Press, 2016, p. 48.

③ ［法］托克维尔著，李焰明译：《旧制度与大革命》，台北：时报文化，2015 年。

④ ［法］托克维尔著，李焰明译：《旧制度与大革命》，台北：时报文化，2015 年。

⑤ ［法］托克维尔著，李焰明译：《旧制度与大革命》，台北：时报文化，2015 年。

建立起地方声望，寄希望于当选议员，而不是离开自己的土地以获取一官半职。

法语单词"贵族"（gentilhomme）和英文单词"绅士"（gentleman）语出同源，英文 gentleman 由法文 gentilhomme 演变而来，但无论是在如今还是托克维尔写作的 19 世纪中叶，二者意义已经大为不同。在英国，随着阶级融合的逐渐加深，阶级差别越来越小，该词的意义也变得越来越宽泛。如托克维尔所说："每过一世纪，该词所指称的社会等级就更低一些。"① 而到了美国，这个词被用来指代所有公民。"它的历史甚至就是民主政治的历史"，托克维尔如此感叹。② gentilhomme 在法国的历史则大相径庭。虽然这个词已不再是日常生活用语，但它的词义从未有所改变，始终严格限定于贵族阶级。作为社会背景，法国的贵族制度始终没有遭到废除；虽然权力大为减小，贵族阶级得以保留下来，并以一系列措施和所有其他阶级隔离开来。虽然有产阶级和贵族变得越来越像，他们之间的社会距离却越来越远。③

四、方法论个人主义

在上文提到的对法国城市分布的讨论中，托克维尔通过既有社会结构和制度下的理性个人行为来解释宏观社会后果；最终的社会结果既不是个人行动者刻意计划的产物，也不是司法权威强迫命令的后果，而是个人理性行动意料之外的后果，这体现了托克维尔的方法论个人主义立场。

就社会科学方法论来说，韦伯、卡尔·波普尔（Karl Popper）和 F. A. 哈耶克（F. A. Hayek）立场基本一致，都认为社会科学的一项基本任务是寻找社会生活中的基本规律，而这种基本规律往往体现为下面这种条件法则：

$$P \rightarrow Q = \neg\, P \vee Q = \neg\, (P \wedge \neg\, Q)$$

韦伯、波普尔和哈耶克进一步指出，社会科学中的条件法则必须建立在对个人心理动机、理由和意图的理解之上；他们都认为，社会科学可以重构作为个人行动、信念或态度的动机与原因。不同于许多当代人的误解，韦伯后来所发展的"理解"（Verstehen）理论基于以下假定：社会科学研究者应该以重建社会行动者的理由与动机为宗旨，即使他和研究对象存在较大的文化差异。这种理论背后的假定是，尽管不同文化表面上千差万别，其背后存在超越地理和文化边界的人类普遍本性。

"如果 A，则 B"这种规律在经济学中颇常见。例如，供给-需求定理假定，如果某商品的价格上升，该商品的供给量将增加；如果价格被严格管制，该市场将萎缩——如果房租被冻结，租房市场将变得冷清。经济学家张五常多次举例：在一条行人众多的

---

① ［法］托克维尔著，李焰明译：《旧制度与大革命》，台北：时报文化，2015 年。
② ［法］托克维尔著，李焰明译：《旧制度与大革命》，台北：时报文化，2015 年。
③ ［法］托克维尔著，李焰明译：《旧制度与大革命》，台北：时报文化，2015 年。

马路上放一张 100 元钞票，钞票将很快"不翼而飞"。① 这种看似简单的定理颇具预测力，因为它将因果关系建立在读者可以理解的行动者动机和理由的基础上。一旦得知房租被冻结，如果下一个租客所支付的房租不足以补偿上一个租客退租后重新整修这套房子的成本，作为理想类型的房东很有可能从市场上撤离房产。由于所有房东极可能从同一个角度考虑，冻结房租很可能导致出租房屋数量减少。

这种基本规律在社会学中同样扮演重要的角色，涂尔干的经典著作《自杀论》就是一个很好的例子。例如，与大部分人的直觉相反，他发现自杀率在国内或国际政治危机时呈现下降趋势。在相继发生乔治·布朗热（Georges Boulanger）胜选和德雷福斯（Dreyfus）事件的法兰西第三共和国，自杀率事实上呈现下降趋势。19 世纪中叶，深陷危机中的奥地利和普鲁士同样出现自杀率下降的趋势。然而，这并不说明自杀率和国家危机没有关系。在所有这几个例子中，虽然国家危机伴随着自杀率的下降，自杀率却在危机缓解后急剧上升。一个可能的解释是，在国难时刻，最有可能自杀的群体出现注意力转移，从而暂缓自杀举动。②

托克维尔是这种方法的早期使用者。他的方法和同时代人存在显著差异。以研究主题和托克维尔类似的弗朗索瓦·基佐为例，在《欧洲文明史：自罗马帝国败落起到法国革命》第 14 讲，基佐将历史发展视为绝对君主制和自由探索这两个原则之间冲突的产物，并将英法政治哲学的差异归因于两国国民精神或心智的不同："只要翻开一本英国书籍，不论是关于英国历史、法学或任何其他题目，很少会发现其中有博大的基本的道理。在一切科目中，尤其在政治学方面，纯理论的、哲学性和科学性的探讨在大陆上要比英国更发达，至少才智的发挥更有力、更大胆。"③ 托克维尔也看到了这一差别，但没有从原则或精神这种无法观察的因素中寻找原因，而是找到了一条更坚实的解释路径：英国社会源远流长的贵族特性在其民众的个人心智中制造了不同于法国社会的图景。在英国，平等原则远没有法国流行，以卢梭的《社会契约论》中的抽象公民为理论起点的政治理论也少之又少。

托克维尔具有分析性和解释性的思路与一些流行思潮存在显著差异。在马克思看来，资本主义社会在人的脑中生成了现实的扭曲图景，向人灌输了"虚假意识"；在弗洛伊德看来，人的行为受自身无法控制的无意识和潜意识影响；在社会生物学看来，人的行为由生物进化过程所控制；在各种文化理论看来，人的理念和行动由他从属与承袭的文化传统所影响。这些理论都将社会过程归因于隐蔽的神秘力量。托克维尔则认为，个人的行为与思想受可以理解的理由与动机的驱动，因而，社会科学家的任务是找到这

---

① ［美］张五常：《从科学角度看经济学的灾难》，财新网张五常的博客，http://zhangwuchang.blog. caixin.com/archives/163443，2017 年 5 月 23 日。

② ［法］埃米尔·迪尔凯姆著，冯韵文译：《自杀论》，北京：商务印书馆，1996 年。

③ ［法］基佐著，程洪逵、沅芷译：《欧洲文明史：自罗马帝国败落起到法国革命》，北京：商务印书馆，1998 年。

些理由和动机，而不应停留在文化、精神或生物层面。这种具有方法论个人主义色彩的方法使他在《论美国的民主》（下卷）和《旧制度与大革命》中提出了一系列令人印象深刻的条件定律。

这里的关键是"理解"。何为理解？按照韦伯的说法，"理解"意味着对一个行动者为何以特定方式行事的理由与动机作出解释的理论。[1] 和任何其他理论一样，我们需要对特定的理解理论加以验证；换言之，行动者的理由和动机应该与研究者所收集到的数据相吻合。如果一个人在院子里砍柴，研究者给出的解释是这个人砍柴是为了给炉子生火，那么，如果资料显示这个人屋内此时的温度为 38℃，这一理论就难以成立。如果一个关于理由和动机的假设与经验数据不相符合，研究者应该尽可能停留在理性（或者说符合常理）的框架内寻找其他解释。例如，在否定了砍柴生火这一解释后，我们可以假定这个人砍柴是为了做一件木制品，例如家具。只有穷尽了这些解释之后，研究者才应诉诸非理性解释，例如砍柴者有强迫症。这也正是托克维尔所遵循的原则。在考察行动者的理由与动机时，他从未给出过非理性的解读。在这一点上，他和韦伯与涂尔干立场一致。

不妨以两个研究实例进一步阐明。"二战"末期，希特勒躲进掩体后的决策一直是研究者关注的对象。德国知名记者塞巴斯蒂安·哈夫纳（Sebastian Haffner）[2] 的著作《解读希特勒》将希特勒自杀前几周的决策视为非理性行为，认为他在明知自己大势已去、败局已定的情况下放任自己的部队被同盟国军队屠杀，领土遭到轰炸，原因是他认为自己的手下和军队背叛了自己和德国，甚至认为德国背叛了自己，因此内心迸发出一股惩罚德国和德军的冲动，乐见自己的军队和祖国遭到摧毁。[3] 而在传记《希特勒》中，英国历史学家伊恩·克肖（Ian Kershaw）指出，希特勒对德国遭轰炸本身绝不感到开心；相反，他对英美联军 1945 年初对德累斯顿（Dresden）的大规模空袭愤怒不已，甚至曾考虑接受宣传部部长约瑟夫·戈培尔（Joseph Goebbels）的建议，对手里的战俘进行报复，但最终可能由于担心战败后的不利影响而放弃。根据克肖所收集到的资料，希特勒之所以迟迟没有宣布战败，原因在于他死死抓住最后一点有利情报，觉得战局还有可能发生逆转。克肖并不否认希特勒在精神上受到困扰，但他的解释给我们提供了寻找"可以理解的动机和原因"的范例。[4]

在《论美国的民主》（下卷）中，托克维尔以建立条件法则为目标，力图展现平等的后果，将它与不平等的后果进行比较；换言之，比较对象分别是不平等的贵族社会与

---

① 关于韦伯对"理解"（Verstehen）的认识，参见 W. G. Runciman, *A Critique of Max Weber's Philosophy of Social Science*, Cambridge：Cambridge University Press, 1972；William T. Tucker, Max Weber's Verstehen, *Sociological Quarterly*, Vol. 6, No. 2, 1965, pp. 157–165。

② 真名为雷蒙德·普雷策尔（Raimund Pretzel）。

③ ［德］哈夫纳著，景德祥译：《解读希特勒》，南京：译林出版社，2016 年。

④ ［英］伊恩·克肖著，廖丽玲、方道等译：《希特勒》，北京：世界知识出版社，2015 年。

平等的民主社会。关于平等的后果，这里试举几例：第一，平等促成了批判性思维。在平等的状况下，人们从自己或相识者身上寻找真理来源；每个人都觉得自己不低别人一等，觉得自己在所有方面的判断力和任何人一样。通过促成批判性思维，平等不仅引发了对宗教信条的怀疑，而且促成了科学的发展和制度化。平等有效地削弱了"正统信仰"，并使相对主义成为当代社会最主流的哲学。第二，平等促成短期视角。民主社会中的人活在当下或不远的未来，而不将希望放在长远的将来，所以期待自己的愿望立刻得到满足。这是民主社会的一大弊端。随着社会竞争程度的加剧，向上的社会流动将有所减缓，因为民主社会中的阶级流动只能是缓慢和有序的。第三，平等导致个人主义，使人缩回到自我或小群体，最终个人成为自我宇宙的中心。第四，平等具有侵蚀甚至消解家庭的后果，因为社会平等促进了人的地理流动与社会流动。①

众所周知，托克维尔的贵族出身使他对民主抱有复杂的态度。在《论美国的民主》（上卷）的绪论中，托克维尔有下面这段经常遭人误解的论述：

> 人民生活中发生的各种事件，到处都在促进民主。所有的人，不管他们是自愿帮助民主获胜，还是无意之中为民主效劳；不管他们是自身为民主而奋斗，还是自称是民主的敌人，都为民主尽到了自己的力量。所有的人都会合在一起，协同行动，归于一途。有的人身不由己，有的人不知不觉，全都成为上帝手中的驯服工具。②

在下一段，托克维尔又说："……身份平等的逐渐发展，是事所必至，天意使然。"③ 这里的言下之意似乎是民主大潮浩浩荡荡，顺之则昌，逆之则亡，从而似乎具有目的论色彩，和托克维尔对历史哲学的批判自相矛盾。但如果考察上下文，包括这里所引的下一句，可以发现上段中的"民主"有其特定含义：不是制度意义上的政治民主，而是公民身份的平等。这番论断的前提是表现为与生俱来不平等身份的封建贵族制大势已去。进一步地，当贵族制度时代延续，人们往往将其视为自然而然；但一旦革命运动破坏了这种制度，它在人的心中就不再是与生俱来。正如埃尔斯特所说："尽管传统可能具有生命力，刻意恢复传统的举措，也就是传统主义，却不具备任何生命力。"④ 因此，托克维尔这里的论述不但不是历史哲学的宏大目的论，而且是通过方法论个人主义解释历史形态，以微观机制解释宏观历史的典型代表。

---

① ［法］托克维尔著，董果良译：《论美国的民主》，北京：商务印书馆，1988 年。
② ［法］托克维尔著，董果良译：《论美国的民主》，北京：商务印书馆，1988 年。
③ ［法］托克维尔著，董果良译：《论美国的民主》，北京：商务印书馆，1988 年。
④ Jon Elster, *Alexis de Tocqueville：The First Social Scientist*, Cambrideg：Cambrideg University Press, 2009, p. 34.

五、托克维尔的理论解释力

在托克维尔看来，一个具有解释力的社会理论必定建立在方法论个人主义基础上。这里所说的方法论个人主义并不是狭义上的理性选择理论，而是通过上文所述的可以理解的行动者动机、理由、意图与行为模式来解释社会现象。一个问题随之产生：如果必须追求个人动机这类微观基础，社会学是否失去了它的"社会"特性，沦为心理学的"殖民地"？从托克维尔的历史社会学中可以发现，他并不寻找驱动个人行动者的无法观察的心理因素，而只付诸与我们日常经验相符的普通心理解释，这种普通心理学与亚里士多德和 17 世纪道德哲学家的理路一脉相承。砍柴者到底是为了取暖还是做木制品还是有必要另寻解释，这在经验研究中并不难判断。希特勒相信战局仍可能出现逆转，从而紧紧抓住最后一丝乐观迹象不放，而向他传递信息的人由于不敢说出实情而报喜不报忧，这符合我们日常生活中的常理；希特勒由于精神癫狂而希望被他认为背叛了自己的德意志灭亡，这只能是一种推测性解读。因此，社会学家并不需要高深的心理学知识，只要将基于常理的论证和经验材料勤加对照，即可得出有解释力的答案。换言之，托克维尔的历史社会学之所以具有解释力，在于它基于日常生活中的常理心理学，将社会现象视为可以理解的思想、信念、态度和行动的后果，并用可以观察的经验数据对其加以检验。

以托克维尔对美国宗教的观察为例，他提供了一种极具社会学色彩的解释。美国人民的宗教热情一直是社会学家和历史学家所关注的热点问题，其中的关键问题是：美国是一个"民主"社会，同时却是一个宗教信徒众多的社会。这似乎与托克维尔关于民主制度促进人民的怀疑态度，削弱"正统信仰"的观点相冲突。与此同时，消费主义和物质文化也逐渐成为美国文化主流。不仅如此，美国并没有欧洲的贵族制传统，也没有主宰社会的建制性宗教的历史。那么如何解释宗教在美国社会中的重要地位，尤其是相比欧洲而言？一个常见的解释是宗教从美国建国时起就扮演重要的角色。但托克维尔认为这还不够，他进一步强调美国宗教群体的自我划界："……在美国，宗教只管宗教方面的事情，宗教事务与政治事务完全分离，所以人们可以容易改变旧的法制而不触动旧的信仰。"[1] 这里的关键是，美国从建国起就确立了政教分离的原则。托克维尔访问美国时，对政教分离原则在美国的根深蒂固印象深刻："［美国人］只是在细节问题上看法不同，但都把宗教能在美国发挥和平统治的作用归功于政教分离。"[2] 托克维尔并没有停留于此，而是进一步考察美国宗教边界的性质。他发现，虽然美国新教宣称各个教派有解读宗教经文的自由，但这并没有导致各个教派的互相排斥和斗争。无论属于哪一个教派，美国新教徒之间总是互相认可，认为他们都是基督教徒："在美国，基督教

---

① ［法］托克维尔著，董果良译：《论美国的民主》，北京：商务印书馆，1988 年。
② ［法］托克维尔著，董果良译：《论美国的民主》，北京：商务印书馆，1988 年。

的各派林立，并不断改变其组织，但基督教本身却是一个基础巩固和不可抗拒的存在，既没有人想去攻击它，又没有人想去保卫它。"① 相比之下，圣公宗（Anglicanism）在英国享有近乎国教的地位，政治权力巨大，但由于它并不垄断宗教信仰，其他教派的存在使得英国人的宗教信仰强于法国。法国天主教会不仅集权程度远高于美国新教，在教义上更是唯我独尊，信徒们不享有解读教义的自由，这也造成了天主教会同时与政治势力和科学界两面作战的窘境。

托克维尔的历史社会学之所以具有极强的解释力，还在于它超越地理与时间边界的特性。在比较美、英、法的国家政权性质时，托克维尔注意到法国政府改革的艰难。他敏锐地指出，法国行政机构的集权化意味着它必须雇佣大量的公务员，这就导致了一个强有力的官僚阶级。国家政权的强大意味着它的公民期待从它那里得到一切。"每个人都把自己遭受的所有苦难归咎于政府……最无法避免的灾难都是政府所致，甚至一年四季的恶劣天气也与政府相关。"②《旧制度与大革命》中的这句话再好不过地体现了托克维尔超越国界和历史的洞见。

结　语

作为一位历久弥新的思想家，托克维尔被普遍认为是富有创见的政治理论家，但很少有人将他看成是一位社会学家。人们普遍看重他的规范性（normative）论述，他在历史社会学方面的解释力及其背后的社会科学哲学却没有得到应有的重视。本文试图将托克维尔重新带回到经典社会学家的行列。通过对托克维尔的历史社会学的讨论，本文指出，托克维尔通过对个案比较法的娴熟运用，以及基于日常生活心理学具有方法论个人主义色彩的分析，建立了一种具有因果色彩的解释社会现象的方法，尤其体现在众多条件法则上。这种因果解释超越了特定的时间和空间范畴，提供了一系列可供检验的因果机制。革命运动往往发生在社会状况有所改善之际，而不是持续恶化之时，这一"托克维尔悖论"广为人知，但它真正的生命力在于因果解释上的力度。如果读者同意这一论断，本文的目的也就达到了。

【作者简介】
李钧鹏，华中师范大学社会学院教授。

---

①　［法］托克维尔著，董果良译：《论美国的民主》，北京：商务印书馆，1988 年。
②　［法］托克维尔著，李焰明译：《旧制度与大革命》，台北：时报文化，2015 年。

"正名"和"做事"：以码头工人为例看民国前期工会与旧式工人团体的关系

——一个历史社会学的视角[*]

杨　可

一、民国前期码头工人的状况及其旧式团体

虽然陈达在统计都市化劳工的数量时并未将码头工人和人力车夫包括在内，但他们还是被视为"都市化工人的重要项目"。[①]清朝中后期，随着清政府在长江中上游的移民开发，以及后来帝国主义殖民者沿着江河湖海深入内陆的进程，商品贸易在长江沿岸各通商口岸日益兴盛，码头工人的数量也与日俱增，他们主要是来自城市周边农村的破产农民。据1920年刘云生对汉口码头工人的调查统计，仅汉口江岸从事驮货之搬运工人"实有一万余人，火车站街头巷尾，皆有此辈足迹"，[②]同时期上海的码头工人则有五万人之众。据有关统计，1919年全国各城市中码头工人总数达到了大约三十万。[③]

与拥有技术资本的工匠不同，这些从乡村来城市谋生活的普通农民自然大量地涌向基本没有技术门槛的都市苦力行业，也因此结成了自己的团体来应对他们在异地他乡都市生活的压力。这种团体多以地缘关系为纽带，带着一定的经济上互助的性质。瞿秋白在《中国职工运动的问题》中写道："苦力和劳动者极大多数是离着家乡很远，并且很难找着工作，所以他们自己也有这一类（会馆式）的组织，例如上海工人之中的安徽帮、宁波帮、湖北帮等……同乡的帮口是互相帮助寻找工作，和别帮人争夺工作的组织，这不仅是一种什么地方主义，而且是极残酷的苦力生活的反映，一种特殊的斗争方式。"[④]但是，和同样建立在地缘关系上的手工帮相比，苦力帮的组织结构相对比较扁平，"与熟练工人组织的手工帮不同，无师傅与徒弟的关系，除头目外，各劳动者都处

---

* 本文原载于《广东社会科学》2010年第1期。

① 陈达：《中国劳工问题》，上海：商务印书馆，1933年，第19页。

② 黎霞、张弛：《近代武汉码头工人群体的形成与发展》，《江汉论坛》2008年第10期，第79 – 85页。

③ 刘秋阳：《码头工人与五四运动》，《党史文苑（学术版）》2006年第8期，第29 – 31页。

④ 邓中夏：《中国职工运动简史（1919—1926）》，北京：人民出版社，1949年，第3页。

于同一的地位。头目代表他们交涉工作及收取工钱，把其中几分之几自取，几分之几则贮藏着作疾病或因他事而不能工作者的生活费、扶助废疾者费、给死者葬仪费，余下的才分给各劳动者"。①

由于各地民间传统不同，有时候帮口也在地缘关系上附加一层血缘关系纽带，并以此为界限将日益增多的码头工人分等，按亲疏远近决定谁能优先获得劳动工作权和享受较好的拆账比例，在家族主义较为兴盛的福建地区我们可以看到码头上的家族势力："他们依恃权势，霸占码头，按同姓家族组织诸如'家族自治会'这样的封建行会和帮派，作为帝国主义、国民党反动派和封建把头联合统治码头的工具。在这种封建家长制的法西斯统治下，厦门码头工人过着牛马不如的生活。统治码头的反动家伙们……强迫同姓家族的工人加入'家族自治会'，并交纳高达工资百分之三十的会费，否则就不能在码头做工；非同姓家族的工人只能做'散工'，却同样要交纳会费，并受家族自治会大小工头的统治"。②

无可否认，码头工人中的帮会帮口等旧式团体具有权力主义的色彩并对工人进行程度不同的剥削，但正如裴宜理所说的那样，它也同时为码头苦力工人"提供了进入令人生畏的上海劳动力市场的入场券"，③ 同乡身份（或同帮身份）和工作机会之间存在密切关联，这使得大量无法采取个体脱离策略的底层苦力工人不得不依赖这种团体组织。帮口和帮口之间一般会根据长期以来的习惯原则，按港口的位置和装卸货物的种类划分势力范围，但由于总是僧多粥少，工人之间争抢货物和码头时有发生，并引发帮与帮之间惨烈的械斗，也即"打码头"④，地缘冲突引起的劳劳纠纷甚至超过了劳资纠纷，在码头工人的械斗中可以看出"地缘关系压倒了阶级关系"⑤。共产党早期的劳工组织正是在这样的时代背景下产生的，它所要面对的正是这个"阶级知识不足"的工人群体。邓中夏在《中国职工运动简史（1919—1926）》中开宗明义地提出，"中国'现代'式的工会运动，是 1920 年中国共产党成立以后才开始的"，"中国劳动者的团体，有它自己的特殊历史，有种种特殊的形式，但无论如何是不能与现代式的工会同日而语的……中国很少产业工人，主要都是手工业工人和苦力。因此在工人中也就只有行会，只有帮

---

① 全汉升：《中国行会制度史》，天津：百花文艺出版社，2007 年，第 168 页。

② 厦门市交通局搬运公司工人写作组、厦门大学中文系七二级工农兵学员编写：《仇满鹭江潮——厦门码头工人家史选》，福州：福建人民出版社，1975 年，第 2 - 3 页。这本"文革"期间的诉苦运动中码头工人写作组编写的回忆"阶级仇、民族恨"的小册子不可避免地具有时代的烙印，但留心的读者仍可以穿过阶级斗争的话语之幕观察到有意义的史实。

③ ［美］裴宜理著，刘平译：《上海罢工：中国工人政治研究》，南京：江苏人民出版社，2001 年，第 64 页。

④ 黎霞：《民国时期武汉码头劳资纠纷及其影响（1927—1937 年）》，《华中师范大学学报（人文社会科学版）》2007 年第 6 期，第 78 - 82 页；［美］裴宜理著，刘平译：《上海罢工：中国工人政治研究》，南京：江苏人民出版社，2001 年。

⑤ ［美］裴宜理著，刘平译：《上海罢工：中国工人政治研究》，南京：江苏人民出版社，2001 年，第 33 页。

口，只有秘密结社"。①

二、早期的码头工人工会工作

（一）"正名"的要求——以阶级的组织替代帮口

虽然码头工人人数众多，但早期共产党的知识分子只是注重对其进行"劳工神圣"的启蒙，而并没有过多关注其内部组织。1920 年，陈独秀在对上海船务、栈房工人的演讲中提出"盼望做工的人快快觉悟自己有用，贵重"。② 直到 1923 年 12 月，邓中夏在总结共产党成立后的工人运动情况时仍感到，"尚有两种有力的工人没有组织起来，其一便是各口岸的码头工人"。③ 有研究者认为，之所以会如此，首先与党成立初期的工作方针和重点有关。

"中国劳动组合书记部"作为共产党公开领导全国职工运动的组织，在中国共产党成立之后不久（1921 年 8 月）即在上海正式挂牌成立，④ 其成立宣言提到了工会组织面临的挑战，"劳动者把他们自己分成什么宁波帮、广东帮、江北帮等等是不行的。这是把自己分裂的方法，怎样能拿这种团体来和资本家奋斗呢？我们只能把一个产业的地下的劳动者，不分地域，不分男女老少，都组织起来，做成一个产业组合。因为这样一个团体才能算是一个有力的团体，要这样的组织法，劳动者才能用他们的组织力，做奋斗事业，谋改良他们的地位呢"。⑤ 简言之，党制定的工会工作的宗旨是：铲除帮口，按产业组织工会。

通过仔细分析可以看出，共产党这时期的工会工作宗旨在两个方面与在码头工人中开展工作存在潜在矛盾：第一，从工会的历史文献中我们可以看到共产党早期的工会组织要求"正名"的强烈意愿。前述的中国劳动组合书记部的成立宣言强调了其组织的事业"是要发达劳动的组合，向劳动者宣传组合的必要，要联合或改组已成的劳动团体，使劳动者有阶级的自觉"。⑥ 中国共产党按照马克思主义的经典论述，不但主张劳

---

① 邓中夏：《中国职工运动简史（1919—1926）》，北京：人民出版社，1949 年，第 1 页。

② 陈独秀：《劳动者底觉悟——在上海船务、栈房工界联合会演说》，载《独秀文存》，合肥：安徽人民出版社，1987 年，第 300 页。

③ 刘秋阳：《民主革命时期中共对码头工人的认识及启蒙宣导》，《党史文苑（学术版）》2007 年第 4 期，第 25 – 26、55 页。

④ 王永玺、何布峰、曹延平主编：《简明中国工会史》，北京：中国工人出版社，2005 年，第 12 页。

⑤ 该宣言落款为"中国劳动组合书记部张特立等二十六人"，张特立即为张国焘，时为中国劳动组合书记部主任，参见中华全国总工会中国职工运动史研究室编：《中国工会历史文献》1，北京：工人出版社，1958 年，第 2 页。

⑥ 中华全国总工会中国职工运动史研究室编：《中国工会历史文献》1，北京：工人出版社，1958 年，第 2 页。

动者的联合，而且此联合要建立在阶级的基础上。因此，在共产党早期的工人运动领导者眼中，码头工人帮口等劳动者原有的旧式团体"当然不是阶级的组织，而是同乡性质的组织"。① 它们只能造成工人阶级内部分裂，以地域为特点的组织方式限制劳动者的组织力，无法和强大的资本家对抗。它并没有被视为可资利用的组织资源，而是必须去除的封建包袱。如何破除封建帮口的影响，真正按团结整个阶级的目标将所有的劳动者都联合起来，共产党的工会组织需要不断做出"正名"的努力，强调其与原来的工人团体的区别。

第二，码头工人相比于产业工人来说处于相对边缘的地位，我党成立初期并没有以其为工作重点。在中国共产党早期论述中，与机器大工业相联系的产业工人，也即工业无产阶级才"是中国新的生产力的代表者，是近代中国最进步的阶级"。② 在从事新式工业的产业工人中建立产业工会既是任务所需，也是因势利导，例如在上海印刷界便成立了上海印刷总工会。③ 也就是说，按产业组织工会的工人运动方针本身就是适应新式工业的组织方式而提出的，这也反映了早期共产党在力量不足的情况下所制定的工作重点。尽管码头工人作为都市苦力工人所蕴含的革命力量也引起了党的注意，"其经济地位和产业工人相似"，但"不及产业工人的集中和生产上的重要"。④ 再加上码头工作劳动地点不集中，各码头依附的产业也不尽相同，这一点与党按产业去开展工人工作的方针存在矛盾。

（二）"做事"与"正名"张力下不断调整的工会目标与行动

"阶级互助的大道理"如何能够为普通工人所理解，这的确不是理想主义的宣言所能解决的。在"正名"之外如何"做事"，也即如何具体开展工人运动，的确是经历了一番摸着石头过河的过程，其间工会对旧式工人团体的态度也经历了一番变化。

虽然中国劳动组合书记部的宣言声称要按阶级的原则来组建工会，但在组织力量尚弱小的时候还是没有完全另起炉灶，而是决定"工会组织采用下级组织"。这里以广州的工会工作为例，1924年《广州市工人代表会决议案》决定，以重新注册、认定旧有的工人团体的方式，党着手对工会内部的组织进行整顿改组："在此次代表会闭会之后，各工会应设法整顿各工会内部组织，以增加团结力量。其组织之法，需依照下列方法：一、将旧时工人小团体如俱乐部、寄宿舍、外寓、馆口、堂口等等，在工会注册，认为正式团体，作为工会之单位，受工会指挥。"⑤

---

① 邓中夏：《中国职工运动简史（1919—1926）》，北京：人民出版社，1949年，第3页。

② 中华全国总工会、中共中央文献研究室：《毛泽东 邓小平 江泽民论工人阶级和工会工作》，北京：中央文献出版社，2002年，第8页。

③ 陈达：《中国劳工问题》，上海：商务印书馆，1933年，第108页。

④ 中华全国总工会、中共中央文献研究室：《毛泽东 邓小平 江泽民论工人阶级和工会工作》，北京：中央文献出版社，2002年，第9页。

⑤ 中华全国总工会中国职工运动史研究室编：《中国工会历史文献》1，北京：工人出版社，1958年，第70-71页。

但工会即便是组织起来了，工会与工会之间还是时常大打出手。对于工人之间常常发生的械斗互殴，党的工会组织会做出批评，并以此作为开展阶级教育、启发阶级情感的契机："你们组织工会，不去对付剥削你们的敌人，拥护自己的利益，而专门对付同阶级的兄弟，抢夺自己家人的饭碗。你们不去打倒帝国主义、资本家，而来争打自己家庭的兄弟，你们是何等的错误！……切不可因为一点小事，就失掉同阶级互助的大道理！"①

有学者认为，共产党在早期工人运动中将革命原则性和策略灵活性很好地结合起来，成功地本着阶级自觉性扫除了工人帮口帮会的障碍。② 但至少从上海码头工人看来，情况不尽如此。裴宜理指出，国共两党干部都竭尽全力去吸收关键的码头工人，但他们的努力"收效甚微"。这当中一个重要的制约因素就是码头把头对工人有着严密的控制和绝对的权威。共产党也曾经利用过同乡关系，派出湖北籍的学生接近湖北籍的上海码头工人，传播革命思想，但在上海工人三次武装起义之后这种积极影响也就风流云散了。③ 在五卅运动中，大部分参与罢工的码头工人是为了得到罢工费，而非出于阶级觉悟。截至抗战结束时，在上海 6 万多名码头工人中，共产党员只有区区 16 名。事实上，封建把头的障碍直到 1949 年新政权建立后才得到彻底解决。④ 客观地说，由于工人过于流动、行业内部分裂以及把头权威，在码头工人中要"做事"都极其困难，更不要说"正名"了。

有了这一点对史实的认识以后，再来阅读 1931 年党的工会历史文献就会发现，"王明路线"时期即使已经认识到做事的压力，还是在不断正名。1931 年 3 月中华全国总工会发出了两封致各地工会的信，一封反思了"立三路线"中只提普遍政治口号，忽视具体各行各厂工人迫切经济需求的错误，但另一封却又强调在辅助组织的工作中"要反对离开无产阶级意识的做法"，"可以利用其他封建团体，如用同乡会、帮口弟兄会，但应该是打破这些封建关系，发散我们的赤色工会的政治影响，实行他们的内部的阶级斗争"。⑤

抗战爆发之际，中华全国总工会明确地提出"做事"的目标——对内和平，对外抗战。革命目标因应时代发生变化，中华全国总工会不仅暂时放弃了"正名"的要求（"我们目前的职工运动再不是打击中国的资产阶级"），在"做事"上也更灵活，承认

---

① 《1926 年 4 月 3 日〈中华全国总工会就工人互相殴打事告工人〉》，见中华全国总工会中国职工运动史研究室编：《中国工会历史文献》1，北京：工人出版社，1958 年，第 216 - 217 页。

② 蔡少卿：《中国近代会党史研究》，北京：中华书局，1987 年，第 338 - 339 页。

③ ［美］裴宜理著，刘平译：《上海罢工：中国工人政治研究》，南京：江苏人民出版社，2001 年，第 318 - 320 页。

④ ［美］裴宜理著，刘平译：《上海罢工：中国工人政治研究》，南京：江苏人民出版社，2001 年，第 319 页。

⑤ 中华全国总工会中国职工运动史研究室编：《中国工会历史文献》3，北京：工人出版社，1958 年，第 323 - 325 页。

可以利用"不拘形式的秘密结合"去团结工人。[1]

小结与引申讨论

本文主要结合码头工人运动的历史文献，以"正名"和"做事"的概念梳理了中国共产党在民国前期的工会工作及其与旧式工人团体的关系。在工人组织需要"正名"的要求之下，工会对旧式的工人团体势必持负面态度，将之视为封建残余，是需要改组、打击和排除的对象；在某些特殊历史时期，"正名"的要求暂时隐退，党可以运用这些组织形式来团结工人一起"做事"，但这仅是权宜之计。在中国共产党看来，即使不考虑封建把头的因素，码头工人的旧式团体中无论是行业还是地域的联合都不是最理想、最终极的团结工人之道，因为这里面暗藏着分裂主义，不利于凝聚整个阶级的力量。

透过民国前期的历史我们可以看到，共产党不断在尚未成熟的工人中植入阶级话语，试图呼唤出一个一般意义的作为整体的工人阶级主体。这里就引入了一个对阶级政治的适用性的讨论，这也是近年来劳工研究中的一个热点。毕竟我们所习见的劳工研究论述都是以阶级分析为框架的，而且是在一个民族国家范围内。但从 E. P. 汤普森强调工人文化传统对工人阶级意识形成的意义开始，劳工研究逐渐重视工人的文化认同，裴宜理更是径直提出"不同的工人有不同的政治"，她讨论不同地域、产业、性别的工人如何在身份政治的影响下形成了小范围的团结，开展了有力的集体行动。[2] 沈原对于建筑工人"关系霸权"的研究也指出，在劳动关系之外，工人也将其亲缘、邻里、乡亲等社会关系带进劳动过程，这种关系枷锁一方面可以约束劳动者的不满，另一方面也可能成为联合建筑工进行抗争的纽结。[3] 此外，加州大学伯克利分校的 Peter Evans 教授更是将他的劳工研究带回到"全世界无产者，联合起来"的意义，他突破了民族国家的限制，强调在全球化时代，要以全球无产阶级及其各类型组织的联合来应对跨国资本的挑战。[4]

裴宜理、沈原和 Peter Evans 的研究实际上提出了这样一个问题：阶级政治是不是我们今日进行劳工研究的唯一框架？我们是否有可能在低于阶级或者超越民族国家的层面去开展斗争？阶级并非根据生产过程中的地位自动形成，我们是否应该在现有的关系

① 《中华全国总工会关于职工运动的经验及转变方式问题》，见中华全国总工会中国职工运动史研究室编：《中国工会历史文献》3，北京：工人出版社，1958 年，第 711－720 页。

② ［美］裴宜理著，刘平译：《上海罢工：中国工人政治研究》，南京：江苏人民出版社，2001 年。

③ 沈原：《市场、阶级与社会——转型社会学的关键议题》，北京：社会科学文献出版社，2007年，第 194－270 页。

④ Peter Evans, Counterhegemonic Globalization: Transnational Social Movements in the Contemporary Global Political Economy, In Thomas Janoski, Robert R. Alford, Alexander M. Hicks & Mildred Schwartz, eds., *Handbook of Political Sociology: States, Civil Societies, and Globalization*, Cambridge: Cambridge University Press, 2005.

基础上去实现团结，而无论既有的关系是地域性的团体还是跨越国界的联合？对上述问题的回答直接关系到我们如何看待今天农民工群体按地缘、同乡关系形成的自发结合，这种现象在今天仍然层出不穷，警惕者有之，冷眼旁观者有之。对它们到底应该是打击、限制，还是留存、利用？抑或是鼓励、争取？让我们珍惜历史经验，以史为鉴。

【作者简介】

杨可，北京大学社会学系博士生、中国社会科学院社会学研究所助理研究员。

人 口 学

户籍制度改革对深圳市人口管理的影响与对策 [*]

李若建

深圳是中国改革开放以来形成的最大的移民城市，也是非本地户籍人口占人口比重最大的城市之一，同时就实际人口数量来说是中国的超大城市之一，经济实力在全国的城市中名列前茅。由于深圳市的特殊情况，其人口管理问题的复杂性远在国内其他地区之上，可以说，深圳人口管理的成功或失败，对中国的户籍制度改革的成败有重大的影响。近年来全国各地进行了不同程度的户籍改革，与国内其他几个超大城市一样，在这一改革面前深圳采取了比较慎重的态度，但是这一户籍制度改革的浪潮不可避免要冲击深圳，因此本文专门对此作一探讨。

一、深圳户籍管理体制的演变

深圳的户籍制度改革经历了 20 多年的过程，在改革开放初期，深圳率先打破户籍对人才流动的制约，对许多人才给予落户。经济的发展和比较宽松的户籍政策，使深圳的人口规模急剧增加。在这种背景下，深圳开始了对户籍的控制。由于户籍人口的就业压力增大，深圳出台了一系列旨在保护户籍人口的就业政策，也因此增大了控制户籍人口的压力。

（一）户籍管理的演变阶段

深圳的人口户籍管理可以分成三个阶段：

第一阶段（1979—1986 年）是基本上不控制的阶段。在这一阶段中对人口迁入并没有太多的限制，1984 年国家计划委员会、劳动人事部下发了《经济特区劳动工资计划和劳动力管理试行办法》，深圳开始编制《职工人数计划》，但是计划并没有约束性。

第二阶段（1987—2001 年）是计划控制阶段。1987 年深圳开始将招收职工列入计

＊ 本文原载于《广东社会科学》2002 年第 5 期。

划管理，对超出计划的部分不予落户。1990 年把全部的人口迁移增长（政府部门称为机械增长）列入计划管理，同年开始征收城市基础设施增容费。

第三阶段（2002 年以来）是走向深化改革的阶段。随着全国的户籍制度改革，深圳多多少少有点被动地卷入这一改革之中。因为不能收取暂住费，深圳不得不暂停办理暂住证，在 2002 年停止收取城市基础设施增容费，并对 2001 年 11 月 1 日后收取的城市增容费给予清退。

（二）几个特殊的政策

1. 买房入户与蓝印户口

1983 年深圳特区曾经实行过购买商品房入户的政策，由于种种原因产生了一些遗留问题。1995 年 10 月深圳在经济特区外的宝安与龙岗两区实行购买商品房可以入深圳的蓝印户口政策。这一政策的出台与这两区大量的商品房积压有关，但是实行到 1998 年底，也只有 4.3 万人办理买房人蓝印户口。这一政策对推销商品房有益，但是并没有产生让大量的外来人口定居下来的效果。

1996 年 1 月开始实施的《深圳市户籍制度改革暂行规定》全面引入了蓝印户口制度，在这一制度中规定，被深圳政府机关、企事业单位聘用的外来就业者，在满足一定的学历条件（中专以上）、年龄条件（特区内 40 周岁以下，特区外 45 周岁以下）、居住年限（1～3 年，视不同情况而异）可以有资格申请蓝印户口，投资达到一定规模的（100 万元以上）、纳税额连续三年达到一定数额的（特区内每年 10 万元以上，特区外每年 5 万元以上）可以得到蓝印户口指标。虽然蓝印户口在原来的计划控制人口上打开了一个缺口，从条件上看申请人的资格要求不高，但是要拿到指标的条件依然相当高。

2. 本地户籍人口的就业保护

1988 年的《广东省经济特区劳动条例》中规定，特区开放劳务市场，用人单位与劳动者相互选择。同时还规定在特区内招收的职工不能满足需要时，可以在劳动管理部门同意下到其他地区招收职工。

1995 年的《深圳经济特区暂住人员户口管理条例》中规定，暂住证分劳务与非劳务两种，劳务暂住证的有效期一年，非劳务暂住证的有效期两年，在有效期上的差别到 1997 年才改为统一都是两年。根据规定雇用持非劳务暂住证的人员就业要受到惩办。

1997 年的《深圳市居民按比例就业暂行办法》对各工种和行业中本地居民的就业比重作了硬性的规定。对文员工种要求本地居民的比例不低于 80%，对一般服务业工种不低于 60%，对劳动强度大的服务业工种要求不低于 40%。对金融保险业要求本地居民占职工的比例要达到 87%，邮电通讯业要达到 80%，批发零售贸易业要达到 78%，仓储业要达到 76%，物业管理业要达到 66%，交通运输业要达到 60%，旅游宾馆餐饮业要达到 50%。

1998 年的《深圳市促进国有企业下岗员工及失业员工再就业若干规定》中提出，对没有达到上述比例的企业，只要下岗员工愿意并有能力从事劳务工岗位工作的，企业应该辞退外来工，让下岗人员就业。对新办企业招收下岗工人达到一定比例的，给予减免税收的优惠。

3. 对外来劳动力的不平等政策

由于种种原因，深圳在劳动管理上不仅优先照顾户籍人口，而且在社会保障体系上对外来人口多多少少有一点不平等。1996 年的《深圳市基本养老保险暂行规定》中对持有暂住户口的职工暂不列入基本养老保险范围。同年的《深圳经济特区失业保险条例》规定，失业人员指失去工作并办理了失业登记手续的具有特区常住户口的员工，但是在同一条例中规定，用人单位缴纳失业保险的标准之一是本单位员工数，并没有排除外来暂住人员。1998 年的《深圳经济特区企业员工社会养老保险条例》规定，非本市户籍员工实际缴费年限要累计满 15 年才有取得养老金的资格。如果离开深圳特区，其缴纳的养老保险中个人账户中的金额可以转入所去地区社会保险机构或退还本人。这一规定相比过去有很大的突破，但是对外来人口来说，在深圳特区工作满 15 年的可能性不大，而离开时只能得到个人账户中的金额，这在一定程度上还是有损失的。

二、户籍制度改革给深圳户籍管理带来的压力

全国各地的户籍制度改革，特别是广东省的户籍管理改革，对深圳人口管理产生了不可低估的影响。这些影响可以从几个方面看：

第一是外来人口群体的压力，这种压力以几类人较突出。第一类是外来的白领阶层，这类外来人口一般受教育程度比较高，职业地位也比较高，但是因为户籍政策的因素没有户口。这类人虽然没有户口，但是生活形态与有户籍的人基本上没有明显差异。第二类是外地户籍而在当地投资的人，这类人往往有较强的经济实力，可以在当地购买房产。第三类是有本地户籍人口的直系亲属，这类人大部分与自己的亲属共同生活，基本上已融入本地社区。对于上述几类外来人口，他们的生活已经和迁入地紧密结合在一起，而迁入地也离不开他们的存在，给予他们户籍实际上只是对客观存在的承认。由于这几类人口社会地位比较高并且数量众多，他们的呼声得到的同情与支持也日益增加，影响力正在不断上升。

第二是人口管理体制改革潮流的冲击。在当前各地纷纷进行户籍制度改革的形势下，外来人口聚集地区的户籍制度改革反而显得落后。虽然深圳这种外来人口特别集中的地区户籍制度改革的难度远远超过其他地区，但是这种困难不一定能够得到社会的理解。因此由于外来人口聚集地区一般是经济相对发达的地区，户籍制度改革相对滞后引发的社会舆论压力也不容轻视。

第三是管理工作的压力，目前的外来人口管理体制是一种过渡性的体制，明显存在很多不足。虽然人为地把同在一个地方工作、生活的人按户口所在地分类对待这种方法肯定无法永远维持下去，但是目前的户籍管理体制已经运行多年，要大幅度改变这种体制，涉及政府的许多管理部门，如公安、计划管理、劳动、计划生育、民政、镇政府、

街道、居委会等，传统管理模式改变也给他们带来重新适应的问题。

第四是部分行政管理部门利益的压力。在外来人口的管理上，存在着部门利益问题，[①] 改革户籍制度意味着一些部门失去利益。除了利益之外，户籍制度改革也意味着管理模式的改变，这对一些管理部门来说面临自身的改革，因此不排除个别部门为了自己的方便而不积极推动户籍改革。

第五是本地居民的压力。在外来人口聚集地区推行户籍改革时，本地居民的一个心理压力问题值得关注，即对外来人口会无限膨胀的恐惧心态。其实在市场经济体制下，人口流动主要是受到劳动力流动的影响，只要一个地区的劳动力市场有限，就不可能引发无限的人口流入。虽然在理论上外来人口不可能无限膨胀，但是外来人口的不断增加确实给迁入地带来各方面的压力，特别是对本地人就业的压力，因此反对迅速开放户籍的观点有相当的市场。

第六是为改革而改革的行政行为压力。显然外来人口集中地的户籍制度改革是不可避免的，但是改革的难度也是相当大，问题是如何改革与何时改革。在全国范围内的户籍改革浪潮中，受到冲击的各地纷纷出台了程度不同的户籍改革制度。在户籍制度管理最严格的北京市，也放松对农民进入周边地区卫星城和小城镇的户口限制，对本市农民中在城镇有固定住所、稳定职业和生活来源者可根据本人意愿转为城镇户口。连北京都朝着改革的方向迈出一小步，其他地区的改革压力就更加大了。

三、深圳户籍制度改革的动力

对于深圳这么一个具有良好发展前景的城市来说，自身存在着强烈的改革动力，当然也包括户籍制度改革的动力在内。

动力之一，人口户籍状态的不协调。2000 年，深圳 700 万人口中，户籍人口只有 125 万，办理了暂住证的人口只有 308 万，也就是说有近 300 万人口是游离在现行的人口管理体制之外，占实际工作、生活在深圳的人口总数的 40% 左右。这种现象只能说明现有的户籍管理制度需要进一步深化改革。

动力之二，制度创新的需要。目前深圳户籍人口的就业形势不容乐观，一个重要原因是缺乏竞争机制。从前面的分析中可以看出户籍人口在就业上得到政府的多方面保护，为了改变这种保护本地户籍人口的短期行为，需要深入改革户籍制度与其他相关的劳动制度。

动力之三，社会经济发展的需要。深圳的经济起飞只有 20 多年历史，这种短期内飞速发展的区域存在的一个问题是城市的文化底蕴不足。在深圳这么一个居民收入居全国首位、经济实力名列前列的城市，却没有一所在国内有较高学术地位的大学，没有国

---

① 李若建：《利益群体、组织、制度和产权对城市人口管理的影响》，《南方人口》2001 年第 1 期，第 16 - 21 页。

内一流的文化艺术团体。为了使深圳的发展有后劲，而不仅仅是一个经济增长极，深圳还需要大力引进大量的相关专业人才。

动力之四，经济结构调整的需要。深圳在发展的过程中，劳动力数量的增长曾经起到重要的作用，直到今天劳动密集型经济仍然对深圳的经济起着举足轻重的作用。然而在 21 世纪的今天，深圳面临着越来越大的经济结构调整的压力。要调整经济结构就要调整相关的人口管理体制。

由于种种动力的存在，在当前的全国性户籍制度改革当中，深圳完全可能在户籍制度改革的某些方面继续走在全国的前列。

四、深圳户籍制度改革的设想

根据目前的户籍改革进程，深圳市户籍制度改革可以从几个方面加以考虑。

第一是要有全面规划，积极稳妥进行。户籍制度改革是一个涉及运行了近半个世纪的制度的改革，其影响之大不能低估。从上面的分析中可以意识到，对于外来人口聚集地区的户籍改革所产生的冲击会相当大，因此对改革的时机、步骤、后果都应该有充分的计划准备，否则可能出现一些比较大的问题。

第二是要逐步降低迁入的门槛。目前在北京、上海和珠江三角洲地区都有形形色色的投资、买房入户的政策，这实际上是将户籍有价化。[①] 这种政策的优点是可以对地方经济有帮助，并且可以逐渐开放户籍；缺点是人为地加深社会不平等，进一步强化金钱万能的意识。因此根据各地的实际情况，应该逐步降低迁入的门槛，比如说现在许多地方规定要购买多少面积的商品房（或多少钱）就可入户，可以逐步降低标准，一直降低到只要购买与本地居民人均居住面积相当的商品房就可以有 1 人入户。

第三是要分不同类型的地区、不同的人群，采取不同的措施。在同一类型地区的户籍制度改革要基本同步进行，避免局部地区的户籍制度改革产生过分的冲击。各种类型社区的外来人口形态差别很大，因此政策也应该有所区别。通常来说，城镇化水平越高的地区，外来人口以居住为目的的比重越大，城镇化水平越低的地区，外来人口以工作为目的的比重越大；以商业、服务业为主的外来人口在新老城区居多，而以工业为主的外来人口则集中在城乡接合部与镇区。

因此，根据各种类型地区的情况，可以考虑在新老城区对子女有本地户籍的离退休人员开放户籍，因为从人道的角度来看，亲人团聚是不应该限制的。同时这批人员对本地就业市场的冲击极小，大多数享受退休保障或者有子女供养，在经济上能够自立。这些人对迁入地的影响主要是要占用部分公共资源，但由于这批人的数量不会太多，同时这些人中的大多数实际上已经居住下来，对公共资源的占用是既成事实，因此开放户籍影响不大。另外，高素质的外来人口是一种宝贵的人力资源，对这批人开放户籍是一种

---

① 李若建：《城镇户籍价值的显化与淡化过程分析》，《社会科学》2001 年第 9 期，第 53－58 页。

明智的做法，实际上许多地区对这批人已经开放户籍，例如珠江三角洲一些地区就提出了"人才直通车"的概念与制度。现在的问题是对人才如何界定，实际上是对哪一个层次的人才开放户籍的问题。在外来人口聚集地区可以考虑对大学本科及以上学历人口开放户籍，进一步过渡到对专科及以上学历人口开放户籍。

在城乡接合部和镇区，除了对亲人团聚、外来人口中的高素质人才参照新老城区的制度之外，应该实行外来人口在居住满一段时间之后，在满足一定的条件下可以自动得到居住地户籍，这种制度可以使一些流动性大的外来人口能沉淀下来。在这方面广东省的做法有参考价值。1999 年 3 月 1 日实施的《广东省流动人员管理条例》规定："流动人员在同一市、县暂住五年以上，有合法就业或经营证明、计划生育证明的，其子女入托、入学等享受与常住人口同等待遇；连续暂住七年以上、有固定住所、合法就业或经营证明、计划生育证明、无犯罪记录的，可以按国家有关规定申请常住户口。"这一条例实际上已经为外来人口聚集地区户籍改革打开了一扇门，但是存在一个问题，就是外来人口就算满足申请条件也可能不被当地政府批准，因此应该将申请批准制度改为符合条件就可以自动转变户籍所在地的制度。如果有了长达七年的缓冲期限，这种户籍制度的改革产生的震动会小许多。从户籍改革的压力上看，广东省规定的七年这一期限太长了，可以考虑从七年逐步下降到五年、三年。

总的来说，深圳进一步的户籍改革势在必行，尽早启动改革将有利于今后的社会经济发展，但是一定要实事求是根据人口实际情况进行。

【作者简介】

李若建，中山大学人口研究所教授、博士。

中产阶级的消费水平和消费方式[*]

李春玲

　　中国经济高速增长导致了一个快速成长的中产阶级。尤其自 21 世纪以来，中国中产阶级的人数规模增长明显。虽然中产阶级在中国总人口中的比例还比较低，但由于庞大的人口基数，中国中产阶级的绝对人数仍然是一个巨大的数值。根据研究者和分析家们较为保守的估计，目前中国中产阶级及其家庭成员的人数超过 1 亿。一些中国学者预计，在未来的十年里中国中产阶级占总人口的比例很可能达到 30% ~ 40%，即达到约 4 亿人。在中国的社会、经济、文化和政治领域，这一庞大的、快速成长的群体正在显示出它的影响力。尤其在消费领域，中国的中产阶级已经展示出了它的巨大能量，它是推动中国经济转型（由产品出口导向的经济转变为内需拉动的经济）的主要动力之一，也是全球性跨国公司重点关注的消费目标群体。中国中产阶级的消费理念和生活方式还有可能影响着中国乃至世界的能源消费结构及其生态环境。如此重要的一个社会群体吸引着大量学者、分析家、政府决策者及企业家的关注，然而，对于当前中产阶级的消费现状及其特征，人们还缺乏深入细致的分析。本文基于调查数据资料，对于中产阶级的消费水平和消费模式进行了系统描述和分析。同时，在对中产阶级消费现状进行描述的基础上，笔者还关注中产阶级消费文化的形成问题。虽然有研究指出，中国中产阶级具有"消费前卫"倾向，[①] 但以往的研究发现，中国消费分层呈现两端特征明显而中间部分趋同的现象，即高端消费人群（如富豪群体和私营企业主群体等）表现出与其他群体明显不同的消费模式，而经济困难群体（如大部分的农民和城镇贫困人群）则保持着极低的消费水平和维持基本需求的消费模式，处于高端消费人群与低端消费人群之间的众多社会群体则消费分层现象不明显，各个阶层的成员在消费分层中的位置较为离

---

　　* 本文原载于《广东社会科学》2011 年第 4 期。

　　① 周晓虹主编：《中国中产阶层调查》，北京：社会科学文献出版社，2005 年。

散，阶层成员内部消费水平的同化程度较低。① 戴慧思等人的研究也指出，当代中国消费文化显现出个体化倾向，社会生活领域中不断增长的个人自由和空间，使消费行为更为个性化，生活方式的异质性也增强。② 在这种情况下，中产阶级成员也表现出不同的消费偏好，未能形成特征明显的中产阶级消费文化。然而，近年来，随着中产阶级的成长步伐加快，其群体特征和身份认同日益突显。③ 作为阶级形成的一个表征，其消费行为也将趋于同化。④ 本文重点比较了各阶级/阶层的消费水平、家庭耐用品拥有率、汽车和住房消费及居住社区和消费行为偏好，考察中产阶级与其他阶级/阶层之间的异同，由此论证中产阶级消费文化的形成。

本文采用的数据来自中国社会科学院社会学研究所 2007 年收集的全国抽样调查数据，此数据在全国 28 个省/直辖市中抽取 130 个区/县、260 个乡镇/街道、520 个村/居委会及 7 139 个家庭户及个人。此外，本文也采用了 2007 年北京和 2010 年上海中产阶级调查数据的部分信息，这两个调查的样本量分别为 450 和 1 000。

一、中产阶级的概念界定与人数规模

有关中产阶级的概念界定多种多样，在不同的社会和不同的社会经济发展阶段，划分中产阶级的具体标准也有所不同。社会学界有一种通常的说法：有多少个阶级理论家就有多少种阶级概念的定义。这句话完全适用于中产阶级这一词汇的界定。对于中产阶级这一词汇的确切含义和具体分类标准可谓多种多样，很难说哪一种概念界定最为正确，也没有哪一种分类体系得到普遍公认。人们只是在一般意义上对中产阶级这一人群的某些社会特征有一些共识，比如，他们在社会地位等级分层和收入水平等级分层中处于中间位置，他们大多是受薪的白领职业人员，有稳定的工作和收入，他们的文化水平较高，等等。不过，在不同历史时期和不同社会，人们对中产阶级这一词汇的一般性理解也会有所不同。在当今的欧洲发达社会，所谓的中产阶级是指"一般人"或"普通人"，只要他不是富人也不是穷人，那他就算是中产阶级。在当今的美国社会，有着稳定工作的白领受薪人员——比较典型的是从事白领工作的白种人——就是中产阶级。这种中产阶级的概念与当前中国民众对中产阶级概念的理解有很大的不同。⑤ 对于中产阶级概念的多元理解也许是一种合理现象，因为中产阶级——处于社会中间位置的一群

① 李春玲：《当代中国社会的消费分层》，《中山大学学报（社会科学版）》2007 年第 4 期，第 8 – 13 页。

② Davis，D. S. ，Urban Consumer Culture，*The China Quarterly*，Vol. 183，2005，pp. 692 – 709；王建平：《中国城市中间阶层消费行为》，北京：中国大百科全书出版社，2007 年。

③ 李春玲：《中产阶层的现状、隐忧及社会责任》，《人民论坛》2011 年第 2 期，第 14 – 17 页。

④ Bourdieu，P. *Distinction*：*a Social Critique of the Judgement of Taste*，London：Routledge & Kegan Paul，1984.

⑤ 李春玲主编：《比较视野下的中产阶级形成：过程、影响以及社会经济后果》，北京：社会科学文献出版社，2009 年。

人——的边界常常是模糊不清的。然而，研究人员出于学术研究（特别是数据分析）的需要，必须依据明确的分类标准做出精准的中产阶级划分，而分类出来的结果往往在某些方面会与人们对中产阶级的一般性理解有所差别。这是因为，在具备中产阶级典型特征的人群与完全不属于中产阶级的人群之间存在着大量人员，研究人员必然根据分类标准确定他们应归类为中产阶级还是下层阶级（或工人阶级）或上层阶级（或精英阶级）。

根据人们对中产阶级这一词汇较为类似的看法——中产阶级成员应该是拥有较高文化水平、中等及以上收入水平、从事白领职业的人，本文采用职业、教育和收入三个指标来定义中国的中产阶级。在当今的中国社会，有条件成为中产阶级的人，是从事白领职业、具有中等或以上文化水平并且收入高于当地人均收入水平（各省/直辖市城镇单位职工平均收入）的人。中国的中产阶级主要集中于城市——特别是大城市之中。在北京，符合这些条件的人占总人口的 15.9%，约占就业人口的 30%；在上海，符合相应条件的人占总人口的 13.2%，约占就业人口的 25%。这就是说，在北京，大约有 229 万人有条件成为中产阶级；在上海，大约有 221 万人有条件成为中产阶级。在全国城市总人口中，有条件成为中产阶级的人的比例为 9.4%，在城市就业人口中的比例为 19%。在全国总人口中，有条件成为中产阶级的人的相应比例则仅为 6.7%，即接近 9 000 万（约 8 898 万）的人符合上述三个条件而可能成为中产阶级。在这些人当中，大约 3% 是私营企业主，31% 是党政领导干部、经理人员和中高层专业技术人员，19% 是工商个体户，47% 是普通的白领职员和低层专业技术人员。

并非所有符合上述条件的人都可以成为真正意义上的中产阶级，因为他们中的许多人不承认自己是中产阶级。2007 年的调查显示，符合中产阶级客观标准——从事白领职业、具有中等或以上文化水平并且收入高于当地人均收入水平——的人当中，仅有 26.4% 的人承认自己是中产阶级。那些不承认自己是中产阶级的人声称他们的收入水平、生活质量或生存状态未能达到中产阶级的标准，同时，他们对于这种状况十分不满，因为他们认为，依据他们所接受的教育和所从事的职业，他们应该享受中产阶级的生活水平。金融危机之后的 2010 年，承认自己是中产阶级的人的比例大幅提高，符合中产阶级客观标准的人当中，有 60% 的人认可自身的中产阶级身份。这不仅意味着"中产阶级"这一身份标签得到越来越多的人认同，而且也表明越来越多的人感受到他们的生活状态有了中产的味道。中产群体的身份认同不断增强，说明这一群体有可能发展成为真正意义上的阶层或阶级——有相似的生活状态、生活方式、价值取向，并且逐步形成共同的利益认同以及有可能为了追求共同利益而采取社会行动。下面的数据分析将考察中产阶级是否显示出了与其他阶层不同的消费模式。

二、家庭消费水平和消费结构

消费水平是消费分层的一个基础，消费额度的大小决定了个人或群体在消费分层中的位置高低。表1列出了5个阶级/阶层的家庭年支出状况。这5个阶级/阶层包括中产阶级、半中产阶级、商业服务业工人、产业工人和农民。其中的"半中产阶级"是指从事白领职业但教育水平或收入水平未能达到中产标准的人。数据显示，中产阶级家庭的消费水平明显高于其他阶级/阶层，中产阶级的家庭年总支出是农民阶层的3.4倍，是产业工人和商业服务业工人的1.9倍和2.3倍，是半中产阶级的1.6倍。同时，东部地区阶级/阶层差异最突出，而中部地区和西部地区阶级/阶层差异略小。家庭年人均支出的阶级/阶层差异比家庭年总支出更大，这是因为中产阶级家庭的平均规模小于其他各阶级/阶层。中产阶级的家庭年人均支出是农民阶层的4.5倍，是产业工人和商业服务业工人的2.3倍和2.5倍，是半中产阶级的1.7倍。家庭日常支出（满足基本生活需要的支出项目）的阶级/阶层差异则更大。中产阶级的家庭年人均日常支出是农民阶层的5.6倍，是产业工人和商业服务业工人的2.6倍和2.4倍，是半中产阶级的1.9倍。

表1所列各项消费占家庭总支出的比例反映了家庭的消费结构。虽然中产阶级在所有支出项目上的消费水平都高于其他各阶级/阶层，但是各项消费占家庭总支出的比例与其他阶层有所差异。中产阶级在5个消费项目——饮食、日用品、水/电/燃气、教育和医疗保健上的比例低于其他阶层，在另外5个消费项目——服装、通信、交通、文化/娱乐/旅游和家电/家具购置——上的比例高于其他阶层。在人情交往消费上，除了农民阶层以外，中产阶级与其他阶层比例接近。这些比例差异反映出了中产阶级家庭消费结构与其他阶层所不同的特征。与其他阶层相比，中产阶级的家庭消费中，较低的比例用于满足基本生存需求方面（如饮食和日用品），而花费较高比例在提高生活品质上（如服装、通信、交通、文化/娱乐/旅游、家电/家具购置）。另外，中产阶级购买公共服务（水/电/燃气、教育、医疗保健）的费用占其家庭总支出的比例明显低于其他阶层。

表1　各阶级/阶层家庭年支出比较（2007年）

支出比较项目	中产阶级	半中产阶级	商业服务业工人	产业工人	农民
家庭年总支出/元	53 592	32 990	23 500	27 575	15 683
东部地区/元	62 815	35 548	27 797	30 668	17 318
中部地区/元	42 481	31 165	19 573	23 052	14 969
西部地区/元	47 402	29 624	21 412	25 951	15 852
人均家庭年总支出/元	17 099	9 830	6 862	7 410	3 801
人均家庭年日常支出/元	10 264	5 350	4 208	3 954	1 844
饮食支出占总支出的比例/%	34.4	37.8	39.0	40.5	35.1
服装支出占总支出的比例/%	8.9	7.1	6.9	7.3	6.2
日用品支出占总支出的比例/%	1.6	1.9	2.0	2.1	2.4
水/电/燃气支出占总支出的比例/%	6.6	7.4	7.9	6.8	6.7
通信支出占总支出的比例/%	6.9	6.1	5.9	6.6	5.4

（续上表）

支出比较项目	中产阶级	半中产阶级	商业服务业工人	产业工人	农民
交通支出占总支出的比例/%	5.7	5.1	4.5	4.8	4.6
教育支出占总支出的比例/%	9.1	10.0	11.0	10.1	9.5
文化/娱乐/旅游支出占总支出的比例/%	3.8	1.6	1.3	1.0	0.4
医疗保健支出占总支出的比例/%	5.6	6.5	6.6	8.1	12.7
人情交往支出占总支出的比例/%	6.8	6.9	6.5	6.9	12.2
家电/家具购置占总支出的比例/%	3.4	2.2	2.3	2.3	2.6

注："家庭年总支出"和"人均家庭年总支出"共包括13个支出项目："房贷还款和房租""饮食""服装""医疗""交通""通信/上网""教育""文化/娱乐/旅游""水/电/燃气/取暖/物业费""家电/家具购置""日用品""人情往来"和"其他"。"人均家庭年日常支出"包括6个支出项目："饮食""服装""交通""通信/上网""水/电/燃气/取暖/物业费"和"日用品"。

三、收入与消费比例及理财投资

家庭收入与家庭消费支出之比也是反映家庭消费状况的一个重要指标。家庭消费支出占家庭收入的比例较小，表明家庭经济状况较为宽裕，并将拥有较多的资金积累可用于储蓄或投资，同时也意味着这类家庭有能力进行昂贵物品的消费（如购房或购车等）或长远计划投资消费（如送子女去国外留学等）。

本研究显示，中产家庭只把60%的收入用于消费，另外的40%成为家庭的经济结余。这表明中产阶级家庭不是月光族，也没有超前消费的倾向。事实上，中产阶级的个人收入足以支撑整个家庭的消费支出而且还有富余，其配偶或其他家庭成员的收入都可成为家庭的经济结余。其他阶层的家庭则需要把更高比例的收入用于家庭消费，半中产阶级把81%的家庭收入用于家庭消费，商业服务业工人把80%的家庭收入用于家庭消费，而产业工人和农民家庭的相应比例分别为84%和83%。同时，在这些阶层的家庭中，单靠一个人的收入是难以支撑整个家庭的消费支出的。

中产阶级家庭中数量可观的经济结余显示出这个群体具有巨大的消费潜力。依据传统习惯，中产阶级处置家庭经济结余的主要方式是储蓄，然而，近年来中国中产阶级的一个变化趋势是投资理财的普遍化。中产阶级的一个突出特征是收入的多元化，工资收入并非其唯一收入来源。2010年上海和北京对中产阶级的调查显示，平均来说，工资收入只占他们的总收入62.3%，即超过三分之一的收入源于工资以外的收入，而其中很大一部分来源于投资理财收入。一般来说，中产阶级的经济条件较为宽裕，中产阶级家庭在日常开销之后都会有相当比例的节余，以往（5年以前）大多数中产阶级都把这些节余的金钱存入银行。然而，最近几年，随着中国金融证券业的迅速发展，中产阶级处置节余金钱的方式发生了很大的变化，越来越多的中产阶级加入了投资理财的行列。

2007 年——当时正是炒股热潮的初期，大约 60% 的中产阶级家庭没有任何投资理财，他们的收入主要依赖工资收入。而 2010 年的调查显示，仅有 5.8% 的中产阶级家庭不进行任何理财投资——包括购买股票、基金、债券或保险等，绝大多数中产阶级（94.2%）都有不同程度的参与投资理财，其中，2.7% 的中产阶级的投资理财收入占总收入的比例超过 30%，43.8% 的中产阶级的投资理财收入占总收入的比例为 11% ~ 30%，34.7% 的中产阶级的投资理财收入占总收入的比例为 6% ~ 10%，还有 13% 的投资理财收入占总收入的比例低于 6%。另外，房产投资也是许多中产阶级家庭的收入来源之一，越来越多的中产阶级投资房产并从中受益。2007 年绝大多数中产阶级家庭（72.3%）没有房产收益，仅有不到三分之一的中产家庭（27.7%）有这方面的收益。而 2010 年有房产收益的中产阶级家庭比例上升到 65.2%，这意味着，大约三分之二的中产家庭除了自住房屋以外，还有房子用于出租或售卖而从中获利。其中，1.5% 的中产家庭的房产收益占总收入的 30% 以上，27.2% 的中产家庭的房产收益占总收入的 11% ~ 30%，26.1% 的中产家庭的房产收益占总收入的 6% ~ 10%，10.4% 的中产家庭的房产收益占总收入的比例低于 6%。

四、家庭耐用品拥有状况

家庭耐用品拥有状况在很大程度上决定了一个家庭的生活条件和环境，同时也在一定程度上反映出这个家庭的生活方式和生活品质。表 2 列出了各阶级/阶层家庭某些家用电器和设备的拥有率。"家电三大件"是指彩电、冰箱和洗衣机，在当今的大多数中国人眼中，这三大件是最基本的现代家庭生活设施，拥有这三大件则意味着实现了最初级的现代生活方式。表 2 数据显示，约 95% 的中产家庭拥有"家电三大件"，这也就是说，几乎所有的中产阶级家庭都达到了现代生活的基础水平，大多数的半中产阶级家庭也拥有这些基础设施，而工人阶级家庭和农民家庭的"家电三大件"拥有率远低于中产阶级和半中产阶级，仅有略高于半数的工人家庭和仅略高于五分之一的农民家庭达到了现代生活方式的基础条件。

表 2　各阶级/阶层家庭耐用品拥有率比较

单位:%

各家用电器和设备	中产阶级	半中产阶级	商业服务业工人	产业工人	农民
家电三大件	94.9	71.8	58.2	51.2	22.6
固定电话/手机	99.1	99.0	95.6	98.0	87.3
微波炉	75.1	34.6	27.3	22.7	3.6
电脑	87.2	42.1	27.6	20.7	4.0
摄像机	16.3	8.4	3.7	2.9	0.8

除了"家电三大件"以外，表2还列出了另外几项家用电器和设备的拥有状况，而这几项电器和设备则代表了现代生活的更高层次。作为现代通信工具的固定电话或手机是人们进行社会交往和工作联系的必要设备。微波炉代表了一种方便、快捷的生活方式，电脑体现了家庭的文化生活层次，摄像机则体现了家庭生活的丰富性和娱乐性，并且在某种程度上也反映了略微的奢侈或高消费倾向。数据显示，各阶级/阶层的固定电话和手机的拥有率差异不大，但中产阶级家庭拥有微波炉、电脑和摄像机的比率远远高于其他阶层，绝大多数的中产阶级家庭拥有微波炉和电脑，摄像机的拥有率虽然不高，但远高于其他阶层。这表明，中产阶级在追求一种舒适、享受和高效率的生活方式。

五、汽车和住房消费

20世纪80—90年代中国人的消费重点是"家电三大件"及其他一些耐用品，但自21世纪开始以来新的两大件——住房和汽车——成为中国家庭的消费热点，而中产阶级成为引领这两大件消费的主要力量，从而"有房有车"成了中产阶级的身份象征。

2007年调查数据显示，中产阶级拥有私家车的比率为29%，而且另有8.2%的中产阶级声称"计划一年内购买汽车"，依此推测，目前中产阶级的私家车拥有率应超过三分之一，并且在未来数年内，私人轿车将在中产阶级当中得到普及。其他阶层的私家车拥有率远低于中产阶级，半中产阶级的私家车拥有率为11.4%，商业服务业工人为7.2%，产业工人和农民分别为4%。另外，大城市的中产阶级拥有私家车的比率远高于中小城市，在北京，43.8%的中产家庭已拥有私人轿车，在拥有轿车的家庭中，48.3%拥有的是10万元以上的轿车，另外51.7%拥有的是10万元以下的轿车。

虽然目前私家车还不是中产阶级家庭的必备品，但私有房产是中产阶级家庭的必备条件。2007年中产阶级家庭拥有私有住房的比例高达97.4%，其中78.5%拥有1套住房，17.5%拥有2套住房，1.4%拥有3套及以上的住房。2007年以来房价高涨，中产阶级家庭中无私有房产的比例有所上升，在上海和北京，一些中青年中产阶级不得不选择租房居住，但他们仍然强烈希望尽早购买私有住房。尽管中产阶级家庭基本都有私有住房，但略超过五分之一（21.9%）的中产阶级家庭还在偿还购房贷款，其中17.6%的全年房贷还款数额低于1 000元，49%的全年房贷还款数额在1 000元到10 000元之间，27.5%的全年房贷还款数额在10 001元到49 999元之间，5.9%的全年房贷还款数额在50 000元及以上。另外，10.9%的中产阶级的房产现金价值在100万元以上，17.7%的中产阶级的房产现金价值在50万元到100万元之间，55.4%的中产阶级的房产现金价值在10万元到50万元之间，5%的中产阶级的房产现金价值在10万元以下，8.3%的中产阶级不清楚其房产现金价值，还有2.7%没有私人房产。

表3比较了中产阶级和其他阶层的居住社区类型。接近三分之二的中产阶级居住于普通商品房小区和单位社区，只有极少数中产阶级居住于别墅区或高级住宅社区。其他

阶层居住于普通商品房小区和单位社区的比例远远低于中产阶级，而居住于未改造的老城区、集镇社区和农村/城乡接合部的比例明显高于中产阶级。这反映出居住社区的分层现象，上层阶级居住于别墅区或高级住宅社区，而中产阶级大多居住于普通商品房小区和单位社区，中下阶级大多居住于老旧居民区或城市的边缘地带。居住社区的环境可以体现出中产阶级的生活方式。82.1%的中产阶级声称他们居住的社区有绿地，67.9%的中产阶级居住的社区有户外健身场所，67.6%的中产阶级居住的社区有保安，45.6%的中产阶级居住的社区有电子监控系统，20.7%的中产阶级居住的社区有室内健身场所，18.8%的中产阶级居住的社区有会所，16.2%的中产阶级居住的社区有山水景观。

表3　各阶级/阶层不同居住社区类型所占比例

单位:%

居住社区类型	中产阶级	半中产阶级	商业服务业工人	产业工人	农民
普通商品房小区	40.6	18.1	18.6	10.7	0.1
未改造的老城区（街坊型社区）	11.1	12.0	19.6	6.6	0.3
新近由农村社区转变过来的城市社区	10.3	9.9	11.0	10.1	1.1
集镇社区	4.7	12.3	10.9	8.2	1.8
别墅区或高级住宅社区	3.0	0.2	0.4	0.0	0.0
农村/城乡接合部	7.3	33.4	26.6	43.9	96.4
其他	1.2	1.8	0.5	11.3	0

六、消费行为模式

日常消费的场所选择反映了人们的消费行为偏好。购买衣服和外出吃饭是人们最经常的消费行为，中产阶级对其消费场所的选择与其他阶层有些不同。表4列出各阶级/阶层的人对购买衣服和外出吃饭的场所选择。中产阶级最青睐的购买衣服的场所依次为大商场、普通服装店和品牌专卖店，半中产阶级偏好的场所依次为普通服装店、大商场和批发市场，商业服务业工人选择最多的场所依次是普通服装店、批发市场和街边摊点，产业工人的选择依次是普通服装店、街边摊点和乡村集市，农民的选择则依次是乡村集市、普通服装店和街边摊点。各阶级/阶层的人选择普通服装店的比例都比较高，但中产阶级选择大商场和品牌专卖店的比例远远高于其他阶层。略超过三分之一的中产阶级经常光顾品牌专卖店，表明他们热衷于名牌服装消费，而其他阶层光顾品牌专卖店的比例只有约十分之一，农民则极少光顾品牌专卖店。

外出吃饭消费也体现出阶级/阶层差异。绝大多数中产阶级经常外出吃饭，仅有

12.9%的中产阶级声称他们"很少外出吃饭"。半中产阶级当中，有37%的人表示"很少外出吃饭"。接近半数的工人和农民"很少外出吃饭"，商业服务业工人的比例是45.2%，产业工人的比例是43.4%，农民的比例是64.7%。中产阶级最青睐的外出吃饭场所是中档饭店，其他阶层最经常光顾的是小吃店。经常光顾高档饭店的中产阶级并不多，只有不到十分之一的中产阶级（7.7%）经常去高档饭店，但其比例还是明显高于其他阶层，半中产阶级、商业服务业工人、产业工人和农民几乎不会去高档饭店，他们去中档饭店的比例也很低。

此外，出行方式也反映了人们的消费行为模式，但在这一方面阶级/阶层差异不那么突出。所有的阶级/阶层——包括中产阶级，选择最多的出行方式几乎都是公共交通和走路。中产阶级选择"乘出租车"和"开/坐私家车"的比例远高于其他阶层，分别有大约五分之一的中产阶级经常乘出租车和开/坐私家车，而其他阶层选择"骑自行车/摩托车"的比例大大高于中产阶级。

表4　各阶级/阶层不同消费行为所占比例

单位:%

消费行为	中产阶级	半中产阶级	商业服务业工人	产业工人	农民
购买衣服的场所					
品牌专卖店	34.8	11.5	8.7	11.9	0.9
大商场	58.4	24.7	14.3	18.5	5.4
普通服装店	40.3	52.1	52.4	51.3	31.2
超市	12.4	13.0	12.7	13.1	6.3
街边摊点	2.6	15.2	22.3	20.2	26.6
批发市场	9.8	18.2	25.5	12.6	9.3
乡村集市	2.1	9.9	11.7	19.8	47.0
外出吃饭的场所					
小吃店	10.7	20.3	25.5	25.4	21.5
快餐店	12.0	12.3	9.3	13.3	5.6
大众餐馆	29.2	16.5	12.1	8.3	2.7
中档饭店	43.8	11.1	6.1	4.9	1.6
高档饭店	7.7	1.5	0.3	0.1	0.1
通常的出行方式					
走路	25.3	37.7	42.9	44.1	47.2
乘公交	57.5	47.0	44.4	44.4	45.6

（续上表）

消费行为	中产阶级	半中产阶级	商业服务业工人	产业工人	农民
乘出租车	20.2	5.0	2.8	2.5	1.8
开/坐公家汽车	6.8	2.5	2.4	0.6	0.9
开/坐私家车	17.6	6.2	4.5	2.0	0.9
骑自行车/摩托车	24.9	47.8	48.4	56.0	51.1

结　论

对家庭消费水平、消费结构、家用电器和设备拥有状况、汽车及住房消费、消费行为模式等方面的阶级/阶层比较，可以发现中产阶级展现出与其他阶层不同的消费特征，消费分层现象十分明显，中产阶级的消费文化正在形成。不过，虽然中产阶级在消费水平和消费行为偏好方面显示出明显特征——追求舒适、享受和有文化层次的生活方式以及对住房、汽车和其他中高档家庭耐用品的强烈拥有欲望，但注重感观和物质享受的消费偏好并未促使中产阶级走向超前消费和炫耀消费。中产阶级家庭的收入与消费支出比例说明大多数中产家庭保持着适度的、可持续的或逐步提升的消费水准。另外，中产阶级家庭数额可观的经济结余表明他们具有极大的、可挖掘的消费潜力，如何激发中产阶级的消费动力从而拉动内需是政府制定相关政策需要考虑的问题。

参考文献

[1] 李春玲：《寻求变革还是安于现状：中产阶级社会政治态度测量》，《社会》2011 年第 2 期。
[2] 李春玲：《中国中产阶级的发展状况》，《黑龙江社会科学》2011 年第 1 期。
[3] 李春玲：《中国"中产"稳定崛起：金融危机后北京和上海的中产阶级现状》，《社会观察》2011 年第 2 期。

【作者简介】

李春玲，中国社会科学院社会学研究所研究员。

家庭政策支持：全面二孩放开后
人口均衡发展的实现路径[*]

吴 帆

从"单独二孩"到"全面放开二孩"的政策转变，本质上反映出国家对人口均衡发展议题的重视。中国不仅已经发展为一个高生育成本和高养育成本的高竞争性社会，而且多元化的价值观念和生活方式转变对人们的生育行为也有着巨大影响，个人和家庭的生育意愿已经普遍降低。尤其是中国目前支持家庭的政策以及儿童照料服务还较为缺乏，使得全面二孩政策实现的现实基础比较薄弱。因此，在探讨通过全面二孩政策实现人口均衡发展的具体路径时，我们需要深入解析微观人口决策单位与宏观人口目标之间的作用机制，为家庭生育二孩决策的实现提供系统性的支持。

一、中国生育政策目标的调整：从控制人口到促进人口均衡发展

生育政策是政府旨在影响个人和家庭生育决策与生育行为的政策手段，也是政府对本国人口与发展关系基本判断的直接反映。一般来说，生育政策取向有两类：一是限制生育（计划生育）；二是鼓励生育。根据联合国《2011 年世界生育政策报告》，高生育率国家（主要是非洲和亚洲的发展中国家）的政府大都采取了直接或间接提倡计划生育的政策，即鼓励生育控制但并不强制限制生育，生育率处于更替水平 1 或略低于更替水平的国家对生育行为持不干预的立场，而处于低生育率和超低生育率的国家（主要是发达国家）则鼓励和支持国民生育，其中一些国家还制定了具体的利益导向政策来鼓励人们生育。[①] 中国严格控制人口增长的生育政策始于 20 世纪 70 年代末，90 年代初中国的生育率降到了更替水平以下。进入 21 世纪以来，生育率水平仍延续着下降趋势，目

---

[*] 本文原载于《广东社会科学》2016 年第 4 期。

[①] United Nations, World Population Policy, https://www.un.org/development/desa/pd/data/world-population-policies.

前总和生育率水平已经降到 1.6,[①] 甚至更低,[②] 进入了世界低生育率国家的行列。

基于人口变化的一般规律，长期的低生育水平不仅会导致人口的负增长甚至是大幅度减少，同时也会导致人口的高度老龄化。而处于这一队列中的大多数国家都非常担忧本国是否会长期陷于"超低生育率陷阱"。[③] 这种变化将会给一个国家的社会和经济发展带来极为不利的影响，这显然是许多低生育率国家政府所不愿意看到的。因此，当生育率低于更替水平之后，曾经提倡节制生育的政府都会改变态度，转向持鼓励生育的立场，如韩国、新加坡等。中国目前也正处在这样的历史时刻，在人口转变完成以后，老龄化程度不断提高、老年人口迅速增长、人口红利式微、出生性别比长期偏高等人口现象已经成为新的挑战。面对人口形势的新变化、新特点和新趋势，中国政府实行计划生育的目的开始从控制人口增长转变为促进人口长期均衡发展，[④] 并试图通过逐步完善生育政策来实现这一新的人口发展目标，2013 年开始实施"单独二孩"政策，2015 年进一步放宽到"普遍二孩"政策。这不仅标志着中国的独生子女政策时代的结束，同时也标志着中国人口政策的重大转折。

二、人口均衡发展的微观基础：从生育新政遇冷谈起

然而从"单独二孩"政策实施两年来的情况看，生育新政并未达成预期效果。"单独二孩"的目标人群为 1 100 万对夫妇，但据国家卫计委统计，截至 2015 年 5 月底，全国 1 100 多万单独夫妻仅有 145 万申请再生育，远低于预期水平。[⑤] 此外，根据国家统计局最新公布的数据，2015 年全国出生人口为 1 655 万人，比 2014 年减少了 32 万人；出生率为 12.07‰，比 2014 年下降了 0.3 个千分点，是 2012 年以来的最低水平。[⑥] 基于"单独二孩"政策的实施效果，社会普遍对全面放开二孩能否带来生育率的回升持怀疑态度。因为激烈的社会竞争以及不断上涨的生活和育儿成本压力，对于许多夫妇而言已经成为生育行为的刚性约束。如果生育新政再次遇冷，那就意味着中国极有可能彻底陷入"低生育率陷阱"。

[①] 陈卫、张玲玲：《中国近期生育率的再估计》，《人口研究》2015 年第 2 期，第 32 - 39 页。

[②] 郭志刚：《六普结果表明以往人口估计和预测严重失误》，《中国人口科学》2011 年第 6 期，第 2 - 3、111 页。

[③] Lutz. W., V. Skirbekk & M. R. Testa, The Low-fertility Trap Hypothesis: Forces That may Lead to Further Postponement and Fewer Births in Europe, *Vienna Yearbook of Population Research*, 2006, pp. 167 - 192.

[④] 中共十八大报告，新华网，http://www.xj.xinhuanet.com/2012 - 11/19/c_113722546_7.htm。

[⑤] 陈友华、苗国：《意料之外与情理之中：单独二孩政策为何遇冷》，《探索与争鸣》2015 年第 2 期，第 48 - 53 页。

[⑥] 国家统计局：《2015 年国民经济运行稳中有进、稳中有好》，中国政府网，http://www.stats, gov.cn/tjsj/zxfl >/201601/t20160119_1306083.html。

　　生育新政的出发点在于改善人口宏观结构的失衡和促进人口长期均衡发展，但任何人口发展过程都是微观人口行为的聚合结果，是以个人和家庭的人口行为为基础的。全面放开二孩在一定程度上将生育决策权归还家庭，家庭充分享有是否生二孩、何时生二孩的决策权利。因此，在讨论以人口均衡发展为目标的生育政策时，需要具有对个人和家庭生育决策和行为的正确理解。有鉴于此，我们须在理论上深入了解生育政策的目标（宏观人口均衡发展）与家庭生育决策与行为（微观人口行为）之间的关系，厘清人口均衡发展目标实现的微观基础，由此才能更好地把握基于人口均衡发展的生育政策的实施过程与效果。

　　当我们探讨实现人口均衡发展的现实基础和实现路径时，有很多值得借鉴的理论框架。[①] 总体上，可以将人口均衡发展的分析逻辑归为两类，一是基于宏观层面的自上而下的模式，另一是基于微观层面的自下而上的模式。

　　在第一类模式中，我们可以将所有影响人口均衡发展的变量统一在宏观系统中，人口均衡发展取决于人口变量与经济、社会、自然环境等变量之间的互动关系。通过实现人口变量与社会外部环境变量达到均衡发展的预期要求，来确定实现人口均衡发展的具体策略。因此，人口变量与外部变量之间的良性互动就构成了人口均衡发展的宏观标准。然而，这种自上而下的分析路径会在一定程度上忽略人口行为的基本决策单位和实施主体，即个人或家庭是如何做出行为选择，以及微观层面的人口过程是如何影响宏观人口结果的。

　　在第二类模式中，人口均衡发展被视为个人或家庭的人口决策、行为及其互动的结果。个人和家庭的人口行为结果最终决定了人口系统内部各要素变化之间的动态平衡程度，构成了人口均衡发展的微观基础。个人和家庭在不同的生命周期阶段对婚姻、生育、迁移等人口事件的意愿和行为趋向，最终决定了宏观层面的人口发展与变迁。换言之，微观层面上的人口行为，是人口能否得以实现均衡发展的内在驱动力。这种自下而上的分析模式不仅关注个体的人口行为决策机制，同时还强调微观的人口行为与人口结构如何聚合为整体的宏观人口结果。

　　缺乏微观基础的人口发展难以达成均衡的目标。在一个大多数家庭的微观人口结构关系失衡的情况下，是很难实现人口长期均衡发展的，或者说，只有当绝大多数家庭的微观人口结构关系处于均衡或准均衡状态时，一个社会才能真正实现人口均衡发展。从这个意义上讲，人口均衡发展的目标和标准本身就应该包括微观人口行为和微观人口结构的均衡性。所以，衡量人口均衡发展的标准之一是微观人口系统的均衡。微观人口系

----

① 翟振武、杨凡：《中国人口均衡发展的状况与分析》，《人口与计划生育》2010 年第 8 期，第 11 - 12 页；于学军、翟振武、杨凡等：《为什么要建设"人口均衡型社会"？》，《人口研究》2010 年第 3 期，第 40 - 52 页；杨云彦：《经济增长方式转变与人口均衡发展》，《人口与计划生育》2010 年第 5 期，第 11 - 12 页。

统的均衡包括两个方面：一是微观人口行为的均衡，即微观人口行为的内部效应与外部效应之间的均衡。当微观人口行为具有正向的内部效应（提高个人和家庭的福利水平）和正向的外部效应（给社会带来积极影响）时，人口均衡发展才会具有坚实的社会基础。另外，人口均衡发展应该促进微观人口行为正外部性的强化与扩散，同时也应该促进人口均衡发展效应的内部化，即促进个人和家庭福利水平的提高。二是微观人口结构的均衡，即微观人口结构的内部正效应与外部正效应之间的均衡。需要指出的是，与微观人口行为的均衡相比，微观人口结构的均衡更为复杂，它既包括家庭内部的微观人口结构的均衡，也包括不同家庭微观人口结构与社会结构之间的均衡。由于微观人口结构在一些方面通常具有不完整性，并且不同家庭的微观人口结构之间的差异很大，因此，微观人口结构的均衡性更依赖于外部条件，具有相对更为强烈的外部需求。

因此，在完善生育政策力图实现人口长期均衡发展的目标时，必须充分考虑个人或家庭在人口事件方面的决策机制和行为选择，在最大限度上纳入微观决策主体的利益诉求，实现微观人口行为和微观人口结构的内、外部正效应的统一，达成微观人口行为和微观人口结构的双重均衡，才能最终实现人口的均衡发展。人口均衡发展的关键并不在于人口本身，而在于社会发展和社会发展的制度安排，而人口均衡发展的微观标准是制定和实施有关公共政策的基本出发点。所以，必须充分考虑个人和家庭的利益诉求，否认或忽视个人或家庭的实际需求往往会导致人口均衡发展的目标无法有效达成。因为如果人口均衡发展目标忽略个体微观基础，就难以实现对个人或家庭层面人口行为的有效约束与引导，常常会导致某些具有集体理性基础的人口均衡发展目标失去了在行动层面的应然性。

三、微观人口系统影响人口均衡发展的机制与途径

随着我国迈入"后人口转变"时代，包括婚姻、生育、死亡、迁移等在内的一系列微观人口行为发生了本质的改变。[①] 具体表现为从外生性的制度干预导致生育率下降，转变为内生性的由个体生育意愿和成本—收益分析主导生育行为，个人或家庭的生育偏好得到了充分的体现。与此同时，个人的婚姻与生育自主性在逐渐增强，城市化过程和社会流动促进了个人或家庭的迁移，微观层面的人口行为和人口变迁的过程具有明显的个体主体性特征。当人口行为以个体自我决定为主要导向时，一系列的微观人口行为，即婚姻、生育、死亡、迁移，就构成了宏观人口结果的重要基础，在很大程度上决定了宏观人口发展和变迁的方向。因此，如果试图通过生育政策实现人口长期均衡发

---

① 李建民：《中国的人口转变完成了吗？》，《南方人口》2000年第2期，第5－9、32页；于学军：《再论"中国进入后人口转变时期"》，《中国人口科学》2001年第3期，第54－59页；朱国宏：《关于"后人口转变"》，《中国人口科学》2001年第3期，第60－65页。

展，就必须理解个人或家庭层面微观人口行为的影响机制和具体路径。

首先，微观人口行为是一种社会行为，具有社会性。我们可以通过微观层面的人口行为决策机制过程来了解人口行为的社会性。如图1所示，任何微观层面上的决策主体（个人或家庭），不仅受到内部需求的影响，而且受到来自社会情境的制约，因为个人或家庭的人口行为总是处于一定的社会环境和文化情境中，具有很强的社会性，会随着社会环境的改变进行调整，以更好地适应外部环境的要求。人口行为的决策主体会把外在环境和内在需要有机地结合在一起，形成动机，并在个体主观认知系统的引导下，最终做出各种人口行为决策和行为取向。人口行为社会性的另一个表现是其外部性。在现代社会中，微观人口行为和微观人口结构通常具有外部效应，正外部性可以给他人或社会带来积极效应，负外部性则会给他人或社会造成负面影响。因此，社会性和外部效应是微观人口系统影响宏观人口均衡发展的内在机制。

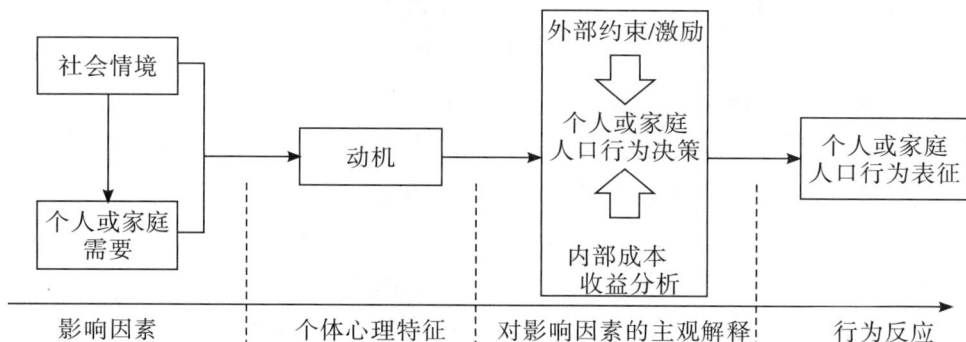

图1　个人或家庭人口行为决策机制

其次，微观层面的人口行为与人口结构和宏观的人口发展之间并不是简单的线性关系。这种非线性影响具有两重含义：一是不能直接将个体的人口行为和人口结构简单地加总为宏观人口结果。二是个体之间的互动和影响模式会在宏观人口层面上体现出来。微观层面的人口行为及人口结构是嵌在一定的人口系统和社会情境中的，对宏观人口发展具有结构性的作用。一方面，个人或家庭的人口行为一旦形成在一定时期内会保持相对的稳定性，个体的分散决策和分散行为通过个体之间的互动机制，在一定范畴和程度上达成一致，这种一致性构成了宏观人口结果的基本特质；另一方面，个体人口行为的差异性，也深刻地影响着宏观人口未来变迁的方向。个体在人口系统中所扮演的角色不可能完全一样，个人或家庭的人口行为决策机制会随着外界环境和内在需求的变化而变化，并通过个体之间的传导机制进入宏观层面。

再次，微观层面的人口行为与人口结构通过"结构—过程—结果"这一路径促进或制约宏观层面的人口发展。结构是指个体人口选择过程中所呈现出的稳定性和发展趋向对宏观人口发展具有结构性的作用；过程是指个体之间的互动关系和影响机制在动态的发展变化中对宏观人口的影响作用；结果是从微观的人口行为到宏观的人口结果，不是人口行为结果的简单累加，而是通过结构性的作用，以及过程的动态性，形成了宏观层面的人口结果。总之，微观的人口结构通过个人或家庭之间有机的联系，在动态的发展过程中最终聚合为人口宏观结果。通过"结构—过程—结果"，个体的分散决策和分散行为发展为宏观层面上的人口结果，微观的人口结构聚合为人口宏观结构（见图2）。宏观人口结构不仅是在微观人口结构形成的过程中建构的，也是微观人口结构的结果。

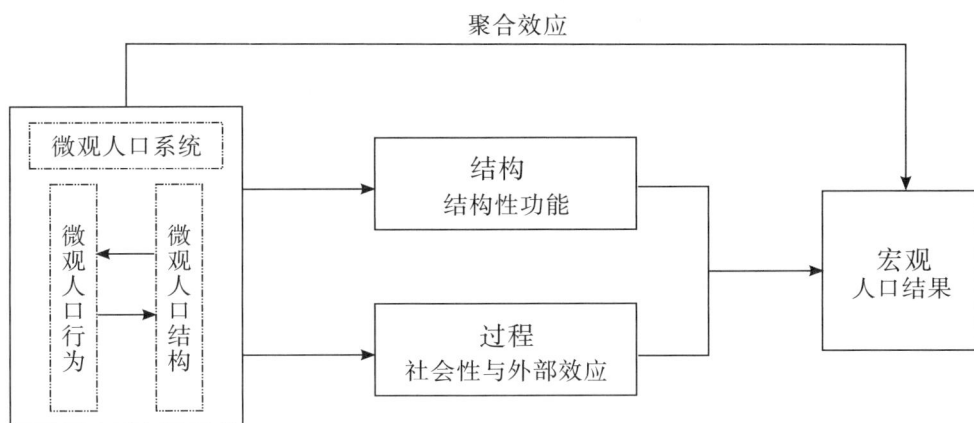

图2　微观人口系统影响宏观人口发展的具体路径

基于微观人口系统影响人口均衡发展的机制与途径，个人和家庭的生育决策和行为选择不仅受到外在社会情境规定的制约，还由自我建构的内容规定。因此，在构建引导微观生育行为及转变的制度安排时，不仅要考虑社会结构、制度变迁等外在因素的规范，还要充分考虑个人或家庭的需要、情感、动机等内在因素的诉求机制，为家庭的生育选择提供基本的动力机制，使个体在制度约束内的成本—收益符合个体的利益权衡。在一定程度上，个人或家庭都可被视作具有有限理性的"经济人"，那么他们是否生育二孩的主要决策标准是在现行制度和成本约束下能否获得最大的收益。所以，要想使促进人口均衡发展的生育新政达成目标，就必须考虑个人或家庭的人口决策与行为的取向，即个人或家庭的利益诉求，同时也必须考虑微观人口结构的均衡性，当微观人口结构失衡时，如何通过社会政策和公共服务体系提供支持。所以，人口均衡发展促进政策的逻辑起点应该是充分纳入对个体利益诉求的考虑，建立微观人口结构社会支持体系，通过制度的外化机制来实现微观人口结构和宏观人口结构的共生关系，进而促进人口长期均衡发展。换言之，生育政策的调整必须能够符合大多数个体的利益，得到来自微观层面的积极回应，使大多数个人或家庭的福利水平有所提高，政策的预期目标实现才具有了扎实的社会基础，宏观人口过程也才能最终达成人口长期均衡发展。因此，在生育新政的制度安排上，全面放开二孩应该只是政策改革的一个起点，更为重要的后续制度是为家庭提供充分的支持，为家庭提供更优质的公共资源与服务，赋予家庭做出生育二孩决策和行为选择的现实基础，才能最终促成人口均衡发展的宏观结果，而这一系列制度安排涉及的主要领域就是家庭政策。

四、家庭政策是促进人口均衡发展的重要保障

家庭政策是旨在提高家庭发展能力和福利水平的制度安排。虽然不同国家的家庭政策所秉承的理论、价值取向和目标有所不同，但家庭政策中对于抚幼、儿童成长、家庭—工作平衡等方面的支持在客观结果上有助于降低生育成本，因此有鼓励生育的作用。近年来，中国在家庭政策领域也取得了积极的进展，一些政策也在强调对家庭变化的回应，关注家庭对社会福利和社会服务的需求，但总体来讲，中国还缺乏真正意义上的家庭政策，[1] 家庭面临的困境及其对政策支持的需求并没有充分反映在社会政策的改革中。尤其意识到当前中国家庭普遍面临家庭照料资源（抚幼、养老）短缺、家庭生育成本高企、就业压力等方面的困境，就不难理解当前中国生育意愿已降于更替水平以下，处在 1.8 至 1.95 之间的低水平了，[2] 也不难理解单独二孩政策遇冷背后的运行机制。

在现代社会，养育子女是一种时间密集型的活动，尤其是对女性而言，职业女性和孩子母亲的双重角色导致其精力和时间资源分配的紧张。由于传统家庭角色和现代职业角色的冲突，许多职业女性不得不推迟生育或者放弃生育。生育二孩的决策会致使家庭对于延长带薪育儿假期、更普及和多元化的托儿所服务以及其他儿童照料服务支持的需求进一步增强。家庭－工作平衡政策可以缓解职业女性的角色冲突，鼓励丈夫参与家庭事务，并降低"双就业"夫妇养育子女的时间成本，对儿童发展的支持可以为子女的成长创造更好的条件，对抚养未成年子女家庭提供财政支持（现金补贴、减免税）可以帮助家庭减轻养育子女的生活负担。因此，作为家庭政策的核心，家庭—工作平衡应该成为家庭支持政策的重要方面，为家庭在生育和照料孩子方面提供帮助。

一般来说，家庭—工作平衡政策有三个主要手段：第一，直接的生育支持。针对就业母亲与双亲设计的生育给付、法定带薪孕产假、丈夫陪产假和父母育儿假等多类产假形式和亲职假，以鼓励和协助父母在儿童出生时能提供照顾，并保障因照顾子女暂时离开工作时的薪资所得。此外，许多国家还制定了不带薪育儿假，为家庭照料者提供不同的选择途径。第二，普及公共托育服务，提供儿童照料服务。在父母双方（或单亲）就业的状况下，孩子能够拥有享受托育福利服务的权利。这项措施不仅给予孩子平等普

---

① 陈卫民：《我国家庭政策的发展路径与目标选择》，《人口研究》2012 年第 4 期，第 29－36 页；吴帆、李建民：《家庭发展能力建设的政策路径分析》，《人口研究》2012 年第 4 期，第 37－44 页；吴小英：《公共政策中的家庭定位》，《学术研究》2012 年第 9 期，第 50－55、159 页。

② 王军、王广州：《中国育龄人群的生育意愿及其影响估计》，《中国人口科学》2013 年第 4 期，第 26－35 页；刘爽、王平：《对"单独二孩"政策新的认识与思考》，《人口研究》2015 年第 2 期，第 57－66 页。

及的托育，也能支持父母（尤其是母亲）就业。根据德国、法国、丹麦等欧洲国家的经验，相较于产假，职业母亲更倾向于利用儿童照料服务，提供儿童照料服务要比育儿假更有效，它可以在很大程度上降低生育给女性就业和职业发展带来的负面影响。[①] 具体分析我国的情况，儿童照料服务普遍缺乏，因此家庭中的祖父母辈成为照顾新生婴儿的主力军，尤其是针对 0～3 岁的幼儿照顾服务与资源特别短缺。针对这些问题，政府应该积极鼓励社会资源进入家庭福利与服务领域，合理运用行政手段、市场手段和社会手段，积极鼓励针对家庭照顾资源短缺的社会替代品和补充品的有效供给；鼓励发展社区平台为家庭提供配套服务，为家庭提供必要早期保育和儿童照料等综合服务。第三，完善劳动力市场制度，建立弹性工作时间制度。健全工作福利制度，鼓励和倡导企业或其他机构为亲职角色提供必要的支持，在条件允许的情况下实行弹性工作制。如给予亲职时间的保证，让双亲在子女需要时能有时间照顾子女；提供亲职保护，给予双亲实现亲职角色的特殊工作保护，例如孕期和哺乳期的工作保护等。

家庭规模的小型化、结构的简单化，以及抚幼和养老等照料功能的弱化已经成为现代社会家庭的普遍特质，家庭照料资源的短缺及其供求失衡的状况将会长期存在。因此，全面放开二孩应该只是生育新政的一个起点，若要达成人口均衡发展的预期目标，必须在带薪产假、婴幼儿照顾、妇幼保健、早教等方面提供更为合理的家庭政策支持。欧洲国家的经验也证明，无论是避免或摆脱低生育率陷阱，还是维持更替水平左右的生育率，都需要鼓励生育的家庭政策支持。[②] 目前中国尚未建立起一个完整的家庭政策体系，缺乏对家庭的有力支持，因而加剧了陷入低生育率陷阱的风险，也难以实现宏观层面的人口目标。构建完善的家庭政策不仅能为家庭生育二孩决策的实现提供系统性支持，顺利达成生育新政的预期目标；更为重要的是，家庭政策可以改善家庭的微观结构，提高家庭的发展能力，增强家庭的抚幼和养老功能，增进家庭的福利水平，只有在这样的微观效果基础上，才能真正达成人口均衡发展的宏观目标。

【作者简介】

吴帆，南开大学社会工作与社会政策系教授、博士。

---

① Eurostat, Database, 2014, http：//appsso. eurostat, ec. europa. eu/.

② 吴帆：《欧洲家庭政策与生育率变化——兼论中国低生育率陷阱的风险》，《社会学研究》2016 年第 1 期，第 49－72 页。